Direito PREVIDENCIÁRIO

Regime de Previdência Complementar (RPC)

NA MEDIDA CERTA PARA CONCURSOS

FREDERICO AMADO

Direito PREVIDENCIÁRIO

Regime de Previdência Complementar (RPC)

NA MEDIDA CERTA PARA CONCURSOS

2025

EDITORA JusPODIVM
www.editorajuspodivm.com.br

EDITORA
*Jus*PODIVM
www.editorajuspodivm.com.br

Rua Canuto Saraiva, 131 – Mooca – CEP: 03113-010 – São Paulo – São Paulo
Tel: (11) 3582.5757
• Contato: https://www.editorajuspodivm.com.br/central-de-relacionamento

Diagramação: Ana Paula Lopes Corrêa *(aninha_lopescorrea@hotmail.com_*

Capa: Ana Caquetti

A481d Amado, Frederico.
Direito Previdenciário - Regime de Previdência Complementar (RPC) na Medida Certa para Concursos / Frederico Amado – São Paulo: Editora JusPodivm, 2025.
256 p.

Inclui Bibliografia
ISBN: 978-85-442-6086-9

1. Direito Previdenciário. 2. Previdência Social. I. Amado, Frederico. II. Título.

CDD 341.6

BIBLIOTECÁRIA RESPONSÁVEL
Ana Carolina Ribeiro Mois – CRB7 – RJ 007348/0

APRESENTAÇÃO

Esta obra visa a uma preparação rápida e eficaz para os concursos públicos, por meio da abordagem objetiva da normatização do Regime de Previdência Complementar (RPC), sempre instruída com a jurisprudência do STF e do STJ.

Foram contemplados os seguintes temas:

- **Introdução ao regime de previdência complementar;**
- **Previdência complementar privada fechada e aberta, com lastro principal no regramento constitucional e na LC 108/2001 e 109/2001, além do estudo da normatização essencial da lavra do Conselho Nacional de Previdência Complementar;**
- **Regras gerais da previdência complementar no serviço público com abordagem constitucional;**
- **Previdência complementar no serviço público federal com estudo da Lei 12.618/2012 e a sua regulamentação.**

Desta forma, a obra é focada em concursos básicos que cobrem o estudo do Regime da Previdência Complementar.

A obra já ingressa em 2025 desde a 1ª edição na COLEÇÃO NA MEDIDA CERTA da Editora Juspodivm, pois atende ao perfil de ser uma obra objetiva para a preparação para concursos públicos.

Bons estudos a todos!

Frederico Amado

www.fredericoamado.com.br

AUTOR

FREDERICO AMADO

Procurador Federal/Procuradoria-Geral do INSS em Brasília-DF com atuação perante o STF, STJ e TNU. – Professor de Direito Previdenciário e Ambiental do Especcial Jus (www.especcialjus.com.br). – Coordenador da Pós-graduação EAD em Prática Previdenciária da Faculdade Verbo em parceria com o Especcial Jus. – Coordenador da Pós-graduação AO VIVO pelo MEET em Prática Previdenciária da FBB em parceria com o Especcial Jus. – Coordenador da Pós-graduação em Direito Ambiental EAD da Faculdade Verbo em parceria com o Especcial Jus. – Instrutor da Escola da AGU. – Mestre em Planejamento Ambiental pela UCSAL. – Especialista em Direito do Estado pela Unyahna. Palestrante. Página de contato: www.especcialjus.com.br. E-mail: professorfredericoamado@gmail.com. Twitter (X): @FredericoAmado. Facebook: Frederico Amado. Instagram: @fredericoamado.

SUMÁRIO

CAPÍTULO 1

INTRODUÇÃO AO ESTUDO DO REGIME DE PREVIDÊNCIA COMPLEMENTAR

1.1. DEFINIÇÃO DE RPC, FONTES E CONCEITOS GERAIS INTRODUTÓRIOS

O **Regime de Previdência Complementar - RPC** é o regime de previdência de filiação facultativa e natureza contratual, sendo autônomo em relação à previdência pública, lastreado na constituição de reservas que garantam o benefício contratado e tendo natureza privada, respeitada a normatização e fiscalização pelo Poder Público.

O regime de previdência complementar é operado por entidades de previdência complementar que têm por objetivo principal instituir e executar planos de benefícios de caráter previdenciário, que se dividem em entidades abertas e fechadas.

A previdência complementar privada tem como fonte principal o artigo 202 da Constituição Federal e as Leis Complementares 108 e 109/2001.

Já a previdência complementar no serviço público, que também detém a natureza privada, é regida pelos §§ 14, 15 e 16 do artigo 40 da Constituição e, no âmbito da União, é regida pela Lei 12.618/2012.

Embora todos sejam estudados ao longo desta obra, julgo essencial o conhecimento inicial dos **conceitos basilares do regime de previdência complementar**:

A) **Participante** – A pessoa física que aderir aos planos de benefícios;

B) **Assistido** – O participante ou seu beneficiário em gozo de benefício de prestação continuada;

C) **Entidades fechadas de previdência complementar** – Organizar-se-ão sob a forma de fundação ou associação, sem fins lucrativos, que ofertarão exclusivamente planos de benefícios na modalidade contribuição definida;

D) **Entidades abertas de previdência complementar** – São constituídas unicamente sob a forma de sociedades anônimas e têm por objetivo instituir e operar planos de benefícios de caráter previdenciário concedidos em forma de renda continuada ou pagamento único, acessíveis a quaisquer pessoas físicas;

E) **Portabilidade** – É o instituto que faculta ao participante transferir os recursos financeiros correspondentes ao seu direito acumulado para outro plano de benefícios de caráter previdenciário administrado por entidade fechada de previdência complementar, entidade aberta de previdência complementar ou sociedade seguradora autorizada a operar o referido plano;

F) **Resgate** – é o instituto que faculta ao participante receber, durante a fase de diferimento, valor decorrente de recursos vertidos em seu nome ao plano de benefícios.

G) **Benefício proporcional diferido** – É o instituto que faculta ao participante, em razão da cessação do vínculo empregatício com o patrocinador ou associativo com o instituidor antes da aquisição do direito ao benefício pleno, optar por receber, em tempo futuro, o benefício decorrente dessa opção;

H) **Autopatrocínio** - É instituto que faculta ao participante a manutenção do valor de sua contribuição e a do patrocinador, no caso de perda parcial ou total da remuneração recebida, para assegurar a percepção dos benefícios nos níveis correspondentes àquela remuneração ou em outros definidos em normas regulamentares;

I) **Convênio de adesão** – é o instrumento por meio do qual as partes pactuam suas obrigações e direitos para a administração e execução de plano de benefícios.

J) **Retirada de patrocinador** – É a extinção, por iniciativa do patrocinador, da relação contratual existente entre o patrocinador, a entidade e o plano de benefícios, identificado pelo seu número de inscrição no Cadastro Nacional de Plano de Benefício (CNPB) e no Cadastro Nacional da Pessoa Jurídica (CNPJ), formalizada no termo de retirada de patrocínio e autorizada pela Superintendência Nacional de Previdência Complementar, relativamente a determinado plano de benefícios administrado pela entidade e aos respectivos participantes e assistidos;

K) **Plano de contribuição definida** - Aquele cujos benefícios programados têm seu valor permanentemente ajustado ao saldo de conta mantido em favor do participante, inclusive na fase de percepção de benefícios, considerando o resultado líquido de sua aplicação, os valores aportados e os benefícios pagos;

L) **Plano de benefício definido** - Aquele cujos benefícios programados têm seu valor ou nível previamente estabelecidos, sendo o custeio determinado atuarialmente, de forma a assegurar sua concessão e manutenção;

M) **Plano de contribuição variável** – Aquele cujos benefícios programados apresentem a conjugação das características das modalidades de contribuição definida e benefício definido.

N) **Patrocinadores** - Empresa ou grupo de empresas e União, Estados, Distrito Federal e Municípios que patrocinem entidade de previdência complementar;

O) **Instituidores** - Pessoas jurídicas de caráter profissional, classista ou setorial, que constituem entidade de previdência complementar.

1.2. COMPETÊNCIA PARA LEGISLAR

Em regra, caberá privativamente à União legislar sobre seguridade social, na forma do artigo 22, inciso XXIII, da CRFB:

> "Art. 22. Compete privativamente à União legislar sobre:
>
> [...]
>
> XXIII – seguridade social;"

Contudo, será competência concorrente entre as entidades políticas legislar sobre previdência social, proteção e defesa da saúde, dos portadores de deficiência, da infância e juventude, na forma do artigo 24, incisos XII, XIV e XV, da CRFB:

> "Art. 24. Compete à União, aos Estados e ao Distrito Federal legislar concorrentemente sobre:
>
> [...]
>
> XII – previdência social, proteção e defesa da saúde;
>
> [...]
>
> XIV – proteção e integração social das pessoas portadoras de deficiência;
>
> XV – proteção à infância e à juventude;"

Note-se que os municípios também entrarão na repartição dessas competências, pois aos mesmos caberá legislar sobre assuntos de interesse local, assim como suplementar a legislação estadual e federal no que couber[1].

Há uma aparente antinomia de dispositivos constitucionais, pois a seguridade social foi tema legiferante reservado à União pelo artigo 22, inciso XXIII, enquanto a previdência social, a saúde e temas assistenciais (todos inclusos na seguridade social) foram repartidos entre todas as pessoas políticas.

Essa aparente antinomia é solucionada da seguinte maneira: apenas a União poderá legislar sobre previdência social, exceto no que concerne ao regime de previdência dos servidores públicos efetivos dos estados, do Distrito Federal e dos municípios, que poderão editar normas jurídicas para instituí-los e discipliná-los, observadas as normas gerais editadas pela União e as já postas pela própria Constituição.

Outrossim, os estados, o Distrito Federal e os municípios também poderão editar normas jurídicas acerca da previdência complementar dos seus servidores públicos, a teor do artigo 40, §14, da Constituição Federal.

Contudo, entende-se que apenas a União possui competência para legislar sobre a previdência complementar privada, pois o

1. Artigo 30, incisos I e II, da CRFB.

tema deve ser regulado por lei complementar federal, conforme se interpreta do artigo 202, da Constituição Federal, tendo sido promulgada pela União as Leis Complementares 108 e 109/2001.

1.3. PRINCÍPIOS INFORMADORES

A legislação não enumera por expresso os princípios informadores do RPC, de modo que precisamos extraí-los implicitamente da normatização, em especial do artigo 202 da Constituição Federal.

1.3.1. Filiação Facultativa

A filiação ao regime de previdência complementar no Brasil jamais será compulsória, sob pena de ofensa ao *caput* do artigo 202 da Constituição:

> *"Art. 202. O regime de previdência privada, de caráter complementar e organizado de forma autônoma em relação ao regime geral de previdência social,* ***será facultativo****, baseado na constituição de reservas que garantam o benefício contratado, e regulado por lei complementar". (Redação dada pela Emenda Constitucional nº 20, de 1998)*

Isso porque, por se tratar de relação privada e contratual, não se cuidando de seguro público, não seria razoável impor ao segurado a celebração do contrato previdenciário com entidade privada.

1.3.2. Autonomia

O RPC é **autônomo em relação ao Regime Geral de Previdência Social**, conforme pontifica o *caput* do artigo 202 da Constituição. Isso significa que a concessão de benefício pela entidade de previdência complementar independe do deferimento de benefício pelo INSS no âmbito do RGPS.

É que se trata de relação contratual, estando os requisitos para a concessão de um benefício previstos no âmbito do seu Plano de Benefícios, não se aplicando as regras da Lei 8.213/91 diante desta natureza autônoma.

Outrossim, **o RPC também é autônomo perante o RPPS**, pois o artigo 40, §15, da Constituição, aduz que o regime de previdência complementar dos servidores públicos oferecerá plano de benefícios somente na modalidade contribuição definida **e observará o disposto no art. 202 da Constituição.**

Ademais, essa autonomia também se impõe perante a **relação de trabalho**. Embora o empregador possa ser o patrocinador da previdência complementar privada, são duas relações jurídicas distintas com autonomia, embora conexas:

A) Relação empregador e empregado, regida pela CLT;

B) Relação empregador (chamado de patrocinador) e entidade de previdência complementar, regida pela LC 109/2001.

Nesse sentido, estatui o artigo 202, §2º, da Constituição, que as contribuições do empregador, os benefícios e as condições contratuais previstas nos estatutos, regulamentos e planos de benefícios das entidades de previdência privada **não integram o contrato de trabalho dos participantes**, assim como, à exceção dos benefícios concedidos, não integram a remuneração dos participantes, nos termos da lei.

1.3.3. Contratualidade

Enquanto a relação jurídica no RPPS e RGPS é de seguro legal, no RPC é de seguro contratual, embora o conteúdo desta avença sofra forte controle estatal que atua como agente normativo e fiscalizador.

Assim, sempre de modo facultativo, a filiação ocorrerá pela celebração de contrato, que, é em regra, é de expressa manifestação volitícia, salvo situações excepcionais reversíveis de inscrição automática que serão estudadas.

Nesse sentido, nos termos do artigo 10 da LC 109/2001, a todo pretendente será disponibilizado e a todo participante entregue, quando de sua inscrição no plano de benefícios, uma cópia do contrato.

1.3.4. Natureza Privada

No modelo brasileiro a previdência complementar somente existe no âmbito privado, pois os regimes de previdência RGPS e RPPS's, de filiação compulsória a trabalhadores privados e públicos, são de gestão pública.

Assim, em nosso país, a previdência complementar é privada e a previdência privada é complementar, se confundindo.

Nesse sentido pontifica o caput do artigo 202 da Constituição que o "*regime de previdência privada, de caráter complementar,*" deve se basear na constituição de reservas para honrar o benefício contratado.

1.3.5. Complementaridade à previdência pública

A previdência pública é básica, pois o RGPS e o RPPS (servidores que ingressaram após o funcionamento da previdência complementar) possuem um limite máximo de base de contribuição e de renda de benefícios de R$ 8.157,41 (valor atualizado para o ano de 2025).

Assim, para os segurados que possuem remuneração acima desse valor, a previdência pública não irá substituir na sua integralidade a remuneração. E este é o objetivo do regime de previdência complementar: conceder um benefício *plus* para complementar o benefício básico concedido pela previdência pública a fim de manter o padrão social do segurado.

Nessa lógica, para a pessoa que recebe remuneração até o referido teto do RGPS ou RPPS, a previdência pública poderá substituir totalmente a sua remuneração, ficando sem sentido a contratação de plano de previdência complementar, salvo se a pessoa desejar ter acréscimo de renda na inatividade e dispuser de excedente para pagar a contribuição em prol da previdência privada.

1.4. OBJETIVOS

A ação do Estado no âmbito do regime de previdência complementar será exercida com o **objetivo** de:

> I - formular a política de previdência complementar;
>
> II - disciplinar, coordenar e supervisionar as atividades reguladas pela LC 109/2001, compatibilizando-as com as políticas previdenciária e de desenvolvimento social e econômico-financeiro;
>
> III - determinar padrões mínimos de segurança econômico-financeira e atuarial, com fins específicos de preservar a liquidez, a solvência e o equilíbrio dos planos de benefícios, isoladamente, e de cada entidade de previdência complementar, no conjunto de suas atividades;
>
> IV - assegurar aos participantes e assistidos o pleno acesso às informações relativas à gestão de seus respectivos planos de benefícios;

V - fiscalizar as entidades de previdência complementar, suas operações e aplicar penalidades; e

VI - proteger os interesses dos participantes e assistidos dos planos de benefícios.

CAPÍTULO 2

PREVIDÊNCIA COMPLEMENTAR PRIVADA

2.1. INTRODUÇÃO

A previdência complementar privada goza de previsão no **artigo 202 da Constituição Federal**, sendo regulamentada pelas **Leis Complementares 108 e 109**, ambas promulgadas em 2001.

A Lei Complementar 109 traz as regras gerais sobre a previdência complementar privada, tendo revogado expressamente as Leis 6.435/77 e 6.462/77, ao passo que a Lei Complementar 108 regula a relação jurídica entre as entidades componentes da Administração Pública com as suas respectivas entidades fechadas de previdência complementar (fundos de pensão).

2.2. CARACTERÍSTICAS GERAIS

O regime de previdência privada é **complementar** e organizado de maneira **autônoma** ao Regime Geral de Previdência Social, sendo a sua **filiação de natureza facultativa**, obrigatoriamente regulamentado por lei complementar por determinação constitucional.

Conquanto a previdência privada integre a previdência social, lhe sendo aplicável, no que couber, os princípios informadores da seguridade social, lamentavelmente o STF vem negando a incidência do Princípio da Precedência da Fonte de Custeio ao regime previdenciário privado, argumentando com fragilidade que o referido princípio **"somente diz respeito à seguridade social financiada por toda a sociedade, sendo alheio às entidades de previdência privada"** (RE 583687 AgR, de 29.03.2011, 2ª Turma).

Sobre a facultatividade de filiação, colaciona-se passagem do Informativo 427, do STJ:

> "PREVIDÊNCIA PRIVADA. FILIAÇÃO. FACULDADE.
>
> É certo que a competência para legislar sobre a previdência social é concorrente (art. 24, XII, da CF/1988), porém cabe à União editar as normas gerais (§ 1º desse mesmo artigo). Dessarte, se há normas gerais editadas pela União, elas deverão ser respeitadas pela legislação estadual, sob pena de usurpação da competência constitucional. **Diante disso, conclui-se que, se o art. 1º da LC n. 109/2001 dispôs que é facultativa a adesão ao regime de previdência privada complementar, essa norma há de ser observada pelos estados e municípios, daí o recorrente não poder ser compelido a filiar-se em carteira de previdência complementar de escrivães, notários e registradores, quanto mais arcar com a contribuição, se nem sequer a isso anuiu.** Precedente citado do STF: AgRg no RE 482.207-PR, DJe 28/5/2009; do STJ: REsp 615.088-PR, DJ 4/9/2006. **REsp 920.702-PR, Rel. Min. Aldir Passarinho Junior, julgado em 18/3/2010".**

No entanto, ainda de acordo com o STJ, no julgamento do REsp 861.830, de 5/4/2016, "**é possível impor ao consumidor sua prévia filiação à entidade aberta de previdência complementar como condição para contratar com ela empréstimo financeiro.** O auxílio financeiro aos associados das entidades de previdência privada fechada é expressamente vedado pelo § 1º do art. 76 da LC n. 109/2001. Para as abertas, todavia, a realização de operações financeiras é admitida com seus patrocinadores, participantes e assistidos, por força de previsão expressa do parágrafo único do art. 71 da referida lei. O STJ, ao interpretar os referidos artigos, pacificou a orientação de que apenas as entidades abertas de previdência privada poderiam realizar operações financeiras com seus filiados e assistidos, hipótese em que ficariam submetidas ao regime próprio das instituições financeiras (REsp 679.865-RS, Segunda Seção, DJ 4/12/2006). Ressalte-se, contudo, que as entidades abertas de previdência complementar não têm como finalidade institucional a operação como instituição bancária. Elas são estritamente disciplinadas e fiscalizadas, conforme legislação específica – a fim de atender, com segurança, à finalidade a que se destinam – a previdência complementar".

Similarmente ao que ocorre no âmbito do regime de previdência complementar dos servidores federais por determinação da Lei 12.618/2012, que prevê a inscrição automática de servidores federais ao regime, a **Resolução CNPC/MPS 60, de 7 de fevereiro de 2024**, adotou o mesmo modelo com condicionantes para as demais entidades fechadas de previdência complementar, em que pese a ausência de previsão na LC 108 ou 109/2001, o que aparentemente deixa exposto vício de legalidade estrita.

De efeito, por força da Resolução CNPC/MPS 60, de 7 de fevereiro de 2024, a inscrição de participante em plano de benefícios, pela entidade fechada de previdência complementar, pode ocorrer nas seguintes modalidades:

> I - convencional, aquela realizada por iniciativa do participante, a partir da oferta pela entidade ou pelo patrocinador ou instituidor, formalizada por meio de documento impresso, transação remota ou pagamento voluntário da primeira contribuição; ou
>
> **II - automática, aquela realizada por iniciativa do patrocinador, no momento do estabelecimento da relação de trabalho.**

No entanto, a inscrição automática somente pode ser realizada nos casos em que o plano de benefícios:

> I - assegure que o valor da contrapartida do patrocinador seja no mínimo equivalente a vinte por cento do montante para o custeio do plano, ou seja, em proporção não inferior a um para quatro da contribuição normal do participante; ou
>
> II - seja custeado exclusivamente pelo patrocinador, sem exigência de contribuição do participante.

A situação do inciso II é rara, pois na maioria dos casos há contribuição do patrocinador, do participante e do assistido.

Na hipótese de inscrição na modalidade automática, o regulamento do plano de benefícios deve dispor expressamente sobre suas condições, procedimentos, prazos e forma de desistência ou cancelamento.

A entidade fechada de previdência complementar deve:

> I - na inscrição, quando se tratar da modalidade convencional, disponibilizar ao participante, em meio físico ou digital, certificado de inscrição, estatuto da entidade, regulamento do plano de benefícios e material explicativo; e
>
> II - no prazo de até sessenta dias, a contar da data da inscrição por iniciativa do patrocinador, quando se tratar de inscrição na modalidade automática:

> a) cumprir a obrigação de disponibilizar o certificado de inscrição, estatuto da entidade, regulamento do plano de benefícios e material explicativo; e
>
> b) comunicar ao participante, por qualquer meio, inclusive digital, que assegure sua ciência que a inscrição no plano de benefícios implica autorização para o desconto periódico da contribuição devida pelo participante e aporte da contrapartida do patrocinador, a contar da data da inscrição por iniciativa do patrocinador, nos termos do regulamento e do plano de custeio do plano de benefícios; e que poderá manifestar em até cento e vinte dias, a contar da data da inscrição por iniciativa do patrocinador, o desejo de que esta seja tornada sem efeito, implicando seu silêncio ou inércia nesse período a anuência à inscrição no plano de benefícios.

A **inscrição automática do participante será tornada sem efeito caso o participante manifeste sua desistência no prazo de até cento e vinte dias, a contar da data da inscrição por iniciativa do patrocinador,** ficando assegurado o direito:

> I - ao participante, à restituição integral das contribuições por ele aportadas, a ser paga em até sessenta dias de sua desistência, atualizadas na forma do regulamento; e
>
> II - ao patrocinador, à restituição das contribuições por ele aportadas, a ser paga em até sessenta dias da desistência do participante.

A restituição não constitui resgate do participante. É assegurado ao participante o direito de requerer a qualquer tempo, antes de entrar em gozo de benefício, o cancelamento de sua inscrição convencional ou automática no plano de benefícios, nos termos do regulamento.

A autonomia da previdência privada faz com que nasça um regime jurídico disciplinado no seu regulamento, não se aplicáveis as regras dos regimes públicos de previdência social incompatíveis com o regime complementar.

Nesse sentido, a existência de tempo de contribuição especial no RGPS não faz nascer, necessariamente, o mesmo direito na previdência privada. Veja-se o STJ:

> Processo
>
> **REsp 1230046**/PB
>
> RECURSO ESPECIAL

2010/0224652-5

Relator(a)

Ministro RICARDO VILLAS BÔAS CUEVA (1147)

Órgão Julgador

T3 - TERCEIRA TURMA

Data do Julgamento

04/11/2014

Data da Publicação/Fonte

DJe 07/11/2014

Ementa

"RECURSO ESPECIAL. CIVIL. PREVIDÊNCIA PRIVADA. CERCEAMENTO DE DEFESA. PROVA PERICIAL INDEFERIDA. FUNDAMENTO INATACADO. SÚMULA Nº 283/STF. PRESCRIÇÃO QUINQUENAL. RELAÇÃO DE TRATO SUCESSIVO. PRETENSÃO JÁ OBTIDA. AUSÊNCIA DE INTERESSE RECURSAL. **BENEFÍCIO PREVIDENCIÁRIO. REVISÃO DE RENDA MENSAL INICIAL. TEMPO DE SERVIÇO ESPECIAL. RECONHECIMENTO PELO INSS. UTILIZAÇÃO NA PREVIDÊNCIA COMPLEMENTAR. INADMISSIBILIDADE. SISTEMA FINANCEIRO DE CAPITALIZAÇÃO. AUTONOMIA EM RELAÇÃO À PREVIDÊNCIA OFICIAL.**

1. Ação de revisão de benefício de previdência privada em que se postula o aproveitamento de tempo de serviço especial (tempo ficto), devidamente reconhecido pelo INSS, para fins de cálculo da renda mensal inicial.

2. A aposentadoria especial é uma espécie de benefício previdenciário do regime geral de previdência social (RGPS), devida ao trabalhador que exerce atividade em condições prejudiciais à saúde ou à integridade física. Assim, ele pode se aposentar mais cedo como forma de se compensar o desgaste físico resultante do tempo de serviço prestado em ambiente insalubre, penoso ou perigoso (tempo de serviço especial). Ademais, quanto maior o grau de nocividade, menor será o tempo de trabalho.

3. A previdência privada possui autonomia em relação ao regime geral de previdência social. Além disso, é facultativa, regida pelo Direito Civil, de caráter complementar e baseada na constituição de reservas que garantam o benefício contratado, sendo o regime financeiro de capitalização.

4. A previdência social é um "seguro coletivo", público, de cunho estatutário, compulsório, ou seja, a filiação é obrigatória para diversos empregados e trabalhadores rurais ou urbanos (art. 11 da Lei nº 8.213/91), destinado à proteção social, mediante contribuição, proporcionando meios indispensáveis de subsistência ao segurado e à sua família na ocorrência de certa contingência prevista em lei (incapacidade, desemprego involuntário, idade avançada, tempo de serviço, encargos familiares e prisão ou morte do segurado), sendo o sistema de financiamento o de caixa ou de repartição simples.

5. A concessão de benefício oferecido pelas entidades abertas ou fechadas de previdência privada não depende da concessão de benefício oriundo do regime geral de previdência social, haja vista as especificidades de cada regime e a autonomia existente entre eles.

6. Pelo regime de capitalização, o benefício de previdência complementar será decorrente do montante de contribuições efetuadas e do resultado de investimentos, não podendo haver, portanto, o pagamento de valores não previstos no plano de benefícios, sob pena de comprometimento das reservas financeiras acumuladas (desequilíbrio econômico-atuarial do fundo), a prejudicar os demais participantes, que terão que custear os prejuízos daí advindos.

7. O tempo ficto ou o tempo de serviço especial, próprio da previdência social, é incompatível com o regime financeiro de capitalização, ínsito à previdência privada".

PROCESSO

AgInt no AgInt no AREsp 1509404/RJ

AGRAVO INTERNO NO AGRAVO INTERNO NO AGRAVO EM RECURSO ESPECIAL

2019/0152276-3

RELATOR(A)

Ministra MARIA ISABEL GALLOTTI (1145)

ÓRGÃO JULGADOR

T4 - QUARTA TURMA

DATA DO JULGAMENTO

13/12/2021

DATA DA PUBLICAÇÃO/FONTE

DJe 15/12/2021

EMENTA

AGRAVO INTERNO. RECURSO ESPECIAL. BENEFÍCIO PREVIDENCIÁRIO. TEMPO DE SERVIÇO. CONDIÇÕES ESPECIAIS. REGIME FECHADO DE PREVIDÊNCIA COMPLEMENTAR. INCOMPABILIDADE. 1. A pretensão de conversão de tempo de serviço prestado em condições especais (tempo ficto) perante patrocinador, para fins de revisão dos proventos de complementação de aposentadoria, não se compatibiliza com regime fechado de previdência privada, em razão da necessidade de prévia formação de fonte de custeio. Precedentes. 2. Agravo interno a que se nega provimento.

Por sua autonomia, vale ressaltar que **a relação previdenciária privada não integra o contrato de trabalho dos participantes**, pois não se confunde ou depende da relação laborativa.

De acordo com o STJ, a relação contratual mantida entre a entidade de previdência privada administradora do plano de benefícios e o participante não se confunde com a relação laboral mantida entre o participante trabalhador e a patrocinadora[1].

Dessa forma, a ação proposta contra entidade de previdência complementar adstrita ao seu plano de benefícios não tramitará na Justiça do Trabalho, por não se confundir com relação laboral, e sim na Justiça Estadual, a exemplo de ação em que se visa o reajuste da complementação da aposentadoria[2].

De acordo com a 2ª Seção do STJ, "compete à Justiça Estadual processar e julgar litígios instaurados entre entidade de previdência privada e participante de seu plano de benefícios" (REsp 1.207.071, de 27.06.2012).

1. Precedentes: AgInt no AREsp 740736/RJ, Rel. Ministro LUIS FELIPE SALOMÃO, QUARTA TURMA, julgado em 15/09/2016, DJe 21/09/2016; AgInt no AREsp 567772/SE, Rel. Ministro MARCO BUZZI, QUARTA TURMA, julgado em 04/08/2016, DJe 16/08/2016; REsp 1443304/SE, Rel. Ministro RICARDO VILLAS BÔAS CUEVA, TERCEIRA TURMA, julgado em 26/05/2015, DJe 02/06/2015; REsp 909861/SC, Rel. Ministro MASSAMI UYEDA, TERCEIRA TURMA, julgado em 24/04/2012, DJe 11/05/2012.
2. STJ, REsp 328.401, de 28.08.2001.

Por outro lado, conforme já se pronunciou o STJ, através da sua 2ª Seção, "se a procedência do pedido articulado na reclamatória trabalhista (v.g., integração de horas extras) repercutir na renda mensal devida pela instituição de previdência complementar mantida com contribuições do empregador, este e aquela são partes na ação, que deve tramitar na Justiça do Trabalho"[3].

No entanto, no dia 20 de fevereiro de 2013, ao julgar o Recurso Extraordinário 586.453, **o Plenário do STF pronunciou a competência da Justiça Estadual para conhecer de causas que envolvam o regime de previdência complementar privado visando a complementação de aposentadoria, afastando a competência da Justiça do Trabalho.**

Por outro lado, operou-se a modulação da decisão da Suprema Corte, a fim de se determinar a manutenção na Justiça do Trabalho dos processos desta natureza em que já tenha sido proferida sentença de mérito até o dia da conclusão do julgamento do recurso (20/02/2013):

> "Recurso extraordinário – Direito Previdenciário e Processual Civil – Repercussão geral reconhecida – Competência para o processamento de ação ajuizada contra entidade de previdência privada e com o fito de obter complementação de aposentadoria –Afirmação da autonomia do Direito Previdenciário em relação ao Direito do Trabalho – Litígio de natureza eminentemente constitucional, cuja solução deve buscar trazer maior efetividade e racionalidade ao sistema – Recurso provido para afirmar a competência da Justiça comum para o processamento da demanda - Modulação dos efeitos do julgamento, para manter, na Justiça Federal do Trabalho, até final execução, todos os processos dessa espécie em que já tenha sido proferida sentença de mérito, até o dia da conclusão do julgamento do recurso (20/2/13). 1. A competência para o processamento de ações ajuizadas contra entidades privadas de previdência complementar é da Justiça comum, dada a autonomia do Direito Previdenciário em relação ao Direito do Trabalho. Inteligência do art. 202, § 2º, da Constituição Federal a excepcionar, na análise desse tipo de matéria, a norma do art. 114, inciso IX, da Magna Carta. 2. Quando, como ocorre no presente caso, o intérprete está diante de controvérsia em que há fundamentos constitucionais para se adotar mais de uma solução possível, deve ele optar por aquela que efetivamente trará maior efetividade

3. CC 59.401, de 14.06.2006.

e racionalidade ao sistema. 3. Recurso extraordinário de que se conhece e ao qual se dá provimento para firmar a competência da Justiça comum para o processamento de demandas ajuizadas contra entidades privadas de previdência buscando-se o complemento de aposentadoria. 4. Modulação dos efeitos da decisão para reconhecer a competência da Justiça Federal do Trabalho para processar e julgar, até o trânsito em julgado e a correspondente execução, todas as causas da espécie em que houver sido proferida sentença de mérito até a data da conclusão, pelo Plenário do Supremo Tribunal Federal, do julgamento do presente recurso (20/2/2013). 5. Reconhecimento, ainda, da inexistência de repercussão geral quanto ao alcance da prescrição de ação tendente a questionar as parcelas referentes à aludida complementação, bem como quanto à extensão de vantagem a aposentados que tenham obtido a complementação de aposentadoria por entidade de previdência privada sem que tenha havido o respectivo custeio".

Não obstante isto, se a entidade de previdência complementar não for parte na ação judicial, existindo pedido contra o empregador/patrocinador com pagamento de verba trabalhista que reflita em pagamento de contribuição para previdência privada, a Justiça do Trabalho será competente.

Veja-se o STF:

"RECURSO EXTRAORDINÁRIO. TRABALHISTA. COMPETÊNCIA. PEDIDO DE CONDENAÇÃO DA EMPRESA EMPREGADORA AO PAGAMENTO DE VERBAS TRABALHISTAS E AO CONSEQUENTE REFLEXO DAS DIFERENÇAS SALARIAIS NAS CONTRIBUIÇÕES AO PLANO DE PREVIDÊNCIA COMPLEMENTAR. COMPETÊNCIA DA JUSTIÇA DO TRABALHO. INAPLICABILIDADE DO TEMA 190 DA REPERCUSSÃO GERAL. PRECEDENTES. MULTIPLICIDADE DE RECURSOS EXTRAORDINÁRIOS. CONTROVÉRSIA CONSTITUCIONAL DOTADA DE REPERCUSSÃO GERAL. REAFIRMAÇÃO DA JURISPRUDÊNCIA DO SUPREMO TRIBUNAL FEDERAL. RECURSO EXTRAORDINÁRIO DESPROVIDO.

I. O Plenário deste Tribunal, quando do julgamento do RE 586.453/SE (Tema 190 da Repercussão Geral), redator para o acórdão o Ministro Dias Toffoli, firmou entendimento no sentido de que compete à Justiça comum o processamento de demandas ajuizadas contra entidades privadas de previdência complementar, com o propósito de obter complementação de aposentadoria.

> ***II. Todavia, no caso em análise, a demanda foi proposta contra o empregador, e não contra a entidade de previdência privada, discutindo-se também verbas de natureza trabalhista e seus respectivos reflexos, motivo pelo qual deve a competência ser mantida na Justiça do trabalho.***
>
> ***III. Agravo regimental a que se nega provimento, com aplicação da multa prevista no art. 1.021, § 4°, do CPC. (RE 1.221.534-AgR, Rel. Min. Ricardo Lewandowski, Segunda Turma, DJe de 5/5/2020)."***

Nesse sentido, foi firmada tese em setembro de 2021 no **Tema 1.166 em Repercussão Geral:** ***"Compete à Justiça do Trabalho processar e julgar causas ajuizadas contra o empregador nas quais se pretenda o reconhecimento de verbas de natureza trabalhista e os reflexos nas respectivas contribuições para a entidade de previdência privada a ele vinculada".***

Na mesma linha, de acordo com o STJ, compete à Justiça do Trabalho processar e julgar causas ajuizadas contra o empregador nas quais se pretenda o reconhecimento de verbas de natureza trabalhista e os reflexos nas respectivas contribuições para a entidade de previdência privada a ele vinculada. EDcl no AgInt no AREsp 1.547.767-SP, Rel. Min. Marco Buzzi, Quarta Turma, por unanimidade, julgado em 22/03/2022, DJe 07/04/2022.

Em decorrência deste entendimento da Suprema Corte, o STJ editou a Súmula 505, que pontifica a competência estadual para conhecer de demanda envolvendo instituição de previdência privada dos ferroviários em decorrência da relação jurídico-previdenciária complementar:

> **Súmula 505 –** "A competência para processar e julgar as demandas que têm por objeto obrigações decorrentes dos contratos de planos de previdência privada firmados com a Fundação Rede Ferroviária de Seguridade Social – REFER é da Justiça estadual".

Eis passagem do Informativo 533 do STJ com o precedente que ensejou a edição da aludida súmula:

> STJ, Informativo 533- "DIREITO PREVIDENCIÁRIO E PROCESSUAL CIVIL. COMPETÊNCIA PARA JULGAR DEMANDA DECORRENTE DE PLANO DE PREVIDÊNCIA DA REFER. RECURSO REPETITIVO (ART. 543-C DO CPC E RES. 8/2008-STJ).
>
> Compete à Justiça Estadual processar e julgar as demandas que têm por objeto obrigações decorrentes de contrato de plano de

previdência privada firmado com a Fundação Rede Ferroviária de Seguridade Social (REFER) – entidade de previdência instituída e patrocinada pela extinta Rede Ferroviária de Seguridade Social (RFFSA) –, mesmo considerando o fato de que a União sucedeu a RFFSA nos direitos, obrigações e ações judiciais em que esta seja autora, ré, assistente, opoente ou terceira interessada, bem como de que se tornou patrocinadora dos planos de benefícios administrados pela REFER, nos termos dos arts. 2º, I, e 25 da Lei 11.483/2007. Inicialmente, esclarece-se que a controvérsia remonta à edição da Lei 9.364/1996 (convolação da MP 1.529/1996), que autorizou, em seu art. 1º, II, o pagamento com sub-rogação pela União dos débitos da RFFSA junto ao INSS e à REFER. Deve-se considerar, ainda, que, pelo art. 109 da CF, a competência se firma *ratione personae*, de modo que o deslocamento do feito para a Justiça Federal somente se justifica quando a União, autarquias federais ou empresas públicas federais forem interessadas na condição de autoras, rés, assistentes ou oponentes. Com efeito, em situações como a em análise, inexiste vínculo de direito material entre a União e associado ou ex-participante de plano de previdência privada firmado com a REFER a justificar o deslocamento da competência para a Justiça Federal. Além do mais, a REFER, entidade fechada de previdência privada, organizada sob a forma de fundação, possui personalidade jurídica própria que não se confunde com a da sua instituidora e patrocinadora, ou seja, a RFFSA, sociedade de economia mista que sequer é demandada nesses casos (CC 37443-RS, Segunda Seção, DJ 12/8/2003; REsp 246709-MG, Terceira Turma, DJ 11/12/2000; e REsp 234577-MG, Quarta Turma, DJ 18/3/2002). Depois de pacificada a matéria, a discussão foi retomada com a edição da MP 353/2007, convertida na Lei 11.483/2007, que encerrou o processo de liquidação da RFFSA e determinou, em seu art. 2º, I, a sucessão da RFFSA pela União nos direitos, obrigações e ações judiciais em que esta seja autora, ré, assistente, oponente ou terceira interessada, ressalvadas algumas ações previstas no art. 17, II, as quais tratam de lides trabalhistas. Quanto à interpretação do art. 25 da Lei 11.483/2007, para fins de fixação da competência, deve-se considerar tratar-se de norma com conteúdo e finalidade idêntica à regra do art. 1º, II, da Lei 9.364/1996, "sendo certo que o pagamento pela União dos débitos da RFFSA perante a REFER (Lei 9.364/96, art. 1º, II) não desloca a competência para a Justiça Federal, o mesmo entendimento aplica-se na hipótese de a União figurar como patrocinadora da REFER (Lei 11.483/2007), porque, do mesmo modo, o litígio decorre de contrato celebrado entre o segurado e a entidade de previdência privada" (REsp 1.148.604-MG, DJe 11/3/2011). Tese firmada para fins do art. 543-C do CPC: "A competência para processar e julgar as demandas que têm por objeto obrigações decorrentes dos contratos de planos de previdência privada firmados com a Fundação Rede Ferroviária de Seguridade Social - REFER é da Justiça Estadual". REsp 1.183.604-MG e REsp 1.187.776-MG, Rel. Min. Paulo de Tarso Sanseverino, julgados em 11/12/2013.

Em 2018, o STF aprovou o tema 149 em repercussão geral:

Informativo 903 - DIREITO CONSTITUCIONAL – CONFLITO DE COMPETÊNCIA

"Contribuição previdenciária e competência

Compete à justiça comum o julgamento de conflito de interesses a envolver a incidência de contribuição previdenciária, considerada a complementação de proventos.

Com base nessa orientação, o Plenário, **ao apreciar o Tema 149 da repercussão geral**, por maioria, deu provimento a recurso extraordinário para reconhecer **a incompetência da Justiça do Trabalho e declarar nulos os atos decisórios praticados em processo em que se discutia a legitimidade de contribuição previdenciária descontada de aposentados e pensionistas**. Determinou, assim, a remessa dos autos à Justiça comum.

No caso, o Tribunal Superior do Trabalho (TST) julgou ser competente a Justiça do Trabalho, nos termos do art. 114 da Constituição Federal (CF), **para processar e julgar ação sobre pedido de complementação de aposentadoria, mesmo em se tratando de regras estabelecidas por leis estaduais**.

Argumentava o recorrente não se tratar, no caso, de controvérsia alusiva a relação de trabalho, mas ao próprio poder de tributar incidente sobre complementação de aposentadoria. A redução verificada no montante devido a título de complementação de proventos não teria resultado do contrato de trabalho, mas da incidência de tributo, cabendo à justiça comum estadual a solução do conflito.

O Tribunal entendeu que o alcance da competência da Justiça do Trabalho se revela a partir de critérios de direito estrito. A situação narrada nos autos — incidência de contribuição social para o custeio do regime previdenciário de que trata o art. 40 da CF, a implicar o desconto, a título de contribuição social, de 11% do valor relativo a complementação de aposentadoria — é insuficiente a concluir pelo enquadramento num dos casos descritos no art. 114 da CF.

Com a reclamação trabalhista, os recorridos não pretendiam a obtenção de verba de natureza trabalhista, mas a não incidência da contribuição social, ante a alegada inaplicabilidade, ao caso, da norma de regência (Lei Complementar 954/2003, do Estado de São Paulo).

Entretanto, a definição da controvérsia depende da identificação dos sujeitos da exação, considerados os parâmetros estabelecidos em lei complementar pelo instituidor do tributo, questão de natureza exclusivamente tributária.

Dessa forma, é impróprio depreender a existência de relação empregatícia entre os litigantes a justificar a competência da Justiça especializada. Em realidade, a relação jurídica entre as partes, considerado o objeto do processo, é de Direito Tributário.

Vencidos os ministros Edson Fachin e Rosa Weber, que reconheceram a competência da Justiça do Trabalho. Entenderam que se discute, na espécie, direito derivado de relação contratual de trabalho. **RE 594435/SP, rel. Min. Marco Aurélio, julgamento em 24.5.2018. (RE-594435)**".

Em discutível decisão, **ressalvada a modulação estabelecida**, restou definido pelo **STJ em tese repetitiva** que a inclusão nos cálculos de proventos de complementação de aposentadoria de horas extraordinárias habituais em decorrência de decisão da Justiça do Trabalho não é possível, pois afetaria o equilíbrio atuarial do plano de previdência complementar, cabendo ao participante acionar o patrocinador (ex-empregador) na Justiça Laboral pelos danos sofridos.

"**Teses definidas para os fins do art. 1.036 do CPC/2015:**

a) a concessão do benefício de previdência complementar tem como pressuposto a prévia formação de reserva matemática, de forma a evitar o desequilíbrio atuarial dos planos. Em tais condições, quando já concedido o benefício de complementação de aposentadoria por entidade fechada de previdência privada, é inviável a inclusão dos reflexos das verbas remuneratórias (horas extras) reconhecidas pela Justiça do Trabalho nos cálculos da renda mensal inicial dos benefícios de complementação de aposentadoria;

b) os eventuais prejuízos causados ao participante ou ao assistido que não puderam contribuir ao fundo na época apropriada ante o ato ilícito do empregador poderão ser reparados por meio de ação judicial a ser proposta contra a empresa ex-empregadora na Justiça do Trabalho;

c) modulação dos efeitos da decisão (art. 927, § 3º, do CPC/2015): nas demandas ajuizadas na Justiça comum até a data do presente julgamento – se ainda for útil ao participante ou assistido, conforme as peculiaridades da causa –, admite-se a inclusão dos reflexos de verbas remuneratórias (horas extras), reconhecidas pela Justiça do Trabalho, nos cálculos da renda mensal inicial dos benefícios de complementação de aposentadoria, condicionada à previsão regulamentar (expressa ou implícita) e à recomposição prévia e integral das reservas matemáticas com o aporte de valor a ser apurado por estudo técnico atuarial em cada caso;

d) nas reclamações trabalhistas em que o ex-empregador tiver sido condenado a recompor a reserva matemática, e sendo inviável a revisão da renda mensal inicial da aposentadoria complementar, os valores correspondentes a tal recomposição devem ser entregues ao participante ou assistido a título de reparação, evitando-se, igualmente, o enriquecimento sem causa da entidade fechada de previdência complementar". **REsp 1.312.736-RS, Rel. Min. Antonio Carlos Ferreira, Segunda Seção, por unanimidade, julgado em 08/08/2018, DJe 16/08/2018 (Tema 955)**.

No caso da competência jurisdicional para propor ação de participante ou assistido contra entidade fechada de previdência complementar, conquanto o STJ afaste a aplicação do Código de Defesa do Consumidor, é adotada a competência concorrente entre o domicílio do réu, o foro previsto no contrato ou do local da prestação dos serviços à empresa:

INFORMATIVO 571- DIREITO PROCESSUAL CIVIL. FORO PARA O AJUIZAMENTO DE AÇÃO EM FACE DE ENTIDADE FECHADA DE PREVIDÊNCIA COMPLEMENTAR.

É possível a participante ou assistido de plano de benefícios patrocinado ajuizar ação em face da respectiva entidade fechada de previdência privada no foro do domicílio da ré, no eventual foro de eleição do contrato ou, até mesmo, no foro onde labora ou laborou para a patrocinadora do plano. De fato, as regras do CDC, conquanto sejam aplicáveis à relação jurídica existente entre a entidade aberta de previdência privada e seus participantes, não se aplicam à relação jurídica, de direito civil, formada entre entidade fechada de previdência complementar e seus participantes ou assistidos de plano de benefícios, mesmo em situações que não sejam regulamentadas pela legislação especial. Dessa

> maneira, tratando-se de ação proposta por participante em face de entidade fechada de previdência privada, o foro competente não será disciplinado pelo diploma consumerista. Afastada a aplicação do CDC, deve-se atentar à circunstância de que, embora a relação autônoma de previdência complementar não se confunda com a trabalhista, a própria legislação de regência (art. 16 da LC 109/2001) impõe que a entidade confira tratamento isonômico com relação a todos os empregados da patrocinadora. Dessarte, a possibilidade de o participante ou assistido poder ajuizar ação no foro do local onde labora(ou) para a patrocinadora não pode ser menosprezada, inclusive para garantir um equilíbrio e isonomia entre os participantes que laboram no mesmo foro da sede da entidade e os demais, pois o participante não tem nem mesmo a possibilidade, até que ocorra o rompimento do vínculo trabalhista com o instituidor, de proceder ao resgate ou à portabilidade. REsp 1.536.786-MG, Rel. Min. Luis Felipe Salomão, julgado em 26/8/2015, DJe 20/10/2015.

Diante da sua facultatividade, entende-se que **a natureza jurídica da relação previdenciária privada é contratual *sui generis***, haja vista existir forte controle estatal que mitigou a autonomia da vontade no que concerne ao regime dos planos ofertados, que deverão observar os parâmetros legais e ainda ser previamente aprovados pelos agentes normativos e reguladores do Poder Público.

Dessa forma, **havia a incidência do Código de Defesa do Consumidor**, consoante previa a revogada **Súmula 321, do STJ**:

> "**Súmula 321 STJ:** O Código de Defesa do Consumidor é aplicável à relação jurídica entre a entidade de previdência privada e seus participantes". (revogada em 26/2/2016).

No entanto, no julgamento do Recurso Especial 1.421.951, de 12 de dezembro de 2014, **o STJ restringiu a aplicação da Súmula 321 aos planos privados abertos de previdência complementar**, afastando a sua incidência aos planos fechados, pois, neste caso, o patrimônio da entidade e respectivos rendimentos revertem-se integralmente na concessão e manutenção do pagamento de benefícios, prevalecendo o associativismo e o mutualismo, o que afasta o intuito lucrativo.

Posteriormente, na sessão de 24 de fevereiro de 2016, a 1ª Seção do STJ cancelou a Súmula 321 e editou a Súmula 563, limitando a aplicação do CDC aos planos de previdência privada abertos:

Súmula 563: O Código de Defesa do Consumidor é aplicável às entidades abertas de previdência complementar, não incidindo nos contratos previdenciários celebrados com entidades fechadas. Segunda Seção, aprovada em 24/2/2016, DJe 29/2/2016.

Situação interessante foi julgada pelo STJ, que aplicou o CDC em favor de participante de regime previdenciário privado aberto, garantindo o valor do pecúlio contratado, que reiteradamente foi informado em valor equivocado pela entidade de previdência por quase 20 anos:

Tema: Plano de Previdência Complementar. Entidade aberta de previdência privada. Pecúlio. Aplicabilidade do Código de Defesa do Consumidor. Diferença entre o valor informado ao instituidor do benefício e o montante pago administrativo. Vinculação à oferta e à informação prestada. Obtenção de vantagem econômica. Cumprimento de dever correspondente.

DESTAQUE

A promessa, reiterada periodicamente, acerca do valor da prestação previdenciária deve ser honrada perante o consumidor que não foi comprovada e oportunamente avisado do alegado erro de cálculo. REsp 1.966.034-MG, Rel. Min. Luis Felipe Salomão, Rel. Acd. Min. Raul Araújo, Quarta Turma, por maioria, julgado em 24/05/2022.

INFORMAÇÕES DO INTEIRO TEOR

No caso, o contratante do plano de previdência e pecúlio **sub judice**, contratou o plano em 18/1/1995, tendo arcado com o pagamento mensal das contribuições até o seu falecimento em 28/10/2014. Durante esses quase 20 anos, a instituição informou-lhe periodicamente o valor do benefício devido, bem como reajustou anualmente o valor das contribuições.

É incontroverso, que o plano eleito pelas partes oferecia inicialmente um benefício de pecúlio de R$ 20.000,00 (vinte mil reais) e, para tanto, o contratante assumia o pagamento de R$ 140,00 (cento e quarenta reais) mensais. Transcorridos os quase vinte anos da adesão, o contratante já aportava, em razão das correções anuais, a contribuição mensal de R$ 815,23 (oitocentos e quinze reais e vinte e três centavos), esperando que o benefício correspondente fosse aquele informado periodicamente nos boletos enviados pela instituição, cujo o último valor informado fora de R$ 116.461,46 (cento e dezesseis mil, quatrocentos e sessenta e um reais e quarenta e seis centavos).

De início, destaca-se que os planos de previdência administrados por entidade aberta devem ser constituídos sob a forma de sociedade anônimas, dotadas, por natureza, de finalidade empresarial e, portanto, lucrativa, nos termos disciplinados no art. 36 da Lei Complementar n. 109/2001.

Ainda que autorizadas e fiscalizadas pela Superintendência de Seguros Privados - Susep, vinculada ao Ministério da Fazenda, e submetidas à regulação do Conselho Nacional de Seguros Privados - CNSP, as operações dessas entidades são realizadas em regime de mercado. Captam poupança popular, porém não se limitam exclusivamente ao intuito protetivo-previdenciário.

É justamente por operar em regime de mercado que o Superior Tribunal de Justiça tem entendimento reiterado e consolidado no sentido de que se aplicam às entidades abertas de previdência privada o sistema consumerista, conforme restou materializado na Súmula 563/STJ: "O Código de Defesa do Consumidor é aplicável às entidades abertas de previdência complementar, não incidindo nos contratos previdenciários celebrados com entidades fechadas".

Tratando-se de sociedade anônima que fornece em regime de mercado seus planos de previdência, espera-se ser de seu inteiro conhecimento e domínio todas as regras legais e regulamentares aplicáveis a si e a seus produtos.

Por sua vez, cabe aos consumidores, a partir das informações que lhe são prestadas pelo fornecedor, tomar a decisão acerca da aderência ao contrato do plano ofertado, atentando para as características que melhor satisfaçam suas necessidades e interesses.

No âmbito do sistema consumerista, não há dúvida de que as informações prestadas sobre o produto consumido vinculam e obrigam o fornecedor, dando ensejo ao cumprimento forçado, conforme previsão expressa do art. 35, I, do CDC.

Seguindo uma tendência de objetivação da responsabilidade, a doutrina ensina que o legislador consumerista não deu espaço para se perquirir culpa ou o dolo do fornecedor. Ao assumir essa posição no mercado, o mínimo que se pode esperar é que o fornecedor tenha ampla familiaridade com o produto ou serviço que oferta, assim como com seu modo de operação e com as possíveis falhas normais. Destarte, eventual erro de informação não é, a priori, escusável.

É certo que há exceções à vinculação nas hipóteses de erro justamente como forma de preservação da boa-fé objetiva dos contratantes, princípio que certamente transita nos dois sentidos, protegendo consumidor e fornecedor da prática de condutas desleais ou desonestas. Para afastar a boa-fé objetiva, entretanto, deve o erro ser evidente, manifesto e facilmente perceptível ao homem médio.

No caso concreto, o que se verifica é que, a propósito de desincumbir-se de seu dever de informar, a recorrente fornecia periodicamente as informações relativas ao benefício contratado. Todavia, no momento do adimplemento de sua obrigação e da efetiva entrega do "produto" ofertado, constatou-se o equívoco da informação reiteradamente prestada ao longo de quase duas décadas. Sob a justificativa de que o valor informado não atenderia ao equilíbrio atuarial, frustrou-se objetivamente a legítima expectativa nutrida no consumidor e na beneficiária por ele indicada.

Nota-se que o valor indicado a título de benefício de pecúlio não se mostra desproporcional frente aos valores de contribuição recolhidos mensalmente pelo consumidor. Ao contrário, desarrazoado é se supor que o consumidor manteria contribuições mensais de mais de R$ 800,00 (oitocentos reais) para obter um benefício de apenas R$ 20.689,54 (vinte mil, seiscentos e oitenta e nove reais e cinquenta e quatro centavos). Ora, em apenas 2 anos de poupança, nos mesmos valores de contribuição, o consumidor praticamente alcançaria a cifra efetivamente paga a título de pecúlio, desconsideradas quaisquer taxas de juros ou correção monetária dos valores.

Não se está, com isso, a negar o caráter aleatório do presente contrato, formado para viger por prazo indeterminado, prolongando-se indefinidamente no tempo, e do qual pode resultar o pagamento do benefício superior ao montante aportado, do ponto de vista individual, ou, em contraposição, pode resultar em valor consideravelmente inferior ao total dos aportes realizados ao longo de anos. Entretanto, também é da natureza do contrato de trato sucessivo a possibilidade de sua rescisão unilateral a qualquer tempo pelo contratante, de forma que a relação custo-benefício passa pelo crivo do consumidor diversas vezes ao longo de sua vigência.

Se houve falha no cálculo atuarial, como apurado pelas provas produzidas nas instâncias ordinárias, não foi ela provocada pelo consumidor, mas exclusivamente pela atuação da própria recorrente.

> Desse modo, conclui-se que o ônus do desatendimento das normas a que a recorrente se submete pelo desempenho da atividade previdenciária complementar não pode ser simplesmente transferido para a esfera patrimonial do consumidor ou da beneficiária, devendo a promessa, reiterada periodicamente, ser honrada perante o consumidor que não foi comprovada e oportunamente avisado do alegado erro de cálculo.

Logo, o objetivo primordial do legislador foi oferecer aos segurados do RGPS que recebem acima do teto daquele regime uma opção previdenciária facultativa a fim de manter o seu padrão de vida na inatividade, caso manifestem a sua vontade e se disponham a contribuir paralelamente ao custeio do RGPS.

Em razão do seu caráter autônomo, o gozo dos benefícios ofertados pelo regime privado independe do público, sendo **baseado na constituição de reservas que garantam o pagamento dos benefícios contratados**.

A previdência privada divide-se em **dois regimes**: *ABERTO*, em que é admitida a filiação de qualquer pessoa; *FECHADO*, pois apenas poderão ingressar no regime os empregados do patrocinador ou os membros/associados do instituidor.

O **regime aberto** será composto por entidades abertas de previdência complementar, sendo necessariamente administrado por pessoas jurídicas organizadas sob a forma de ***sociedades anônimas***, a exemplo da BRASILPREV, do Banco do Brasil, que conta com mais de 1,19 milhões de segurados.

Por outro lado, o **regime fechado** será integrado por ***entidades sem fins lucrativos*** (associações e fundações), a exemplo da PREVI – Caixa de Previdência dos Funcionários do Banco do Brasil, ressaltando que a legislação previdenciária de maneira atécnica se referiu a sociedade sem fins lucrativos, conquanto se saiba que as sociedades pressupõem finalidade econômica, na forma do artigo 981, do Código Civil.

A PREVI é a entidade fechada com os maiores ativos no Brasil, com pouco mais de 131 bilhões de reais, seguida da PETROS com cerca de 48 bilhões de reais (valores de agosto de 2009).

A Constituição Federal proíbe que a Administração Pública aporte recursos nas entidades de previdência privada. Contudo, é possível a transferência de recursos para entidade fechada de previdência privada, caso alguma entidade da Administração Pública[4] seja patrocinadora, quando em hipótese alguma a sua contribuição normal poderá exceder a do segurado (paridade contributiva).

Logo, o Banco do Brasil S/A, sociedade de economia mista integrante da Administração Pública Indireta federal, poderá efetuar aportes de recursos em favor da PREVI, na condição de patrocinadora, mas a sua **contribuição ordinária** não poderá ser maior que a vertida pelo funcionário da estatal que optou em aderir ao plano privado.[4] Se for contribuição extraordinária, não há impedimento constitucional que a contribuição do patrocinar seja superior à contribuição do participante e assistido.

Ademais, objetivando uma administração democrática, a Constituição Federal garante a participação dos segurados nos órgãos colegiados diretores das entidades de previdência fechada.

Por tudo isso, é possível listar as seguintes **características gerais da previdência privada**:

a) Complementar;

b) Facultativa;

c) Autônoma ao RGPS;

d) Contratual *sui generis*;

e) Baseada na constituição de reservas;

f) Regulamentada por lei complementar;

g) Dividida em regime aberto e fechado;

h) Inconfundível com o contrato de trabalho.

2.2.1. Impenhorabilidade relativa dos benefícios

Por determinação legal, os benefícios previdenciários são impenhoráveis, sendo que esta proteção não abarca apenas os decorrentes

---

4. União, Estados, Distrito Federal e Municípios, suas autarquias, fundações, empresas públicas, sociedades de economia mista e outras entidades públicas.

dos planos públicos de previdência (RGPS e RPPS), mas também os benefícios oriundos de plano de previdência complementar. Nesse sentido, a 2ª Seção do STJ:

> **Informativo 535- "DIREITO PROCESSUAL CIVIL. IMPENHORABILIDADE DE FUNDO DE PREVIDÊNCIA PRIVADA COMPLEMENTAR.**
>
> **O saldo de depósito em fundo de previdência privada complementar na modalidade Plano Gerador de Benefícios Livres (PGBL) é impenhorável, a menos que sua natureza previdenciária seja desvirtuada pelo participante.** O regime de previdência privada complementar é, nos termos do art. 1º da LC 109/2001, "baseado na constituição de reservas que garantam o benefício, nos termos do caput do art. 202 da Constituição Federal", que, por sua vez, está inserido na seção que dispõe sobre a Previdência Social. Na aplicação em PGBL, o participante realiza depósitos periódicos, os quais são aplicados e transformam-se em uma reserva financeira, que poderá ser por ele antecipadamente resgatada ou recebida em data definida, seja em uma única parcela, seja por meio de depósitos mensais. Em qualquer hipótese, não se pode perder de vista que, em geral, o participante adere a esse tipo de contrato com o intuito de resguardar o próprio futuro ou de seus beneficiários, garantindo o recebimento de certa quantia, que julga suficiente para a manutenção futura do atual padrão de vida. A faculdade de "resgate da totalidade das contribuições vertidas ao plano pelo participante" (art. 14, III, da LC 109/2001) não tem o condão de afastar, de forma absoluta, a natureza essencialmente previdenciária e, portanto, alimentar, do saldo existente naquele fundo. Veja-se que a mesma razão que protege os proventos advindos da aposentadoria privada deve valer para a reserva financeira que visa justamente a assegurá-los, sob pena de se tornar inócua a própria garantia da impenhorabilidade daqueles proventos. Outrossim, se é da essência do regime de previdência complementar a inscrição em um plano de benefícios de caráter previdenciário, não é lógico afirmar que os valores depositados pelo participante possam, originalmente, ter natureza alimentar e, com o decorrer do tempo, justamente porque não foram utilizados para a manutenção do empregado e de sua família no período em que auferidos, passem a se constituir em investimento ou poupança". **EREsp 1.121.719-SP, Rel. Min. Nancy Andrighi, julgado em 12/2/2014.**

No entanto, essa regra não possui natureza absoluta pela jurisprudência do STJ. Isso porque, de acordo com a Corte Superior, **"a impenhorabilidade dos valores depositados em fundo de previdência privada complementar deve ser aferida pelo Juiz casuisticamente**

e se caracteriza nos casos de comprovada utilização dos valores para a subsistência familiar"[5].

Veja-se a tese firmada pela 2ª Seção do STJ em 12/2/2014, no julgamento do EREsp 1121719:

> "PROCESSUAL CIVIL. EMBARGOS DE DIVERGÊNCIA EM RECURSO ESPECIAL. SALDO EM FUNDO DE PREVIDÊNCIA PRIVADA COMPLEMENTAR. IMPENHORABILIDADE. INDISPONIBILIDADE DE BENS DETERMINADA À LUZ DO ART. 36 DA LEI 6.024/74. MEDIDA DESPROPORCIONAL.
>
> 1. O regime de previdência privada complementar é, nos termos do art. 1º da LC 109/2001, "baseado na constituição de reservas que garantam o benefício, nos termos do caput do art. 202 da Constituição Federal", que, por sua vez, está inserido na seção que dispõe sobre a Previdência Social.
>
> 2. Embora não se negue que o PGBL permite o "resgate da totalidade das contribuições vertidas ao plano pelo participante" (art. 14, III, da LC 109/2001), essa faculdade concedida ao participante de fundo de previdência privada complementar não tem o condão de afastar, de forma inexorável, a natureza essencialmente previdenciária e, portanto, alimentar, do saldo existente.
>
> 3. Por isso, a impenhorabilidade dos valores depositados em fundo de previdência privada complementar deve ser aferida pelo Juiz casuisticamente, de modo que, se as provas dos autos revelarem a necessidade de utilização do saldo para a subsistência do participante e de sua família, caracterizada estará a sua natureza alimentar, na forma do art. 649, IV, do CPC.
>
> 4. Ante as peculiaridades da espécie (curto período em que o embargante esteve à frente da instituição financeira e sua ínfima participação no respectivo capital social), não se mostra razoável impor ao embargante tão grave medida, de ter decretada a indisponibilidade de todos os seus bens, inclusive do saldo existente em fundo de previdência privada complementar - PGBL.
>
> 5. Embargos de divergência conhecidos e providos".

---

5. Precedentes: AgRg no REsp 1382845/PR, Rel. Ministro PAULO DE TARSO SANSEVERINO, TERCEIRA TURMA, julgado em 24/03/2015, DJe 30/03/2015; EREsp 1121719/SP, Rel. Ministra NANCY ANDRIGHI, SEGUNDA SEÇÃO, julgado em 12/02/2014, DJe 04/04/2014; AREsp 986463/RJ (decisão monocrática), Rel. Ministro MOURA RIBEIRO, julgado em 22/09/2016, DJe 28/09/2016; REsp 1363392/SP (decisão monocrática), Rel. Ministro LUIS FELIPE SALOMÃO, julgado em 27/06/2016, DJe 01/08/2016. (VIDE INFORMATIVO DE JURISPRUDÊNCIA N. 535).

O CPC de 2015 no artigo 833 aduz que são impenhoráveis os vencimentos, os subsídios, os soldos, os salários, as remunerações, **os proventos de aposentadoria, as pensões**, os pecúlios e os montepios, bem como as quantias recebidas por liberalidade de terceiro e destinadas ao sustento do devedor e de sua família, os ganhos de trabalhador autônomo e os honorários de profissional liberal, salvo no caso de penhora para pagamento de prestação alimentícia.

Por outro lado, o artigo 833, §2º, do CPC aduz que a citada impenhorabilidade não se aplica à hipótese de penhora para pagamento de prestação alimentícia, independentemente de sua origem, bem como às importâncias excedentes a 50 (cinquenta) salários-mínimos mensais.

Veja-se este precedente do STJ:

> PROCESSO
>
> AgInt no REsp 2021507/SP
>
> AGRAVO INTERNO NO RECURSO ESPECIAL
>
> 2022/0261336-0
>
> RELATOR
>
> Ministro PAULO DE TARSO SANSEVERINO (1144)
>
> ÓRGÃO JULGADOR
>
> T3 - TERCEIRA TURMA
>
> DATA DO JULGAMENTO
>
> 27/03/2023
>
> DATA DA PUBLICAÇÃO/FONTE
>
> DJe 29/03/2023
>
> EMENTA
>
> AGRAVO INTERNO NO RECURSO ESPECIAL. PROCESSUAL CIVIL. CUMPRIMENTO DE SENTENÇA. **BENEFÍCIO PREVIDENCIÁRIO. IMPENHORABILIDADE. MITIGAÇÃO. POSSIBILIDADE DE PENHORA. SUBSISTÊNCIA E DIGNIDADE**. EFETIVIDADE DO PROCESSO. BOA-FÉ. SITUAÇÃO CONCRETA. MATÉRIA FÁTICO-PROBATÓRIA. SÚMULA 7/STJ.
>
> **1. A impenhorabilidade do salário pode ser mitigada, não só nas hipóteses expressamente previstas no art. 833, §2º, CPC, mas em qualquer caso no qual se verifique a ausência de**

prejuízo à manutenção do mínimo existencial e à subsistência do devedor e de sua família.

2. Se, de um lado, os princípios da menor onerosidade e da dignidade da pessoa humana visam a impedir a execução abusiva, por outro lado também cabe à parte executada agir de acordo com os princípios da boa-fé processual, da cooperação e da efetividade do processo.

3. A situação financeira concreta do devedor foi expressamente abordada no acórdão e a modificação do entendimento adotado demandaria a reapreciação de matéria fático-probatória, o que não é possível em sede de recurso especial. Súmula 7/STJ. AGRAVO INTERNO CONHECIDO E DESPROVIDO.

Excepcionalmente, o STJ admite **penhora sobre o benefício da previdência complementar** na situação em que for preservado percentual que mantenha a dignidade do devedor, a ser aferida em cada caso concreto:

PROCESSO

AgInt no REsp 1949558/SP

AGRAVO INTERNO NO RECURSO ESPECIAL

2021/0222826-8

RELATOR(A)

Ministro ANTONIO CARLOS FERREIRA (1146)

ÓRGÃO JULGADOR

T4 - QUARTA TURMA

DATA DO JULGAMENTO

21/02/2022

DATA DA PUBLICAÇÃO/FONTE

DJe 25/02/2022

EMENTA

PROCESSUAL CIVIL. AGRAVO INTERNO NO RECURSO ESPECIAL. HONORÁRIOS ADVOCATÍCIOS. **PENHORA. BENEFÍCIO PREVIDENCIÁRIO. POSSIBILIDADE**. SÚMULA N. 83 DO STJ. REEXAME DE CONTEÚDO FÁTICO-PROBATÓRIO. SÚMULA N. 7/STJ. IMPOSSIBILIDADE. DECISÃO MANTIDA. 1. "A legislação processual civil (CPC/2015, art. 833, IV, e § 2º) contempla, de forma ampla, a prestação alimentícia, como apta a superar a impenhorabilidade de salários, soldos, pensões e remunerações. A referência ao gênero prestação alimentícia alcança os honorários advocatícios, assim como os honorários de outros profissionais liberais e, também, a pensão alimentícia, que são espécies daquele gênero. É de se permitir, portanto, que pelo menos uma parte do salário possa ser atingida pela penhora para pagamento de prestação alimentícia, incluindo-se os créditos de honorários advocatícios, contratuais ou sucumbenciais, os quais têm inequívoca natureza alimentar (CPC/2015, art. 85, § 14)" (AgInt no AREsp n. 1.595.030/SC, Relator Ministro RAUL ARAÚJO, QUARTA TURMA, julgado em 22/6/2020, DJe 1º/7/2020). 2. Inadmissível o recurso especial quando o entendimento adotado pelo Tribunal de origem coincide com a jurisprudência do STJ (Súmula n. 83/STJ). **3. Segundo a jurisprudência desta Corte, "A regra geral da impenhorabilidade de salários, vencimentos, proventos etc. (art. 649, IV, do CPC/73; art. 833, IV, do CPC/2015), pode ser excepcionada quando for preservado percentual de tais verbas capaz de dar guarida à dignidade do devedor e de sua família" (EREsp 1582475/MG, Rel. Ministro BENEDITO GONÇALVES, CORTE ESPECIAL, julgado em 03/10/2018, DJe 16/10/2018).** 4. O recurso especial não comporta exame de questões que impliquem revolvimento do contexto fático-probatório dos autos (Súmula n. 7 do STJ). 5. No caso concreto, o Tribunal de origem analisou as provas contidas no processo para concluir que a penhora não afeta a subsistência familiar. Alterar esse entendimento demandaria reexame do conjunto probatório do feito, vedado em recurso especial. 6. Agravo interno a que se nega provimento.

2.2.2. Tutela provisória judicial revogada e restituição

Tal qual foi firmado pela 1ª Seção do STJ para os benefícios do RGPS, existe precedente da 3ª Turma do Superior Tribunal de Justiça pela reversão da antecipação de tutela posteriormente revertida em favor de participante de plano de previdência complementar, observado o limite mensal de 10% para desconto em folha:

"RECURSO ESPECIAL. CIVIL E PROCESSUAL CIVIL. PREVIDÊNCIA PRIVADA. BENEFÍCIO PREVIDENCIÁRIO COMPLEMENTAR. RECEBIMENTO PROVISÓRIO. TUTELA ANTECIPADA CONCEDIDA. POSTERIOR REVOGAÇÃO. DEVOLUÇÃO DOS VALORES. NECESSIDADE. MEDIDA DE NATUREZA PRECÁRIA. REVERSIBILIDADE. AUSÊNCIA DE BOA-FÉ OBJETIVA. DESCONTO EM FOLHA DE

PAGAMENTO. POSSIBILIDADE. VERBA DE NATUREZA ALIMENTAR. PARÂMETROS.

1. Cinge-se a controvérsia a saber se a revogação da tutela antecipada obriga o assistido de plano de previdência privada a devolver os valores recebidos com base na decisão provisória, ou seja, busca-se definir se tais verbas são repetíveis ou irrepetíveis.

2. O Supremo Tribunal Federal já assentou inexistir repercussão geral quanto ao tema da possibilidade de devolução dos valores de benefício previdenciário recebidos em virtude de tutela antecipada posteriormente revogada, porquanto o exame da questão constitucional não prescinde da prévia análise de normas infraconstitucionais, o que se traduziria em eventual ofensa reflexa à Constituição Federal, incapaz de ser conhecida na via do recurso extraordinário (ARE nº 722.421 RG/MG).

3. A tutela antecipada é um provimento judicial provisório e, em regra, reversível (art. 273, § 2º, do CPC), devendo a irrepetibilidade da verba previdenciária recebida indevidamente ser examinada não somente sob o aspecto de sua natureza alimentar, mas também sob o prisma da boa-fé objetiva, que consiste na presunção de definitividade do pagamento. Precedente da Primeira Seção, firmado em recurso especial representativo de controvérsia (REsp nº 1.401.560/MT).

4. Os valores recebidos precariamente são legítimos enquanto vigorar o título judicial antecipatório, o que caracteriza a boa-fé subjetiva do autor. Entretanto, como isso não enseja a presunção de que tais verbas, ainda que alimentares, integram o seu patrimônio em definitivo, não há a configuração da boa-fé objetiva, a acarretar, portanto, o dever de devolução em caso de revogação da medida provisória, até mesmo como forma de se evitar o enriquecimento sem causa do então beneficiado (arts. 884 e 885 do CC e 475-O, I, do CPC).

5. A boa-fé objetiva estará presente, tornando irrepetível a verba previdenciária recebida indevidamente, se restar evidente a legítima expectativa de titularidade do direito pelo beneficiário, isto é, de que o pagamento assumiu ares de definitividade, a exemplo de erros administrativos cometidos pela própria entidade pagadora ou de provimentos judiciais dotados de força definitiva (decisão judicial transitada em julgado e posteriormente rescindida). Precedentes.

6. As verbas de natureza alimentar do Direito de Família são irrepetíveis, porquanto regidas pelo binômio necessidade/

possibilidade, ao contrário das verbas oriundas da suplementação de aposentadoria, que possuem índole contratual, estando sujeitas, portanto, à repetição.

7. Os valores de benefícios previdenciários complementares recebidos por força de tutela antecipada posteriormente revogada devem ser devolvidos, ante a reversibilidade da medida antecipatória, a ausência de boa-fé objetiva do beneficiário e a vedação do enriquecimento sem causa.

8. Como as verbas previdenciárias complementares são de natureza alimentar e periódica, e para não haver o comprometimento da subsistência do devedor, tornando efetivo o princípio da dignidade da pessoa humana (art. 1º, III, da CF), deve ser observado, na execução, o limite mensal de desconto em folha de pagamento de 10% (dez por cento) da renda mensal do benefício previdenciário suplementar até a satisfação integral do crédito" (REsp 1555853, de 10/11/2015).

Este posicionamento foi confirmado pela 2ª Seção do STJ no julgamento do REsp 1.548.749, de 13/4/2016, sendo cabível mesmo que o título judicial não o preveja:

"PROCESSUAL CIVIL E PREVIDÊNCIA COMPLEMENTAR. RECURSO ESPECIAL. APRECIAÇÃO DE MATÉRIA CONSTITUCIONAL, EM SEDE DE RECURSO ESPECIAL. INVIABILIDADE. JULGAMENTO AFETADO À SEGUNDA SEÇÃO PARA PACIFICAÇÃO DE MATÉRIA NO ÂMBITO DO STJ. ANTECIPAÇÃO DOS EFEITOS DA TUTELA. REPARAÇÃO DE DANO, DECORRENTE DE MEDIDA DEFERIDA NOS AUTOS. POSSIBILIDADE. RESPONSABILIDADE PROCESSUAL OBJETIVA. RECONHECIMENTO POSTERIOR DA INEXISTÊNCIA DO DIREITO. OBRIGAÇÃO DE REPARAR O DANO PROCESSUAL. DECORRE DA LEI, **NÃO DEPENDENDO DE PRÉVIOS RECONHECIMENTO JUDICIAL E/OU PEDIDO DO LESADO**. POSSIBILIDADE DE DESCONTO, COM ATUALIZAÇÃO MONETÁRIA, DO PERCENTUAL DE 10% DO MONTANTE DO BENEFÍCIO SUPLEMENTAR, ATÉ QUE OCORRA A COMPENSAÇÃO DO DANO. UTILIZAÇÃO DE ANALOGIA. LEI N. 8.112/1990.

1. Os danos causados a partir da execução de tutela antecipada (assim também a tutela cautelar e a execução provisória) são disciplinados pelo sistema processual vigente à revelia da indagação acerca da culpa da parte, ou se esta agiu de má-fé ou não. Com efeito, à luz da legislação, cuida-se de responsabilidade processual objetiva, bastando a existência do dano decorrente da pretensão deduzida em juízo para que sejam aplicados os arts. 273, §

3º, 475-O, incisos I e II, e 811 do CPC/1973 (correspondentes aos arts. 297, parágrafo único, 520, I e II, e 302 do novo CPC).

2. Em linha de princípio, a obrigação de indenizar o dano causado pela execução de tutela antecipada posteriormente revogada é consequência natural da improcedência do pedido, decorrência ex lege da sentença, e, por isso, independe de pronunciamento judicial, dispensando também, por lógica, pedido da parte interessada. A sentença de improcedência, quando revoga tutela antecipadamente concedida, constitui, como efeito secundário, título de certeza da obrigação de o autor indenizar o réu pelos danos eventualmente experimentados, cujo valor exato será posteriormente apurado em liquidação nos próprios autos.

3. É possível reconhecer à entidade previdenciária, cujo plano de benefícios que administra suportou as consequências materiais da antecipação de tutela (prejuízos), a possibilidade de desconto no percentual de 10% do montante total do benefício mensalmente recebido pelo assistido, até que ocorra a integral compensação da verba percebida. A par de ser solução equitativa, a evitar o enriquecimento sem causa, cuida-se também de aplicação de analogia, em vista do disposto no art. 46, § 1º, da Lei n. 8.112/1990 - aplicável aos servidores públicos.

4. Ademais, por um lado, os valores recebidos precariamente são legítimos enquanto vigorar o título judicial antecipatório, o que caracteriza a boa-fé subjetiva do autor; entretanto, isso não enseja a presunção de que tais verbas, ainda que alimentares, integram o seu patrimônio em definitivo. Por outro lado, as verbas de natureza alimentar do Direito de Família são irrepetíveis, porquanto regidas pelo binômio necessidade-possibilidade, ao contrário das verbas oriundas da suplementação de aposentadoria. (REsp 1555853/RS, Rel. Ministro RICARDO VILLAS BÔAS CUEVA, TERCEIRA TURMA, julgado em 10/11/2015, DJe 16/11/2015) 5. Recurso especial não provido".

Por outro lado, existe precedente da 4ª Turma de maio de 2022, anterior à revisão de tese no tema 692 feita pela 1ª Seção, **desonerando o assistido da restituição na decisão passada em julgado**, posteriormente rescindida:

PROCESSO

AgInt no AREsp **1775987**/RJ

AGRAVO INTERNO NO AGRAVO EM RECURSO ESPECIAL

2020/0270241-5

RELATOR

Ministro LUIS FELIPE SALOMÃO (1140)

ÓRGÃO JULGADOR

T4 - QUARTA TURMA

DATA DO JULGAMENTO

03/05/2022

DATA DA PUBLICAÇÃO/FONTE

DJe 19/05/2022

EMENTA

AGRAVO INTERNO NO AGRAVO EM RECURSO ESPECIAL. PREVIDÊNCIA PRIVADA. BENEFÍCIO PREVIDENCIÁRIO COMPLEMENTAR RECEBIDO EM VIRTUDE DE CUMPRIMENTO DEFINITIVO DE SENTENÇA. QUANTUM FIXADO EM LIQUIDAÇÃO DE SENTENÇA TRANSITADA EM JULGADO. INEXIGIBILIDADE DA DEVOLUÇÃO DE VALORES RECEBIDOS POR FORÇA DE DECISÃO JUDICIAL TRANSITADA EM JULGADO POSTERIORMENTE MODIFICADA EM SEDE DE EXECUÇÃO. BOA-FÉ DO RECEBIMENTO CONFIGURADA. 1. Uma vez reconhecido pelo Instituto de Previdência Privada e pelo beneficiário que a liquidação de sentença havia transitado em julgado, esse fato tornou-se incontroverso nos autos, sendo completamente indevido falar-se em execução provisória, como o fez o acórdão recorrido. **2. As Turmas de Direito Privado desta Corte Superior passaram a adotar, nas causas envolvendo previdência privada, acerca da boa-fé objetiva, o entendimento de que ela estará presente, tornando irrepetível a verba previdenciária recebida indevidamente, se manifesta a legítima expectativa de titularidade do direito pelo beneficiário, isto é, de que o pagamento assumiu ares de definitividade, a exemplo de erros administrativos cometidos pela própria entidade pagadora ou de ordens judiciais dotadas de força definitiva (decisão judicial transitada em julgado e posteriormente rescindida). Precedentes.** 3. No caso concreto, o recorrente recebeu durante anos, por força de cumprimento definitivo de sentença, parcelas de natureza alimentar, fixadas por sentença de liquidação transitada em julgado, revelando-se manifesta a legítima confiança tanto da legalidade do recebimento quanto da sua incorporação em definitivo ao patrimônio do beneficiário, ressoando inequívoca a boa-fé. **4. Não é cabível a devolução de**

> **valores recebidos por força de decisão judicial transitada em julgado, mesmo que ela seja posteriormente desconstituída. Inafastável, nessas hipóteses, o reconhecimento da boa-fé do beneficiário.** 5. Agravo interno provido para dar parcial provimento ao recurso especial.

A questão é que essa ressalva de não restituição não foi abarcada pela 1ª Seção no julgamento do tema 692 em sede de revisão de tese. Em 11 de maio de 2022, foi julgada a **revisão de tese no Tema 692** pela 1ª Seção do STJ. Podemos assim sintetizar o seu teor:

> A) Foi mantido o posicionamento de que a revogação da tutela provisória gera a obrigação de restituição pelo beneficiário da previdência social;
>
> B) Foi estendido o posicionamento para benefícios assistenciais;
>
> C) Com base na alteração legal da Lei 13.846/2019, o limite de desconto se o benefício estiver ativo será de 30%;
>
> D) Foi superado o posicionamento da não devolução da situação de dupla conformidade entre sentença e acórdão de 2º grau, na situação de vitória do INSS apenas nas instâncias extraordinárias (itens 17 e 18);
>
> E) A não devolução dar-se-á apenas na situação de *overuling* (item 19).

Veja-se o Acórdão:

> PETIÇÃO Nº 12482 - DF (2018/0326281-2)
>
> PROCESSUAL CIVIL. **PROPOSTA DE REVISÃO DO ENTENDIMENTO FIRMADO NO TEMA REPETITIVO 692/STJ (RESP N. 1.401.560/MT). ART. 927, § 4º, DO CPC/2015. ARTS. 256-S, 256- T, 256-U E 256-V DO RISTJ. DEVOLUÇÃO DE VALORES DE BENEFÍCIOS PREVIDENCIÁRIOS RECEBIDOS POR FORÇA DE DECISÃO LIMINAR POSTERIORMENTE REVOGADA. ADVENTO DE NOVA LEGISLAÇÃO. ART. 115, INC. II, DA LEI N. 8.213/1991, COM A REDAÇÃO DADA PELA LEI N. 13.846/2019. TEMA N. 799/STF (ARE 722.421/MG): POSSIBILIDADE DA DEVOLUÇÃO DE VALORES RECEBIDOS EM VIRTUDE DE TUTELA ANTECIPADA POSTERIORMENTE REVOGADA. NATUREZA INFRACONSTITUCIONAL. QUESTÃO DE ORDEM JULGADA NO SENTIDO DA REAFIRMAÇÃO, COM AJUSTES REDACIONAIS, DO PRECEDENTE FIRMADO NO TEMA REPETITIVO N. 692/STJ.**
>
> 1. A presente questão de ordem foi proposta com a finalidade de definir se o entendimento firmado no Tema Repetitivo 692/STJ

(REsp n. 1.401.560/MT) deve ser reafirmado, alterado ou cancelado, diante da variedade de situações que ensejam dúvidas quanto à persistência da orientação firmada pela tese repetitiva referida, bem como à jurisprudência do STF, estabelecida em sentido contrário, mesmo que não tendo sido com repercussão geral ou em controle concentrado de constitucionalidade.

2. O CPC/1973 regulamentava a matéria de forma clara, prevendo, em resumo, que a efetivação da tutela provisória corre por conta do exequente, e a sua eventual reforma restituiria as partes ao estado anterior à concessão, o que obrigaria o exequente a ressarcir eventuais prejuízos sofridos pelo executado. A mesma lógica foi mantida pelo legislador do CPC/2015. Por conta disso que sempre se erigiu como pressuposto básico do instituto da tutela de urgência a reversibilidade dos efeitos da decisão judicial.

3. O debate surgiu especificamente no que tange à aplicação de tal regulamentação no âmbito previdenciário. Ou seja, discutia-se se as normas específicas de tal área do direito trariam solução diversa da previsão de caráter geral elencada na legislação processual.

4. A razão histórica para o surgimento dessa controvérsia na área previdenciária consiste na redação original do art. 130 da Lei n. 8.213/1991, o qual dispunha que: "Ocorrendo a reforma da decisão, será suspenso o benefício e exonerado o beneficiário de restituir os valores recebidos". Nos idos de 1997, a Lei n. 9.528 alterou completamente a redação anterior, passando a valer a regra geral do CPC, na ausência de norma especial em sentido contrário no âmbito previdenciário.

5. A partir de então, começou a amadurecer a posição no sentido da necessidade de devolução dos valores recebidos em caso de revogação da tutela antecipada, o que redundou, em 2014, no entendimento vinculante firmado pelo STJ no Tema Repetitivo 692 (REsp n. 1.401.560/MT): "A reforma da decisão que antecipa a tutela obriga o autor da ação a devolver os benefícios previdenciários indevidamente recebidos.".

6. Em 2018, esta Relatoria propôs a questão de ordem sob exame, diante da variedade de situações que ensejam dúvidas quanto à persistência da orientação firmada pela tese repetitiva referida, bem como à existência de alguns precedentes em sentido contrário no STF, mesmo não tendo sido com repercussão geral ou em controle concentrado de constitucionalidade.

7. À época, o art. 115, inc. II, da Lei n. 8.213/1991 – que regulamenta a matéria no direito previdenciário – trazia redação que

não era clara e direta como a da legislação processual, uma vez que não referia expressamente a devolução de valores recebidos a título de antecipação dos efeitos da tutela posteriormente revogada. Tal fato, aliás, não passou despercebido pela Primeira Seção ao rejeitar os EDcl no REsp n. 1.401.560/MT fazendo menção a tal fato.

8. Foi essa redação pouco clara que gerou dúvidas e terminou ocasionando, em 2018, a propositura da questão de ordem ora sob julgamento.

9. A Medida Provisória n. 871/2019 e a Lei n. 13.846/2019, entretanto, trouxeram uma reformulação da legislação previdenciária, e o art. 115, inc. II, passou a não deixar mais qualquer dúvida: Na hipótese de cessação do benefício previdenciário ou assistencial pela revogação da decisão judicial que determinou a sua implantação, os valores recebidos devem ser devolvidos à parte adversa.

10. Se o STJ – quando a legislação era pouco clara e deixava margem a dúvidas – já tinha firmado o entendimento vinculante no Tema Repetitivo 692/STJ, não é agora que deve alterar sua jurisprudência, justamente quando a posição da Corte foi sufragada expressamente pelo legislador reformador ao regulamentar a matéria.

11. Trata-se, pois, de observância de norma editada regularmente pelo Congresso Nacional, no estrito uso da competência constitucional a ele atribuída, não cabendo ao Poder Judiciário, a meu sentir, reduzir a aplicabilidade do dispositivo legal em comento, decorrente de escolha legislativa explicitada com bastante clareza.

12. Ademais, a postura de afastar, a pretexto de interpretar, sem a devida declaração de inconstitucionalidade, a aplicação do art. 115, inc. II, da Lei n. 8.213/1991 pode ensejar questionamentos acerca de eventual inobservância do art. 97 da CF/1988 e, ainda, de afronta ao verbete vinculante n. 10 da Súmula do STF.

13. O STF adota o posicionamento referido em algumas ações originárias propostas (na maioria, mandados de segurança) em seu âmbito. Porém, não o faz com caráter de guardião da Constituição Federal, mas sim na análise concreta das ações originárias. A maioria dos precedentes do STF não diz respeito a lides previdenciárias e, além disso, são todos anteriores às alterações inseridas no art. 115, inc. II, da Lei n. 8.213/1991. Na verdade, atualmente o STF vem entendendo pela inexistência de repercussão geral nessa questão, por se tratar de matéria infraconstitucional, como se verá adiante.

14. O que se discute no caso em tela é a interpretação de artigo de lei federal, mais especificamente, o art. 115, inc. II, da Lei n. 8.213/1991 e vários dispositivos do CPC/2015. Assim, vale o entendimento do STJ sobre a matéria, pois, segundo o art. 105 da Carta Magna, é esta Corte a responsável pela uniformização da interpretação da legislação infraconstitucional no país.

15. A propósito, o STF, ao julgar o Tema 799 da Repercussão Geral (ARE 722.421/MG, j. em 19/3/2015), já firmou expressamente que a questão não é constitucional e deve, portanto, ser deslindada nos limites da legislação infraconstitucional, o que foi feito com bastante clareza pelo legislador ao trazer a nova redação do art. 115, inc. II, da Lei n. 8.213/1991. No mesmo sentido, vide o RE 1.202.649 AgR (relator Ministro Celso de Mello, Segunda Turma, j. em 20/12/2019), e o RE 1.152.302 AgR (relator Ministro Marco Aurélio, Primeira Turma, j. em 28/5/2019).

16. Ao propor a questão de ordem, esta Relatoria citou as seguintes particularidades processuais que supostamente seriam aptas a ensejar uma consideração específica quanto à possibilidade de revisão do entendimento firmado no Tema 692/STJ: a) tutela de urgência concedida de ofício e não recorrida; b) tutela de urgência concedida a pedido e não recorrida; c) tutela de urgência concedida na sentença e não recorrida, seja por agravo de instrumento, na sistemática processual anterior do CPC/1973, seja por pedido de suspensão, conforme o CPC/2015; d) tutela de urgência concedida initio litis e não recorrida; e) tutela de urgência concedida initio litis, cujo recurso não foi provido pela segunda instância; f) tutela de urgência concedida em agravo de instrumento pela segunda instância; g) tutela de urgência concedida em primeiro e segundo graus, cuja revogação se dá em razão de mudança superveniente da jurisprudência então existente.

17. Quanto a elas, note-se que se trata basicamente do momento em que foi concedida e/ou revogada a tutela de urgência, se logo no início do feito, se na sentença, se na segunda instância, ou se apenas no STF ou no STJ. A ideia subjacente é que, em algumas hipóteses, a tutela de urgência já estaria, de certa forma, incorporada ao patrimônio jurídico da parte autora, e sua revogação poderia resultar em injustiça no caso concreto.

18. Tais situações, entretanto, são tratadas pela lei da mesma forma, não merecendo distinção do ponto de vista normativo. Ou seja, em qualquer desses casos, a tutela de urgência não deixa de ser precária e passível de modificação ou revogação a qualquer tempo, o que implicará o retorno ao estado anterior à sua concessão.

19. Situação diversa é a da tutela de urgência cuja revogação se dá em razão de mudança superveniente da jurisprudência então dominante. Nesses casos, a superação do precedente deverá ser acompanhada da indispensável modulação dos efeitos, a juízo do Tribunal que está promovendo a alteração jurisprudencial, como determina o art. 927, § 3º, do CPC. Assim, como diz a norma, o próprio juízo de superação "de jurisprudência dominante do Supremo Tribunal Federal e dos tribunais superiores ou daquela oriunda de julgamento de casos repetitivos" deve ser acompanhado da modulação dos efeitos da alteração no interesse social e no da segurança jurídica. Dessa forma, uma eventual guinada jurisprudencial não resultará, em princípio, na devolução de valores recebidos por longo prazo devido à cassação de tutela de urgência concedida com base em jurisprudência dominante à época em que deferida, bastando que o tribunal, ao realizar a superação, determine a modulação dos efeitos.

20. Por fim, não há que se falar em modulação dos efeitos do julgado no caso em tela, uma vez que não se encontra presente o requisito do art. 927, § 3º, do CPC. Isso porque, no caso sob exame, não houve alteração, mas sim reafirmação da jurisprudência dominante do STJ.

21. Questão de ordem julgada no sentido da reafirmação da tese jurídica, com acréscimo redacional para ajuste à nova legislação de regência, nos termos a seguir: "A reforma da decisão que antecipa os efeitos da tutela final obriga o autor da ação a devolver os valores dos benefícios previdenciários ou assistenciais recebidos, o que pode ser feito por meio de desconto em valor que não exceda 30% (trinta por cento) da importância de eventual benefício que ainda lhe estiver sendo pago."

No julgamento do Recurso Especial 1.939.455, de 26.04.2023, definiu a 2ª Seção do STJ para os benefícios da previdência complementar que:

A) os valores de benefícios previdenciários complementares recebidos por força de tutela antecipada posteriormente revogada devem ser devolvidos, ante a reversibilidade da medida antecipatória, a ausência de boa-fé objetiva do beneficiário e a vedação do enriquecimento sem causa;

B) é possível proceder à execução, nos próprios autos, objetivando o ressarcimento de valores despendidos a título de tutela provisória, posteriormente revogada, sendo desnecessário, portanto, o ajuizamento de ação autônoma para pleitear a devolução do numerário;

C) é de 10 anos o prazo prescricional aplicável à pretensão de restituição de valores de benefícios previdenciários complementares recebidos por força de decisão liminar posteriormente revogada, tendo em vista não se tratar de hipótese de enriquecimento sem causa, de prescrição intercorrente ou de responsabilidade civil, cujo termo inicial é o trânsito em julgado.

Veja-se o Acórdão integral:

PROCESSO

REsp 1939455/DF

RECURSO ESPECIAL

2021/0154215-4

RELATORA

Ministra NANCY ANDRIGHI (1118)

ÓRGÃO JULGADOR

S2 - SEGUNDA SEÇÃO

DATA DO JULGAMENTO

26/04/2023

DATA DA PUBLICAÇÃO/FONTE

DJe 09/06/2023

EMENTA

RECURSO ESPECIAL. CIVIL E PROCESSUAL CIVIL. BENEFÍCIOS PREVIDENCIÁRIOS COMPLEMENTARES. DECISÃO LIMINAR. REVOGAÇÃO. RESTITUIÇÃO. POSSIBILIDADE. EXECUÇÃO NOS MEUS AUTOS. POSSIBILIDADE. PRAZO PRESCRICIONAL DECENAL. TERMO INICIAL. TRÂNSITO EM JULGADO DA DECISÃO QUE CONFIRMA A REVOGAÇÃO DA LIMINAR. NÃO OCORRÊNCIA DA PRESCRIÇÃO.

1- Recurso especial interposto em 1/4/2021 e concluso ao gabinete em 27/5/2021.

2- O propósito recursal consiste em definir: a) se os valores de benefícios previdenciários complementares recebidos por força de decisão liminar posteriormente revogada devem ser restituídos;

b) se é possível proceder à execução, nos próprios autos, objetivando a restituição de valores despendidos a título de decisão liminar posteriormente revogada; c) o fundamento da pretensão à restituição dos valores despendidos a título de decisão liminar e o prazo prescricional a que está submetida; d) o termo inicial do referido prazo; e f) o índice de correção monetária incidente sobre os valores a serem restituídos.

3- Em sessão de julgamento realizada em 25/10/2022, diante da divergência instaurada no âmbito da Terceira Turma acerca do prazo prescricional, afetou-se o julgamento do presente recurso à Segunda Seção.

4- Esta Corte Superior perfilha o entendimento de que "os valores de benefícios previdenciários complementares recebidos por força de tutela antecipada posteriormente revogada devem ser devolvidos, ante a reversibilidade da medida antecipatória, a ausência de boa-fé objetiva do beneficiário e a vedação do enriquecimento sem causa" (REsp 1555853/RS, TERCEIRA TURMA, julgado em 10/11/2015, DJe 16/11/2015).

5- É possível proceder à execução, nos próprios autos, objetivando o ressarcimento de valores despendidos a título de tutela provisória, posteriormente revogada, sendo desnecessário, portanto, o ajuizamento de ação autônoma para pleitear a devolução do numerário. Precedentes.

6- Muito embora a decisão que deferiu a tutela de urgência possa ser encarada como causa imediata dos referidos pagamentos, é imperioso observar que, a rigor, a verdadeira causa, isto é, a causa mediata do recebimento da complementação de aposentadoria é o próprio contrato de previdência privada entabulado entre recorrente e recorrida, motivo pelo qual não há que se falar, na espécie, em enriquecimento sem causa.

7- É de 10 anos o prazo prescricional aplicável à pretensão de restituição de valores de benefícios previdenciários complementares recebidos por força de decisão liminar posteriormente revogada, tendo em vista não se tratar de hipótese de enriquecimento sem causa, de prescrição intercorrente ou de responsabilidade civil.

8- Na específica hipótese dos autos, que cinge controvérsia acerca da revogação de decisão liminar, o termo a quo do prazo prescricional é a data do trânsito em julgado do provimento jurisdicional em que se confirma a revogação da liminar, pois este é o momento em que o credor toma conhecimento de seu direito à restituição, pois não mais será possível a reversão do aresto que revogou a decisão precária.

9- Na espécie, tendo em vista que o trânsito em julgado ocorreu em 31/3/2016 e que o cumprimento de sentença voltado à restituição dos valores recebidos por força de decisão precária foi proposto em 13/3/2020, é imperioso concluir que não houve o decurso do prazo prescricional decenal previsto no art. 205, do CC/02.

10- Recurso especial não provido.

ACÓRDÃO

Vistos, relatados e discutidos estes autos, acordam os Ministros da Segunda Seção do Superior Tribunal de Justiça, na conformidade dos votos e das notas taquigráficas constantes dos autos, Retomado o julgamento,, por maioria, negar provimento ao recurso especial nos termos do voto da Sra. Ministra Relatora, prevalecendo a fundamentação de ser de 10 anos o prazo prescricional aplicado à pretensão executiva. Os Srs. Ministros João Otávio de Noronha, Ricardo Villas Bôas Cueva e Marco Buzzi votaram com a Sra. Ministra Relatora. Vencidos, quanto à fundamentação, os Srs. Ministros Raul Araújo, Maria Isabel Gallotti e Marco Aurélio Bellizze, que aplicavam a prescrição intercorrente de 5 anos ao caso.

Vencido quanto ao mérito e quanto à fundamentação o Sr. Ministro Moura Ribeiro, que aplicava ao caso a prescrição de 3 anos por dano processual. Ressalvou o Sr. Ministro Raul Araújo seu entendimento quanto à repetibilidade da verba alimentar.

Presidiu o julgamento o Sr. Ministro Antonio Carlos Ferreira.

INFORMAÇÕES COMPLEMENTARES À EMENTA

Não é possível acolher o pedido de suspensão de processo no qual se trata acerca de previdência complementar quando ocorrer a afetação de tema sobre benefício de Regime Geral de Previdência Social ao rito dos recursos repetitivos. Isso porque, nesse situação, há falta de similitude fática entre os processos.

"[...] os valores recebidos precariamente são legítimos enquanto vigorar o título judicial antecipatório, o que caracteriza a boa-fé subjetiva do autor; entretanto, isso não enseja a presunção de que tais verbas, ainda que alimentares, integram o seu patrimônio em definitivo [...]".

"[...] 'a Taxa Referencial (TR) não é índice de correção monetária, pois, refletindo as variações do custo primário da captação dos depósitos a prazo fixo, não constitui índice que reflita a variação do poder aquisitivo da moeda' [...]".

"[...] 'em se tratando de regras jurídicas acerca de prazos prescricionais, a interpretação analógica ou extensiva nem sequer é admitida pelo ordenamento jurídico brasileiro' [...]".

Comparando esta decisão com o **tema 692 julgado pela 1ª Seção** (benefícios da previdência pública), nota-se que no tema 692 não foi definido o modo da reversão da tutela provisória, bem como houve a ressalva da não restituição no caso de *overruling* de jurisprudência.

Demais disso, enquanto na previdência privada foi fixado o prazo prescricional de 10 anos, evidente que na previdência pública deve ser fixado o prazo de prescrição quinquenal.

Neste precedente o STJ foi ainda mais longe, **afastando a irrepetibilidade da previdência privada:**

Processo

AgInt no REsp 1947994/DF

AGRAVO INTERNO NO RECURSO ESPECIAL

2021/0210422-7

Relator

Ministro MOURA RIBEIRO (1156)

Órgão Julgador

T3 - TERCEIRA TURMA

Data do Julgamento

08/04/2024

Data da Publicação/Fonte

DJe 11/04/2024

Ementa

CIVIL E PROCESSUAL CIVIL. AGRAVO INTERNO NO RECURSO ESPECIAL. PREVIDÊNCIA PRIVADA. COMPLEMENTAÇÃO DE APOSENTADORIA. FASE DE CUMPRIMENTO DE SENTENÇA. AGRAVO DE INSTRUMENTO. ANTECIPAÇÃO DOS EFEITOS DA TUTELA. POSTERIOR REVOGAÇÃO. PREJUÍZOS QUE PODEM SER LIQUIDADOS NOS PRÓPRIOS AUTOS. REPARAÇÃO INTEGRAL.

RESPONSABILIDADE PROCESSUAL OBJETIVA. DESNECESSIDADE DE PRONUNCIAMENTO JUDICIAL FIXANDO OBRIGAÇÃO DE REPARAR OS DANOS SOFRIDOS. PRECEDENTES. PRETENSÃO DE RESTITUIÇÃO DE VALORES DESPENDIDOS COM O CUMPRIMENTO DE DECISÃO JUDICIAL. PRESCRIÇÃO TRIENAL. INAPLICABILIDADE. EXISTÊNCIA DE CAUSA JURÍDICA. PRECEDENTE DO STJ. APLICAÇÃO DA SÚMULA N.º 568 DO STJ. TERMO INICIAL. TRÂNSITO EM JULGADO DA DECISÃO QUE CONFIRMA A REVOGAÇÃO DA LIMINAR. DECISÃO MANTIDA. AGRAVO INTERNO DESPROVIDO.

1. O entendimento firmado na Segunda Seção do STJ é de que a obrigação de indenizar o dano causado pela execução de tutela antecipada posteriormente revogada é consequência natural da improcedência do pedido, decorrência ex lege da sentença, e, por isso, independe de pronunciamento judicial, dispensando também, por lógica, pedido da parte interessada.

2. Tendo em conta que os valores de benefícios previdenciários complementares recebidos por força de tutela antecipada posteriormente revogada devem ser devolvidos, em virtude da reversibilidade da medida antecipatória, a ausência de boa-fé objetiva do beneficiário e a vedação do enriquecimento sem causa, o acórdão recorrido está em consonância com o entendimento desta Corte, colhendo a aplicação da Súmula n.º 568 do STJ ao caso.

3. A irrepetibilidade de valores previdenciários recebidos de boa-fé pelo segurado diz respeito, tão somente, ao direito previdenciário público (Seguridade Social), e, não, ao direito previdenciário privado, que possui normas e princípios próprios, mormente os do mutualismo e do prévio custeio.

4. É de 10 anos o prazo prescricional aplicável à pretensão de restituição de valores de benefícios previdenciários complementares recebidos por força de decisão liminar posteriormente revogada. Precedente da Segunda Seção (REsp 1.939.455/DF).

5. Nos casos em que a controvérsia versa sobre a revogação de decisão liminar, o termo a quo do prazo prescricional é a data do trânsito em julgado do provimento jurisdicional em que se confirma a revogação da liminar, pois este é o momento em que o credor toma conhecimento de seu direito à restituição, pois não mais será possível a reversão do aresto que revogou a decisão precária.

6. Não evidenciada a inadequação dos fundamentos invocados pela decisão agravada, o presente agravo não se revela apto a

alterar o conteúdo do julgado impugnado, devendo ser integralmente mantido em seus próprios termos.

7 . Agravo interno não provido.

2.3. DISPOSIÇÕES COMUNS AOS PLANOS DE BENEFÍCIOS DOS ENTES ABERTOS E FECHADO

2.3.1. Regras gerais

Há um considerável controle estatal sobre os planos privados de previdência complementar oferecidos no mercado, sendo necessária a prévia autorização do órgão gestor para a sua instituição e operação, a fim de se observar os padrões mínimos para se garantir a transparência, solvência, liquidez e equilíbrio econômico-financeiro e atuarial.

A legislação prevê que poderão ser aprovados os seguintes planos de benefícios:

a) **Benefício definido** – aquele cujos benefícios programados têm seu valor ou nível previamente estabelecidos, sendo o custeio determinado atuarialmente, de forma a assegurar sua concessão e manutenção;

b) **Contribuição definida** – aquele cujos benefícios programados têm seu valor permanentemente ajustado ao saldo de conta mantido em favor do participante, inclusive na fase de percepção de benefícios, considerando o resultado líquido de sua aplicação, os valores aportados e os benefícios pagos;

c) **Contribuição variável** – aquele cujos benefícios programados apresentem a conjugação das características das modalidades de contribuição definida e benefício definido.

Contudo, **o referido rol é exemplificativo**, pois poderão ser aprovadas outras formas de planos de benefícios que reflitam a evolução técnica e possibilitem flexibilidade ao regime de previdência complementar.

De efeito, prevê o artigo 68, §2º, da Lei Complementar 109/2001, que a concessão de benefício pela previdência complementar não depende da concessão de benefício pelo regime geral de previdência social, ante a sua natureza autônoma. Será considerado como *PARTICIPANTE* a pessoa física que aderir aos planos de benefícios, quando ainda não gozar de benefício. Por sua vez, *ASSISTIDO* é o participante ou seu beneficiário em gozo de benefício de prestação continuada.

A Lei Complementar 109/2001 não definiu o rol de beneficiários que farão jus ao benefício, cabendo aos respectivos planos a indicação dos dependentes dos segurados[6].

Com efeito, nos termos do artigo 4º da Resolução 08/2004, do Conselho de Gestão da Previdência Complementar, **o regulamento de plano de benefícios deverá dispor sobre:**

> I - glossário;
>
> II - nome do plano de benefícios;
>
> III - participantes e assistidos e condições de admissão e saída;
>
> IV - benefícios e seus requisitos para elegibilidade;
>
> V - base e formas de cálculo, de pagamento e de atualização dos benefícios;
>
> VI - data de pagamento dos benefícios;
>
> VII - institutos do benefício proporcional diferido, da portabilidade, do resgate e do autopatrocínio;
>
> VIII - fontes de custeio dos benefícios e das despesas administrativas;
>
> IX - data certa dos repasses das contribuições e cláusula penal na hipótese de atraso.

Contudo, **o STJ já se pronunciou expressamente no sentido de que o parceiro homoafetivo deverá ser considerado como beneficiário em plano de previdência privada, por também ser a relação apta a instituir entidade familiar**[7].

A entidade previdenciária deverá fornecer a todos os participantes: certificado onde estarão indicados os requisitos que regulam a admissão e a manutenção da qualidade de participante, bem como os requisitos de elegibilidade e forma de cálculo dos benefícios; cópia do regulamento atualizado do plano de benefícios e material explicativo que descreva, em linguagem simples e precisa, as características do plano; cópia do contrato, se o plano for coletivo aberto.

---

6. Artigo 4º, III, da Resolução 08/2004, do Conselho de Gestão da Previdência Complementar.
7. REsp 1026981, de 04.02.2010.

As entidades de previdência privada são **obrigadas a constituir reservas técnicas, provisões e fundos**, de conformidade com os critérios e normas fixados pelo órgão regulador e fiscalizador, que se destinarão ao pagamento dos benefícios previdenciários presentes e futuros, a serem aplicados conforme as diretrizes do Conselho Monetário Nacional, vedado o estabelecimento de aplicações compulsórias ou limites mínimos de aplicação.

Admite-se a contratação de **resseguro**[8] para assegurar compromissos juntos aos participantes e assistidos, por iniciativa própria ou por determinação do órgão regulador e fiscalizador.

Pontifica a legislação que, **no desempenho das atividades de fiscalização das entidades de previdência complementar, os servidores do órgão regulador e fiscalizador terão livre acesso às respectivas entidades, delas podendo requisitar e apreender livros, notas técnicas e quaisquer documentos**, caracterizando-se embaraço a fiscalização, sujeito às penalidades previstas em lei, qualquer dificuldade oposta à consecução desse objetivo.

Outrossim, as contribuições vertidas para as entidades de previdência complementar, destinadas ao custeio dos planos de benefícios de natureza previdenciária, são dedutíveis para fins de incidência de imposto sobre a renda, nos limites e nas condições fixadas em lei, **não incidindo tributação e contribuições de qualquer natureza sobre as contribuições pagas pelos segurados**[9], sendo uma hipótese de *isenção* ao pagamento de qualquer exação fiscal.

De acordo com a **Lei 11.053/2004, alterada pela Lei 14.803/2024**, é facultada aos participantes que ingressarem a partir de 1º de janeiro de 2005 em planos de benefícios de caráter previdenciário, estruturados nas modalidades de contribuição definida ou contribuição variável, das entidades de previdência complementar e das sociedades seguradoras, **a opção por regime de tributação** no qual os valores pagos aos próprios participantes ou aos assistidos, a título de benefícios ou resgates de valores acumulados, sujeitam-se à incidência de imposto de renda na fonte às seguintes alíquotas:

---

8. É a operação pela qual uma companhia seguradora se alivia parcialmente do risco de um seguro já feito, contraindo um novo seguro noutra companhia.
9. Artigo 69, da Lei Complementar 109/2001.

> I - 35% (trinta e cinco por cento), para recursos com prazo de acumulação inferior ou igual a 2 (dois) anos;
>
> II - 30% (trinta por cento), para recursos com prazo de acumulação superior a 2 (dois) anos e inferior ou igual a 4 (quatro) anos;
>
> III - 25% (vinte e cinco por cento), para recursos com prazo de acumulação superior a 4 (quatro) anos e inferior ou igual a 6 (seis) anos;
>
> IV - 20% (vinte por cento), para recursos com prazo de acumulação superior a 6 (seis) anos e inferior ou igual a 8 (oito) anos;
>
> V - 15% (quinze por cento), para recursos com prazo de acumulação superior a 8 (oito) anos e inferior ou igual a 10 (dez) anos; e
>
> VI - 10% (dez por cento), para recursos com prazo de acumulação superior a 10 (dez) anos.

Após o advento da Lei 14.803/2024, **a opção de tributação poderá ser exercida até o momento da obtenção do benefício ou da requisição do primeiro resgate referente aos valores acumulados em planos de benefícios operados por entidade de previdência complementar ou por sociedade seguradora ou em Fapi e será irretratável.** Antes da referida alteração legal eram exercidas até o último dia útil do mês subsequente ao do ingresso nos planos de benefícios operados por entidade de previdência complementar.

Caso os participantes não tenham exercido a opção pelo novo regime tributário, poderão os assistidos, os beneficiários ou seus representantes legais fazê-lo, desde que atendidos os requisitos necessários para a obtenção do benefício ou do resgate.

A partir de 1º de janeiro de 2005, os resgates, parciais ou totais, de recursos acumulados relativos a participantes dos planos de caráter previdenciário, estruturados nas modalidades de contribuição definida ou contribuição variável, das entidades de previdência complementar e das sociedades seguradoras que não tenham efetuado a opção nele mencionada sujeitam-se à incidência de imposto de renda na fonte à alíquota de 15% (quinze por cento), como antecipação do devido na declaração de ajuste da pessoa física, calculado sobre:

> I - os valores de resgate, no caso de planos de previdência, inclusive FAPI;
>
> II - os rendimentos, no caso de seguro de vida com cláusula de cobertura por sobrevivência.

Por sua vez, de acordo com o STJ (Informativo 556), "**são isentos do imposto de renda os proventos percebidos de fundo de previdência privada a título de complementação da aposentadoria por pessoa física acometida de uma das doenças arroladas no art. 6º, XIV, da Lei 7.713/1988**. Isso porque a isenção do imposto de renda prevista no art. 6º, XIV, da Lei 7.713/1988 – da qual faz jus pessoa física portadora de doença grave arrolada nesse inciso que receba proventos de aposentadoria ou reforma – engloba benefício complementar pago por entidade de previdência privada. É preciso ressaltar que o regime da previdência privada é facultativo e baseia-se na constituição de reservas que garantam o benefício contratado, nos termos do art. 202 da CF e da exegese do art. 1º da LC 109/2001. Assim, o capital acumulado em plano de previdência privada representa patrimônio destinado à geração de aposentadoria – ainda que intitulada de complementar –, possuindo natureza previdenciária, mormente ante o fato de estar inserida na seção sobre Previdência Social da CF (EREsp 1.121.719-SP, Segunda Seção, DJe 4/4/2014), o que legitima a isenção sobre a parcela complementar. Além disso, o caráter previdenciário da aposentadoria privada encontra respaldo no próprio Regulamento do Imposto de Renda (Decreto 3.000/1999), que estabelece a isenção sobre os valores decorrentes da complementação de aposentadoria no § 6º do seu art. 39: "As isenções de que tratam os incisos XXXI e XXXIII também se aplicam à complementação de aposentadoria, reforma ou pensão". Ademais, conforme a doutrina, "os planos previdenciários privados têm por ponto principal permitir uma continuidade no padrão de vida da pessoa, numa fase madura da vida". Nesse sentido, a isenção concedida aos portadores de doença grave consubstancia benefício fiscal que visa abrandar o impacto da carga tributária sobre a renda necessária à sua subsistência e sobre os custos inerentes ao tratamento da doença, legitimando um "padrão de vida" o mais digno possível diante do estado de enfermidade. Precedente citado: REsp 1.204.516-PR, Segunda Turma, DJe 23/11/2010. **REsp 1.507.320-RS**, Rel. Min. Humberto Martins, julgado em 10/2/2015, DJe 20/2/2015".

De efeito, "o **fato de se pagar parte ou totalidade do IRPF sobre o rendimento do contribuinte ou sobre o resgate do plano e o fato de um plano ser tecnicamente chamado de "previdência" (PGBL) e o outro de "seguro" (VGBL) são irrelevantes para a aplicação da isenção prevista no art. 6º, XIV, da Lei n. 7.713/1988 c/c art. 39, § 6º, do Decreto n. 3.000/1999" (REsp 1.583.638-SC, Rel. Min. Mauro**

Campbell Marques, Segunda Turma, por unanimidade, julgado 03/08/2021).

2.3.2. Prescrição

O artigo 75 da Lei Complementar 109 instituiu o prazo prescricional de 05 anos sobre a pretensão das prestações não pagas nem reclamadas na época própria, ressaltando que não correrá a prescrição contra os absolutamente incapazes.

Deveras, a prescrição quinquenal incide sobre quaisquer prestações cobradas de entidades de previdência complementar[10], mesmo anterior à vigência da referida norma complementar[11]. No que concerne especificamente à complementação de aposentadoria, prevê a **Súmula 427, do STJ**:

> "**Súmula: 427** – A ação de cobrança de diferenças de valores de complementação de aposentadoria prescreve em cinco anos **contados da data do pagamento**".

O STJ vem pronunciando a prescrição quinquenal progressiva, também conhecida como de trato sucessivo, prescrevendo apenas as parcelas que antecedem ao quinquênio que precedeu o ajuizamento da ação, afastando a incidência da prescrição do fundo do direito:

> **Relator(a)**
>
> AgRg o REsp 1504080
>
> Ministro MARCO AURÉLIO BELLIZZE (1150)
>
> Órgão Julgador
>
> T3 - TERCEIRA TURMA
>
> Data do Julgamento
>
> 08/09/2015
>
> Data da Publicação/Fonte
>
> DJe 23/09/2015
>
> Ementa

10. STJ, REsp 707.056, de 02.02.2010.
11. STJ, AgRg no REsp 858.978, de 14.04.2009.

"AGRAVO REGIMENTAL NOS EMBARGOS DE DECLARAÇÃO NO AGRAVO EM RECURSO ESPECIAL. 1. PREVIDÊNCIA PRIVADA. COMPLEMENTAÇÃO DE APOSENTADORIA. REVISÃO DA RENDA MENSAL INICIAL. PRESCRIÇÃO. RELAÇÃO DE TRATO SUCESSIVO. ACÓRDÃO EM CONSONÂNCIA COM A JURISPRUDÊNCIA DESTA CORTE. INCIDÊNCIA DA SÚMULA 83/STJ. 2. VIOLAÇÃO DO ART. 19, I, DA LC 109/2001. SÚMULAS 5 E 7/STJ. 3. RECURSO IMPROVIDO.

1. É compreensão de ambas as Turmas que compõem a Segunda Seção desta Corte Superior que, em demanda na qual se pleiteia a revisão de renda mensal inicial de benefício complementar de previdência privada, a relação é de trato sucessivo, razão pela qual a prescrição não atinge o próprio fundo de direito, mas apenas as parcelas reclamadas vencidas anteriores ao ajuizamento da ação".

Apesar disso, utilizando argumentação conflituosa, acatou o STJ prescrição de fundo de direito no seguinte precedente:

Processo

REsp 1.668.676-DF, Rel. Min. Moura Ribeiro, Rel. Acd. Min. Nancy Andrighi, Terceira Turma, por maioria, julgado em 08/02/2022.

Ramo do Direito

DIREITO CIVIL, DIREITO PREVIDENCIÁRIO

Tema

Pretensão de complementação de aposentadoria privada. Banco do Brasil. Portaria n. 966/1947. Estabelecimento de novo regramento jurídico. Prescrição do fundo de direito.

DESTAQUE

A demanda de complementação de aposentadoria nos termos da Portaria n. 966/1947 do Banco do Brasil configura pretensão de outro benefício previdenciário, sendo hipótese de reconhecimento da prescrição do fundo de direito.

INFORMAÇÕES DO INTEIRO TEOR

A controvérsia consiste em decidir sobre o termo inicial do prazo prescricional para o exercício da pretensão de cobrança de complementação de aposentadoria privada de ex-funcionários do Banco do Brasil S/A, bem como sobre o direito ao recebimento da referida verba, nos termos da Portaria n. 966, de 06/05/1947, sem prejuízo do benefício pago pela Previ.

> No que tange à prescrição, apesar da alegação de que se trata de obrigação de trato sucessivo, em que a violação do direito se renova a cada mês, tem-se que a pretensão diz respeito ao próprio direito material à complementação de aposentadoria e não apenas aos seus efeitos pecuniários, atingindo o fundo de direito, e, por isso, a contagem do prazo se inicia a partir da sua efetiva violação, não se aplicando, pois, a súmula 85/STJ.
>
> Isso porque a supressão do benefício deu-se com a implementação do novo regramento jurídico noticiado na Circular n. 351/1966, qual seja, 15/4/1967, data de início da contagem do prazo prescricional, pois foi quando deu-se ciência da supressão, pelo Banco do Brasil S/A, do direito à complementação de aposentadoria nos moldes do que estabelecia a Portaria n. 966, de 15/04/1947.

De efeito, o STJ vem aplicando a prescrição de fundo de direito quando se discute o direito ao benefício da previdência complementar, e não o pagamento de atrasados de benefício já reconhecido:

> **PROCESSO**
>
> AgInt no REsp 1790687/DF
>
> AGRAVO INTERNO NO RECURSO ESPECIAL
>
> 2019/0003423-0
>
> **RELATOR**
>
> Ministro MOURA RIBEIRO (1156)
>
> **ÓRGÃO JULGADOR**
>
> T3 - TERCEIRA TURMA
>
> **DATA DO JULGAMENTO**
>
> 13/03/2023
>
> **DATA DA PUBLICAÇÃO/FONTE**
>
> DJe 15/03/2023
>
> **EMENTA**
>
> CIVIL E PROCESSUAL CIVIL. AGRAVO INTERNO NO RECURSO ESPECIAL. AÇÃO DECLARATÓRIA CUMULADA COM PEDIDO DE COBRANÇA. COMPLEMENTAÇÃO DE APOSENTADORIA PRIVADA. PORTARIA N.º 966/1947. **PRESCRIÇÃO DO FUNDO DO DIREITO**. PRECEDENTES DESTA CORTE. DECISÃO MANTIDA. AGRAVO INTERNO NÃO PROVIDO.

> 1. Os recorrentes, ex-empregados do BANCO DO BRASIL S.A. objetivam a complementação de suas aposentadorias fulcrada apenas em normas internas que integravam os extintos contratos de trabalho, qual seja, a Portaria n.º 966/1947, da ex-empregadora.
>
> **2. Como na espécie inexiste direito objetivamente reconhecido, a prescrição atinge não somente as pretendidas parcelas mensais relativas aos benefícios previdenciários pleiteados, mas o próprio fundo do direito.**
>
> **3. A hipótese dos autos não caracteriza relação jurídica de trato sucessivo. Isso porque o objeto desta demanda não é o recebimento de valores provenientes de um benefício complementar já estabelecido, mas sim a própria instituição desse direito.**
>
> 4. Não sendo a linha argumentativa apresentada capaz de evidenciar a inadequação dos fundamentos invocados pela decisão agravada, o presente agravo não se revela apto a alterar o conteúdo do julgado impugnado, devendo ele ser integralmente mantido em seus próprios termos.
>
> 5. Agravo interno não provido.

No entanto, a pretensão do ente previdenciário de ser ressarcido perante o terceiro que percebeu indevidamente parcelas de benefício de previdência complementar não se sujeitará ao prazo quinquenal, pois se trata de relação que não se estabelece entre beneficiário e instituição de previdência complementar, e sim com terceira pessoa, não se aplicando, destarte, o artigo 75 da LC 109/2001.

Logo, neste caso, pertinente a aplicação do prazo trienal para o exercício da pretensão de reparação civil prevista do Código Civil, sendo este o correto posicionamento do STJ:

> Informativo 588 – "DIREITO CIVIL. PRESCRIÇÃO DA PRETENSÃO DE REAVER VERBAS PAGAS A TÍTULO DE BENEFÍCIO DE PREVIDÊNCIA PRIVADA COMPLEMENTAR INDEVIDAMENTE APROPRIADAS POR TERCEIRO. **É trienal o prazo prescricional da pretensão de entidade de previdência privada complementar de reaver verbas relativas a benefício indevidamente apropriadas por terceiro.** A questão diz respeito ao prazo de prescrição, se seria de 5 ou de 3 anos. O prazo quinquenal disposto no art. 75 da LC n. 109/2001 (que dispõe sobre o Regime de Previdência Complementar e dá outras providências) refere-se à relação jurídica existente entre a entidade de previdência

complementar e o segurado ou o beneficiário, e não a terceiro. Ressalte-se que, assim como nas ações envolvendo seguro - para as quais o entendimento do STJ é no sentido de que o prazo prescricional é ânuo, mas apenas entre o segurado e o segurador, não relativamente a um terceiro -, da mesma forma, na hipótese em que há um terceiro (e não segurado ou beneficiário), a regra do mencionado art. 75 da LC n. 109/2001, específica para a relação previdenciária, não se aplica, mas sim a regra trienal do enriquecimento ilícito prevista no CC, lei geral. Assim, sendo a demanda específica de ressarcimento de enriquecimento sem causa, é de se aplicar a regra do art. 206, § 3º, IV, do CC (prescrição trienal), e não a da LC n. 109/2001. REsp 1.334.442-RS, **Rel. Min. Luis Felipe Salomão, Rel. para acórdão Min. Raul Araújo, julgado em 7/6/2016, DJe 22/8/2016".**

No que tange à pretensão do participante ou assistido em ser restituído de contribuição previdenciária paga indevidamente ou acima do devido, a posição atual do STJ é pela aplicação da prescrição decenal com lastro no Código Civil:

Informativo 675- TERCEIRA TURMA

Processo

REsp 1.803.627-SP, Rel. Min. Paulo de Tarso Sanseverino, Terceira Turma, por maioria, julgado em 23/06/2020, DJe 01/07/2020

Ramo do Direito

DIREITO PREVIDENCIÁRIO, DIREITO CIVIL E PROCESSUAL CIVIL

Tema

Previdência complementar. Restituição de contribuições indevidas. Existência de causa jurídica para as contribuições. Prazo prescricional decenal. Art. 205, *caput*, do CC/2002.

Destaque

O prazo prescricional aplicável à pretensão de restituição de contribuições descontadas indevidamente dos beneficiários de contrato de previdência complementar é de dez anos.

Informações do Inteiro Teor

Cumpre salientar que, até recentemente, era possível afirmar que a jurisprudência de ambas as Turmas da Seção de Direito Privado do STJ havia se pacificado no sentido de que a pretensão de repetição de contribuições vertidas para plano de previdência complementar teria por fundamento o enriquecimento sem causa da entidade de previdência, sujeitando-se, portanto, ao prazo de prescricional específico do art. 206, § 3º, IV, do Código Civil de 2002.

No entanto, apesar da jurisprudência pacífica da Segunda Seção no sentido da prescrição trienal, a Corte Especial deste Tribunal Superior firmou entendimento pela prescrição vintenária, na forma estabelecida no art. 177 do Código Civil de 1916, na hipótese de restituição de cobrança indevida de serviço de telefonia (EREsp 1.523.744/RS).

No referido julgado, o fundamento para se afastar a prescrição trienal é a subsidiariedade da ação de enriquecimento sem causa, que somente seria cabível quando o indébito não tivesse "causa jurídica". Na hipótese de cobrança indevida por serviço de telefonia, o enriquecimento tem uma causa jurídica, que é a prévia relação contratual entre as partes.

O caso em análise, embora diga respeito à previdência complementar, guarda estreita semelhança com o referido precedente, pois, no curso de um plano de benefícios houve a cobrança indevida de contribuições, cuja restituição se pleiteia.

Desse modo, a conclusão que se impõe é também no sentido da incidência da prescrição decenal, de acordo com o previsto no art. 205 do Código Civil de 2002, pois o enriquecimento da entidade de previdência tinha uma causa jurídica, que era a prévia relação contratual com os participantes do plano de benefícios não sendo hipótese, portanto, de enriquecimento sem causa.

Não se aplica a decadência decenal revisional de que trata o artigo 103 da Lei 8.213/91 **à previdência privada**, pois é regra prejudicial ao segurado/dependente que se limita ao RGPS. Veja-se o STJ:

Processo

AgInt no AREsp 2272275/RJ

AGRAVO INTERNO NO AGRAVO EM RECURSO ESPECIAL

2022/0403200-5

Relator

Ministro HUMBERTO MARTINS (1130)

Órgão Julgador

T3 - TERCEIRA TURMA

Data do Julgamento

07/10/2024

Data da Publicação/Fonte

DJe 09/10/2024

Ementa

AGRAVO INTERNO NO AGRAVO EM RECURSO ESPECIAL. PROCESSUAL CIVIL. CIVIL. VIOLAÇÃO DO ART. 1.022 DO CPC INEXISTENTE. INCONFORMISMO. PREVIDÊNCIA PRIVADA. BENEFÍCIO COMPLEMENTAR. REVISÃO. DECADÊNCIA. INAPLICABILIDADE. PRESCRIÇÃO. TRATO SUCESSIVO. QUINQUENAL. PRECEDENTES. CONCESSÃO DA COMPLEMENTAÇÃO. DISTINÇÃO ENTRE HOMENS E MULHERES. INCONSTITUCIONALIDADE DECLARADA PELA SUPREMA CORTE. MIGRAÇÃO E APORTE. TEMA DE ÍNDOLE CONSTITUCIONAL. ABORDAGEM NO TEMA N. 452/STF. AUSÊNCIA DE RECURSO EXTRAORDINÁRIO. SÚMULA N. 126/STJ.

1. Inexiste a alegada violação do art. 1.022 do CPC, visto que o Tribunal de origem efetivamente enfrentou as questões recursais, sendo que não se pode ter como omissa ou carente de fundamentação uma decisão tão somente porque suas alegações não foram acolhidas.

2. O inconformismo da parte com o julgamento contrário à sua pretensão não caracteriza falta de prestação jurisdicional. Precedentes.

3. Quanto à questão decadencial e prescricional, a pretensão recursal não encontra nenhum amparo na jurisprudência do STJ, sedimentada no sentido de que, restringindo-se a pretensão na revisão do benefício complementar de aposentadoria, **não há incidência do prazo decadencial**, havendo apenas a aplicação da prescrição quinquenal das parcelas vencidas anteriormente aos cinco anos que antecedem o ajuizamento do feito.

4. "Se a revisão do benefício previdenciário não demandar a anulação de contrato ou transação extrajudicial, a pretensão de recebimento das diferenças de valores da aposentadoria não se sujeita à decadência, mas sim à prescrição quinquenal, que alcança apenas as parcelas vencidas anteriormente ao quinquênio que precede o ajuizamento da ação. Súmula 291/STJ e Precedentes" (REsp n. 2.100.931/MG, relatora Ministra Nancy Andrighi, Terceira Turma, DJe de 19/4/2024).

5. Quanto à tese de que a migração de plano inviabilizaria a pretensão autoral e de que seria necessária a existência de aportes para legitimar a revisão do benefício, tais questões não comportam conhecimento, pois são temas de índole constitucional e foram expressamente tratadas no Tema n. 452/STF, fundamento inclusive utilizado pelo Tribunal para reconhecer o direito de revisão da autora, o que torna o STJ via inadequada à revisão do julgado, sobretudo quando sopesado que a recorrente não cuidou de interpor o devido recurso extraordinário ao STF, de modo a incidir os preceitos da Súmula n. 126/STJ.

Agravo interno improvido.

2.3.3. Reajuste dos benefícios

Vale destacar que os contratos de previdência privada deverão prever um índice real de correção monetária dos valores aportados quando do pagamento dos benefícios aos assistidos, sendo abusiva cláusula contratual que preveja apenas a correção pela TR (taxa referencial de juros), índice bem abaixo da inflação.

Nesse sentido, o posicionamento do Superior Tribunal de Justiça, no julgamento do recurso especial 1.201.737, de 04.08.2011:

"RECURSO ESPECIAL - PLANO DE PREVIDÊNCIA PRIVADA ABERTA - VIOLAÇÃO AO CÓDIGO DE DEFESA DO CONSUMIDOR - OCORRÊNCIA - SUBSTITUIÇÃO DA TAXA REFERENCIAL (T.R.) POR ÍNDICE GERAL DE PREÇOS - POSSIBILIDADE - RECURSO ESPECIAL PROVIDO.

I - Os planos de previdência privada aberta são comercializados no mercado por empresas com fins lucrativos e esses contratos estão inteiramente sujeitos ao Código de Defesa do Consumidor.

II - A T.R. (Taxa Referencial de Juros), como é do conhecimento público, foi criada no Plano Collor II para ser o principal índice brasileiro de atualização e que não refletisse a inflação do mês anterior, tendo em vista que é calculada a partir da remuneração mensal média líquida de impostos, dos depósitos a prazo fixo captados nos bancos comerciais, bancos de investimentos, bancos múltiplos e outros, de acordo com metodologia aprovada pelo Conselho Monetário Nacional (art. 1º da Lei 8.177/91).

III - A mensalidade de aposentadoria ou renda vitalícia, tem características alimentares (verba destinada ao sustento do contratante e de seus dependentes) e se for corrigida

unicamente pela T.R., ou seja, sem qualquer outro acréscimo de juros como ocorre em contratos imobiliários ou cédulas de crédito, proporciona reajuste anual acumulado em percentual bem inferior aos índices que medem a corrosão da moeda e a remuneração da poupança, na qual, além da T.R., há juros mensais de 0,50% (meio por cento).

IV – A permanecer como se encontra, haverá, ao longo dos anos, uma considerável perda de poder aquisitivo dessa mensalidade de aposentadoria e foi para evitar essas distorções que a Resolução do Conselho Nacional de Seguros Privados nr. 7/96 e a Circular da Superintendência de Seguros Privados nr. 11/96 orientaram a repactuação dos contratos com a consequente substituição da T.R. por índice geral de preços de ampla publicidade.

V – O sistema de proteção ao consumidor busca dar equilíbrio na relação entre o consumidor e o fornecedor. O CDC não tem por objetivo criar ou proteger situação em que o consumidor leve vantagem indevida sobre o fornecedor. O propósito da Lei é o de que cada parte receba o que lhe é devido, sem que ocorra exploração do consumidor ou prejuízo injustificado. No presente caso, restou evidente a violação aos artigos 6º e 51 do CDC.

VI – Recurso especial provido".

No entanto, se for dado um reajustamento no RGPS acima da inflação, não existe a necessária extensão à previdência privada, salvo se o seu plano de benefícios previr. Veja-se o STJ:

INFORMATIVO 557 – "DIREITO CIVIL E PREVIDENCIÁRIO. INADMISSIBILIDADE DE EXTENSÃO À APOSENTADORIA COMPLEMENTAR DE AUMENTOS REAIS CONCEDIDOS PARA BENEFÍCIOS MANTIDOS PELO INSS.

A previsão normativa estatutária de reajuste da aposentadoria complementar segundo os mesmos índices de reajustamento incidentes nos benefícios mantidos pelo INSS não garante o aumento real do valor do benefício, mas apenas a reposição das perdas causadas pela inflação. De início, cumpre esclarecer que o índice de correção total periodicamente aplicado pela Previdência Social nos seus benefícios nem sempre corresponde apenas à inflação apurada no período, podendo haver outros componentes, como o ganho real. A previsão estatutária da entidade de previdência privada é de reajustamento do benefício de prestação continuada justamente para manter o poder aquisitivo que possuía antes de ser desgastado pela inflação, e não para conceder ganhos reais aos assistidos. De fato, a elevação do aporte financeiro demanda uma elevação proporcional na oneração de seus contribuintes, tendo em vista a dinâmica do regime de capitalização, ínsito à previdência privada. Assim, eventual determinação de pagamento de valores sem respaldo em plano de custeio implica desequilíbrio econômico atuarial da entidade de previdência privada, a prejudicar a universalidade dos participantes e assistidos, o que fere o princípio da primazia do interesse coletivo do plano. Vale assinalar, por pertinente, que se deve garantir a irredutibilidade do benefício suplementar contratado, e não a concessão de ganhos reais ao participante, sobretudo se isso comprometer o equilíbrio atuarial do fundo de previdência privada. Logo, não se revela possível a extensão dos aumentos reais concedidos pela previdência oficial ao benefício suplementar quando não houver fonte de custeio correspondente. Ademais, o objetivo do fundo de previdência complementar não é propiciar ganho real ao trabalhador aposentado, mas manter o padrão de vida para o assistido semelhante ao que desfrutava em atividade, devendo, para tanto, gerir os numerários e as reservas consoante o plano de benefícios e os cálculos atuariais. Precedente citado: REsp 1.414.672-MG, Quarta Turma, DJe 3/2/2014. REsp 1.510.689-MG, Rel. Min. Ricardo Villas Bôas Cueva, julgado em 10/3/2015, DJe 16/3/2015".

A tese foi confirmada pela 2ª Seção do STJ: REsp 1.564.070-MG, **Rel. Min. Luis Felipe Salomão, Segunda Seção, por unanimidade, julgado em 22/3/2017, DJe 18/4/2017. (Tema 941) – Nos planos de benefícios de previdência complementar administrados por entidade fechada, a previsão regulamentar de reajuste, com base nos mesmos índices adotados pelo Regime Geral de Previdência Social, não inclui a parte correspondente a aumentos reais.**

Entende o STJ que inexiste direito adquirido à manutenção do índice de correção monetária, sendo que a alteração do índice pelo Regulamento alcança até os benefícios já concedidos:

"INFORMATIVO 574-DIREITO CIVIL E PREVIDENCIÁRIO. ALCANCE DE ALTERAÇÃO DO INDEXADOR DE CORREÇÃO MONETÁRIA DE APOSENTADORIA COMPLEMENTAR PREVISTO NO PLANO DE BENEFÍCIOS. **A alteração no regulamento referente ao plano de benefícios de previdência privada que substituir o indexador IGP-DI pelo INPC para fins de correção monetária da aposentadoria complementar alcança o assistido - "o participante ou seu beneficiário em gozo de benefício de prestação**

> **continuada" (art. 8º, II, da LC n. 109/2001) -, devendo o novo índice incidir integralmente a partir de sua vigência, e não apenas nos períodos em que o indexador for mais vantajoso ao assistido...** Todavia, quando se tratar de normas alteradoras da sistemática de correção monetária, não poderão ser invocados os institutos protetores do direito adquirido e do ato jurídico perfeito. Isso porque não há direito adquirido a determinado índice de correção monetária, mas sim ao benefício previdenciário complementar em si mesmo e à efetiva atualização monetária de seu valor. Diante disso, revela-se possível a substituição de um indexador por outro, desde que idôneo para medir a inflação, recompondo a obrigação contratada. Caso seja adotado um índice inadequado para atualizar as verbas previdenciárias suplementares, com o passar do tempo, substanciais prejuízos ocorrerão ao assistido, que perderá gradualmente o seu poder aquisitivo com a corrosão da moeda, dando azo ao desequilíbrio contratual. Além disso, restará frustrado o objetivo principal da Previdência Complementar, que é propiciar ao inativo padrão de vida semelhante ao que desfrutava em atividade. Especificamente quanto à legalidade da substituição do IGP-DI para o INPC para fins de correção monetária da aposentadoria complementar, sabe-se que o INPC é indexador tão eficaz para medir a desvalorização da moeda quanto o IGP-DI. Ambos são índices gerais de preços de ampla publicidade, sendo aptos a mensurar a inflação no mercado de consumo e corrigir os benefícios da previdência privada. REsp 1.463.803-RJ, **Rel. Min. Ricardo Villas Bôas Cueva, julgado em 24/11/2015, DJe 2/12/2015".**

Ainda de acordo com o STJ, "a partir da vigência da Circular/SUSEP n. 11/1996, é possível ser pactuado que os reajustes dos benefícios dos planos administrados pelas entidades abertas de previdência complementar passem a ser feitos com utilização de um Índice Geral de Preços de Ampla Publicidade (INPC/IBGE, IPCA/IBGE, IGPM/FGV, IGP-DI/FGV, IPC/FGV ou IPC/FIPE). Na falta de repactuação, deve incidir o IPCA-E" **(REsp 1.656.161-RS, Rel. Min. Luis Felipe Salomão, Segunda Seção, por unanimidade, julgado em 16/09/2021. (Tema 977)**

A jurisprudência do STJ, no julgamento do Recurso Especial 1.121.719, de 15.03.2011, com base na Lei 6.024/74 (artigo 36), admitiu a penhora dos bens de administrador suspeito de gestão fraudulenta de instituição financeira, sendo "irrelevante o fato de os valores em fundo de plano de previdência privada terem sido depositados antes de o recorrente ter ingressado na gestão do Banco Santos, na qual permaneceu por apenas cinquenta e dois dias. O saldo de depósito em PGBL – Plano Gerador de Benefício Livre não ostenta nítido caráter alimentar, constituindo aplicação financeira de longo prazo, de relevante natureza de poupança previdenciária, porém susceptível de penhora. O mesmo sucede com valores em caderneta de poupança e outros tipos de aplicações e investimentos, que, embora possam ter originalmente natureza alimentar, provindo de remuneração mensal percebida pelo titular, perdem essa característica no decorrer do tempo, justamente porque não foram utilizados para manutenção do empregado e de sua família no período em que auferidos, passando a se constituir em investimento ou poupança".

Veja-se o TCU:

> **Acórdão 1301/2021 Plenário** (Tomada de Contas Especial, Relator Ministro Vital do Rêgo)
>
> Responsabilidade. Débito. Agente privado. Entidade fechada de previdência complementar. Investimento. Prejuízo. Análise de riscos. Monitoramento.
>
> Os administradores de entidade fechada de previdência complementar patrocinada pelo poder público podem ser condenados a ressarcir dano à entidade decorrente de prejuízos financeiros em investimento feito sem avaliação e monitoramento de risco condizentes com as características e a materialidade do investimento. O gestor privado do investimento pode ser condenado solidariamente caso se comprove que o descumprimento de regulamentos pertinentes à aplicação financeira e o desrespeito a normativos da Comissão de Valores Mobiliários (CVM) contribuíram para o dano apurado.

2.4. AS ENTIDADES FECHADAS E OS SEUS PLANOS DE BENEFÍCIOS

2.4.1. Regras gerais

Os planos de previdência fechada são socialmente e economicamente relevantes para o país, tendo a função de manter o padrão de vida dos beneficiários, ante a limitação do RGPS, contando atualmente com cerca de 2,7 milhões de participantes e assistidos e administrando 442 bilhões de reais de ativos totais, ao tempo em que pagam cerca de 700 mil aposentadorias e pensões, conforme informado em publicação do extinto Ministério da Previdência Social[12].

12. Reflexões e desafios. Brasília: MPS, 2009, p. 166.

As entidades fechadas ou fundos de pensão organizar-se-ão sob a forma de **fundação ou sociedade** (*rectius* associação) **civil, sem fins lucrativos**, devendo manter estrutura mínima composta por conselho deliberativo, conselho fiscal e diretoria-executiva.

Deverá o estatuto do ente fechado prever, ao menos, a composição do conselho fiscal e do deliberativo com 1/3 de participantes e assistidos.

Tem como **objeto a administração e execução de planos de benefícios de natureza previdenciária, vedada às entidades fechadas a prestação de quaisquer serviços que não estejam no âmbito de seu objeto**, salvo o disposto no artigo 76, da LC 109/2001[13].

Coube à Resolução MPS/CGPC 08/2004 disciplinar as suas normas procedimentais para a formalização de processos de estatutos, regulamentos de plano de benefícios, convênios de adesão e suas alterações.

De acordo com a Resolução CNPC 40/2021, o **estatuto** das entidades fechadas de previdência complementar deverá dispor sobre: I - denominação, sede e foro; II - objeto da entidade; III - prazo de duração, que deverá ser indeterminado; IV - indicação das pessoas físicas ou jurídicas que, na qualidade de participante, assistido, patrocinador ou instituidor, podem se vincular a plano de benefícios administrado pela entidade; V - estrutura organizacional - órgãos e suas atribuições, composição, forma de acesso e duração do mandato dos seus membros.

De acordo com a Resolução CNPC 40/2021, o **convênio de adesão** deverá conter: I - qualificação das partes e seus representantes legais; II - indicação do plano de benefícios a que se refere a adesão; III- cláusulas referentes aos direitos e às obrigações de patrocinador ou instituidor e da entidade fechada de previdência complementar; IV - cláusula com indicação do início da vigência do convênio de adesão; V - cláusula com indicação de que o prazo de vigência será por tempo indeterminado; VI - condição de retirada de patrocinador ou instituidor; VII - previsão de solidariedade ou não, entre patrocinadores ou entre instituidores, com

13. Art. 76. As entidades fechadas que, na data da publicação desta Lei Complementar, prestarem a seus participantes e assistidos serviços assistenciais à saúde poderão continuar a fazê-lo, desde que seja estabelecido um custeio específico para os planos assistenciais e que a sua contabilização e o seu patrimônio sejam mantidos em separado em relação ao plano previdenciário.

relação aos respectivos planos; VIII - foro para dirimir todo e qualquer questionamento oriundo do convênio de adesão.

Conforme a Resolução CNPC 40/2021, o **regulamento de plano de benefícios deverá dispor sobre:** I - glossário; II - nome do plano de benefícios; III- participantes e assistidos e condições de admissão e saída; IV - benefícios e seus requisitos para elegibilidade; V - base e formas de cálculo e de pagamento, bem como o critério de atualização dos benefícios; VI - data de pagamento dos benefícios; VII - institutos do benefício proporcional diferido, da portabilidade, do resgate e do autopatrocínio; VIII - fontes de custeio dos benefícios e das despesas administrativas; IX - data certa dos repasses das contribuições e cláusula penal na hipótese de atraso.

Por outro lado, o regulamento de plano de benefícios NÃO **deverá dispor** sobre: I - matérias inerentes ao plano de custeio; II - tábuas de expectativa de vida, ainda que na forma de taxas ou fatores atuariais; III - taxa de juros atuarial; IV - matéria estatutária; V - empréstimos e financiamentos a participantes e assistidos; VI - planos ou serviços de assistência à saúde; e VII - outras matérias não relacionadas a plano de benefícios.

Apenas as entidades fechadas que não exijam contribuição dos beneficiários serão alcançadas pela *imunidade tributária* **(impostos)** que favorece as entidades de assistência social, nos termos da **Súmula 730, do STF**:

> **"Súmula 730 –** A imunidade tributária conferida a instituições de assistência social sem fins lucrativos pelo art. 150, VI, c, da Constituição, somente alcança as entidades fechadas de previdência social privada se não houver contribuição dos beneficiários".
>
> "Na linha da jurisprudência desta Corte, a inexistência de contribuição, por parte dos prestadores de serviço, para obtenção de benefícios de previdência privada fechada, conduz ao reconhecimento do direito à imunidade tributária. Conforme vários casos análogos, incide, na espécie, o enunciado da Súmula 730 desta Corte". [**RE 766.352 AgR-segundo**, rel. min. **Rosa Weber**, 1ª T, j. 9-4-2014, **DJE** 82 de 30-4-2014.]

Serão *PATROCINADORES* a empresa ou grupo de empresas, assim como a União, os Estados, o Distrito Federal e os Municípios que instituam para seus empregados e servidores planos de previdência privada por intermédio de entidade fechada.

Já os *INSTITUIDORES* são as pessoas jurídicas de caráter profissional, classista ou setorial, que instituam para os seus associados ou membros planos de benefícios previdenciários privados através de entidade fechada.

Poderão ser instituidores[14]:

> I - os conselhos profissionais e entidades de classe nos quais seja necessário o registro para o exercício da profissão;
>
> II - os sindicatos, as centrais sindicais e as respectivas federações e confederações;
>
> III - as cooperativas que congreguem membros de categorias ou classes de profissões regulamentadas;
>
> IV - as associações profissionais, legalmente constituídas;
>
> V - outras pessoas jurídicas de caráter profissional, classista ou setorial, não previstas nos incisos anteriores, desde que autorizadas pelo órgão fiscalizador.

O instituidor que requerer a constituição de entidade fechada de previdência complementar deverá comprovar que:

> I - congrega, no mínimo, mil associados ou membros de categoria ou classe profissional, em seu âmbito de atuação;
>
> II - possui registro regular, na condição de pessoa jurídica de caráter profissional, classista ou setorial, há pelo menos três anos.

O funcionamento da entidade fechada de previdência complementar dar-se-á com o início da arrecadação das contribuições, após atingido o número mínimo de quinhentos participantes no plano de benefícios instituído, podendo a Secretaria de Previdência Complementar, excepcionalmente, autorizar o início do funcionamento da entidade sem que se tenha atingido o número mínimo de participantes referido, desde que atestada sua a viabilidade econômico-financeira por ocasião da análise do requerimento por esta encaminhada[15].

Os planos previdenciários fechados apenas serão acessíveis aos empregados e servidores dos patrocinadores, bem como aos associados ou membros dos instituidores. A legislação *equiparou*

---

14. Artigo 2º, parágrafo único, da Resolução 12/2002, do Conselho de Gestão da Previdência Complementar.
15. Artigo 6º, da Resolução 12/2002, do Conselho de Gestão da Previdência Complementar.

aos empregados ou associados os gerentes, diretores, conselheiros ocupantes de cargos eletivos e outros dirigentes de patrocinadores e instituidores.

No caso das entidades fechadas constituídas por instituidores é obrigatória a terceirização da gestão dos recursos garantidores das reservas técnicas e provisões mediante a contratação de instituição especializada autorizada e a adoção de planos na modalidade de contribuição definida.

Existem duas relações jurídicas previdenciárias independentes, embora conexas:

a) A relação entre a entidade de previdência privada fechada e o seu patrocinador ou instituidor;

b) A relação entre a entidade de previdência privada fechada e os participantes e assistidos.

Daí o patrocinador ser parte ilegítima para figurar no polo passivo de ação movida pelo assistido para rever benefício previdenciário do plano complementar, devendo a ação ser intentada contra a entidade fechada de previdência complementar, exceto se demonstrada a prática de ato ilícito pelo patrocinador, situação excepcional que poderá despertar a sua legitimidade passiva *ad causam*.

Nesse sentido, a correta tese repetitiva aprovada pela 2ª Seção do STJ:

PROCESSO	REsp 1.370.191-RJ, Rel. Min. Luis Felipe Salomão, Segunda Seção, por unanimidade, julgado em 13/06/2018, DJe 01/08/2018 (Tema 936)
RAMO DO DIREITO	DIREITO PREVIDENCIÁRIO, DIREITO PROCESSUAL CIVIL
TEMA	Previdência complementar fechada. Revisão de benefício previdenciário. Ilegitimidade passiva da patrocinadora. Eventual ato ilícito praticado pelo patrocinador. Exclusão do âmbito da matéria afetada. Tema 936.

DESTAQUE
O patrocinador não possui legitimidade passiva para litígios que envolvam participante/ assistido e entidade fechada de previdência complementar, ligados estritamente ao plano previdenciário, como a concessão e a revisão de benefício ou o resgate da reserva de poupança, em virtude de sua personalidade jurídica autônoma. **Não se incluem, no âmbito da matéria afetada, as causas originadas de eventual ato ilícito, contratual ou extracontratual, praticado pelo patrocinador.**

INFORMAÇÕES DO INTEIRO TEOR
A questão controvertida consiste em saber se, em ação de revisão de benefício de previdência privada, possui a patrocinadora legitimidade passiva para figurar em litisconsórcio envolvendo a entidade previdenciária. Na hipótese, como se trata de relação contratual em que a entidade fechada de previdência privada não opera com patrimônio próprio, havendo mutualismo, a legislação de regência impõe e fomenta um sentido de autorresponsabilidade à coletividade dos participantes e assistidos dos planos de benefícios ao, efetivamente, propiciar ampla participação, não só no tocante à gestão, mas também no que diz respeito ao controle dos atos de gestão envolvendo o plano de benefícios. Conforme a lei de regência, portanto, a forma de composição do *déficit*, em respeito à própria autonomia privada e à regra legal a impor que os participantes e assistidos também participem do equacionamento do resultado deficitário, não será estabelecida arbitrariamente pelo Judiciário, mas decorrerá de prévia deliberação no âmbito interno da própria entidade previdenciária, isto é, do Conselho Deliberativo, com a participação de representantes do patrocinador e dos participantes e assistidos (que são eleitos por seus pares). Outrossim, também a título de oportuno registro, é bem de ver que o art. 6º, § 3º, da Lei Complementar n. 108/2001, estabelece ser vedado ao patrocinador assumir encargos adicionais para o financiamento dos planos de benefícios, além daqueles previstos nos respectivos planos de custeio. A única responsabilidade solidária prevista na legislação de regência ocorre entre patrocinadores ou entre instituidores, e apenas quando expressamente previsto no convênio de adesão (art. 13, § 1º, da Lei Complementar n. 109/2001). Nessa hipótese, o patrocinador pode responder por dívida de outro patrocinador, mas não pela parte que cabe aos participantes e assistidos. Assim, não se trata de hipótese em que o litisconsórcio é imposto pela lei, tampouco se cuida de uma única relação jurídica indivisível. As entidades de previdência privada têm personalidade jurídica e patrimônios próprios, e consoante dispunham os artigos 14 e 39 da Lei n. 6.435/1977 e dispõem os artigos 32 e 36 da Lei Complementar n. 109/2001, operam os planos de previdência privada, não havendo cogitar em formação de litisconsórcio passivo com a patrocinadora e/ou participantes e beneficiários do plano de previdência privada. No ponto, é antiga e firme a jurisprudência das turmas de direito privado, em afastar a legitimidade do(a) patrocinador(a) para figurar no polo passivo de litígios envolvendo participante e entidade de previdência privada, em que se discute matéria referente a simples aplicação de disposição regulamentar de plano de benefícios, aplicação de índices de correção monetária, resgate de valores vertidos ao fundo, entre outros temas afins.

Alguns planos de benefícios do regime de previdência complementar refletem as mesmas regras de correção monetária dos salários da previdência pública, podendo ser aplicadas teses revisionais típicas do RGPS. Veja-se um exemplo a respeito da correção monetária pelo IRSM de fevereiro de 1994. Veja-se o STJ nesse sentido:

PROCESSO

AgInt nos EDcl no REsp 1666437/RS

AGRAVO INTERNO NOS EMBARGOS DE DECLARAÇÃO NO RECURSO ESPECIAL

2017/0083058-2

RELATOR(A)

Ministro MOURA RIBEIRO (1156)

ÓRGÃO JULGADOR

T3 - TERCEIRA TURMA

DATA DO JULGAMENTO

21/02/2022

DATA DA PUBLICAÇÃO/FONTE

DJe 23/02/2022

EMENTA

CIVIL. PROCESSUAL CIVIL. AGRAVO INTERNO NOS EMBARGOS DE DECLARAÇÃO NO RECURSO ESPECIAL. RECURSO MANEJADO SOB A ÉGIDE DO NCPC. AÇÃO REVISIONAL DE BENEFÍCIO **PREVIDENCIÁRIO. PREVIDÊNCIA PRIVADA. COMPLEMENTAÇÃO DE APOSENTADORIA. RENDA MENSAL INICIAL. REVISÃO DE VALOR. IRSM DE FEVEREIRO DE 1994. PERCENTUAL DE 39,67%.** APLICAÇÃO. ACÓRDÃO EM CONSONÂNCIA COM A ORIENTAÇÃO FIRMADA NESTA CORTE. DISSÍDIO JURISPRUDENCIAL. INCIDÊNCIA DA SÚMULA Nº 568 DO STJ. AGRAVO INTERNO NÃO PROVIDO. 1. Aplica-se o NCPC a este julgamento ante os termos do Enunciado Administrativo nº 3, aprovado pelo Plenário do STJ na sessão de 9/3/2016: Aos recursos interpostos com fundamento no CPC/2015 (relativos a decisões publicadas a partir de 18 de março de 2016) serão exigidos os requisitos de admissibilidade recursal na forma do novo CPC. 2. Consoante o entendimento desta Corte, na atualização dos salários de contribuição de benefício concedido pela Previdência Pública após 1º março de 1994, deve ser incluído o IRSM de fevereiro do mesmo ano, se tiver integrado o respectivo período básico de cálculo (PBC), no percentual de 39,67% antes da conversão em URV, sob pena de violação do art. 21, § 1º, da Lei nº 8.880/1994. Orientação adotada posteriormente pelo Governo Federal quando da edição da Medida Provisória nº 201/2004, convertida na Lei nº 10.999/2004. **3. Havendo previsão no regulamento do plano de previdência privada de aplicação dos mesmos índices de correção monetária utilizados pela Previdência Social para a atualização dos salários reais de contribuição dos últimos 36 meses anteriores ao pedido de complementação de aposentadoria, o participante aposentado após março de 1994 faz jus à revisão de sua**

> **renda mensal inicial com a aplicação do IRMS de fevereiro de 1994 (39,67%), utilizado posteriormente pelo INSS para a atualização de seus salários de contribuição, já que tal mês de referência integrou o respectivo período básico de cálculo.** 4. Estando o acórdão recorrido em plena consonância com a jurisprudência dominante desta Corte, incide, no ponto, a Súmula nº 568 do STJ, segundo a qual o relator, monocraticamente e no Superior Tribunal de Justiça, poderá dar ou negar provimento ao recurso quando houver entendimento dominante acerca do tema. 5. Agravo Interno não provido.

Demais disso, ainda existe uma relação jurídica de cunho trabalhista entre o empregador (patrocinador) e o empregado e outra de natureza associativa entre o participante e a entidade instituidora (entidade profissional, associação ou sindicato).

De acordo com o STJ, **os sindicatos possuem legitimidade ativa** para propor ação coletiva em defesa dos sindicalizados no âmbito da previdência privada:

> **Processo**
>
> AgInt no AREsp 2025620/RS
>
> AGRAVO INTERNO NO AGRAVO EM RECURSO ESPECIAL
>
> 2021/0364275-7
>
> **Relator**
>
> Ministro RICARDO VILLAS BÔAS CUEVA (1147)
>
> **Órgão Julgador**
>
> **T3** - TERCEIRA TURMA
>
> **Data do Julgamento**
>
> **28/10/2024**
>
> **Data da Publicação/Fonte**
>
> DJe 04/11/2024
>
> **Ementa**
>
> AGRAVO INTERNO NO AGRAVO EM RECURSO ESPECIAL. PROCESSUAL CIVIL. **PREVIDÊNCIA PRIVADA. AÇÃO COLETIVA. NEGATIVA DE PRESTAÇÃO JURISDICIONAL. NÃO OCORRÊNCIA. SINDICATO. LEGITIMIDADE ATIVA.**
>
> 1. Não há falar em negativa de prestação jurisdicional se o tribunal de origem motiva adequadamente sua decisão, ainda que de forma sucinta, solucionando a controvérsia com a aplicação do

direito que entende cabível à hipótese, apenas não no sentido pretendido pela parte.

2. É possível a atuação judicial dos sindicatos na área de Previdência Complementar em busca da defesa de direitos individuais homogêneos de seus filiados, tendo em vista a legitimação oriunda da substituição processual. Precedentes.

3. Agravo interno não provido.

Caso haja rompimento da relação contratual entre a empresa patrocinadora e a entidade de previdência privada patrocinada, não haverá rescisão do contrato entre o participante/assistido e a entidade previdenciária, pois se cuida de outra relação jurídica, muito embora esta relação possa ser afetada e precise ser reajustada em razão da cessação das contribuições do patrocinador.

Nesse sentido, veja-se didática passagem do Informativo 510 do STJ:

"DIREITO CIVIL. COMPLEMENTAÇÃO DE APOSENTADORIA POR ENTIDADE FECHADA DE PREVIDÊNCIA PRIVADA. INADIMPLÊNCIA DA PATROCINADORA. IMPOSSIBILIDADE DE SUPRESSÃO DO PAGAMENTO DO BENEFÍCIO AO ASSISTIDO.

Não é possível a supressão do pagamento de complementação de aposentadoria de empregado já aposentado, que cumpriu devidamente as condições pactuadas com a entidade fechada de previdência privada para a obtenção do benefício, quando o motivo ensejador do corte é a denúncia do convênio firmado entre a referida entidade e a patrocinadora, em face do inadimplemento desta. O empregado, ao aderir ao plano de benefícios oferecido pela entidade de previdência complementar patrocinada por seu empregador, passa a contribuir para ter direito ao recebimento dos benefícios quando do preenchimento das condições previstas no regulamento do respectivo plano. Nesse contexto, pode-se reconhecer a existência de duas relações jurídicas distintas firmadas pela entidade de previdência complementar: uma com a instituição patrocinadora do fundo, outra com o empregado. Assim, não pode este, já na condição de assistido, assumir o ônus de não mais receber os benefícios de complementação de aposentadoria a que tem direito na relação jurídica estabelecida com a entidade previdenciária, quando o inadimplemento ocorreu por parte da ex-empregadora e patrocinadora, que não repassou à referida entidade as contribuições devidamente pagas pelo empregado e, dessa forma, descumpriu o acordo firmado no convênio de adesão.

Ademais, a entidade de previdência privada deve constituir reservas para garantir o adimplemento dos benefícios contratados, conforme dispõe o art. 202, caput, da CF e a LC n. 109/2001. Há, inclusive, previsão neste diploma legal de, em caso de insuficiência de recursos para pagamento dos benefícios, ser autorizada a intervenção ou liquidação extrajudicial da entidade previdenciária com a finalidade de se resguardar os direitos dos participantes e assistidos. **REsp 1.242.267-ES**, Rel. Min. Raul Araújo, julgado em 4/12/2012".

De acordo com os planos oferecidos, as entidades fechadas poderão ser qualificadas em:

a) **De plano comum**, quando administram planos ou conjunto de planos acessíveis ao universo de participantes;

b) **Com multiplano**, quando administram planos ou conjunto de planos de benefícios para diversos grupos de participantes, com independência patrimonial.

Conforme os patrocinadores ou instituidores, os entes fechados ainda poderão ser qualificados:

a) **Singulares**, quando estiverem vinculados a apenas um patrocinador ou instituidor;

b) **Multipatrocinados**, quando congregarem mais de um patrocinador ou instituidor.

Compete à **PREVIC – Superintendência Nacional de Previdência Complementar** a fiscalização e supervisão das atividades das entidades fechadas de previdência complementar e execução das políticas para o regime de previdência complementar operado pelas entidades fechadas de previdência complementar, sendo uma autarquia federal vinculada ao extinto Ministério da Previdência Social, criada pela Lei 12.154/2009[16].

Com o advento da Lei 13.341/2016, a pasta previdenciária restou transferida para o Ministério da Fazenda, sendo a PREVIC vinculada a este órgão, tendo sido o Ministério do Trabalho e Previdência Social transformado em Ministério do Trabalho. Em 2019, a supervisão ministerial da PREVIC passou para o Ministério da Economia (Decreto

16. A PREVIC chegou a ser criada pela MP 233/2004, que caducou no Congresso Nacional.

federal 9.660/2019, que regulamentou a reforma ministerial). **Em 2023 voltou para o Ministério da Previdência Social.**

Anteriormente, essa função era atribuída à Secretaria de Previdência Complementar (fiscalização) e ao Conselho de Gestão da Previdência Complementar (regulamentação), observada a regra de transição do artigo 58 da Lei 12.154/2009[17].

Com o advento da Lei 12.154/09, o Conselho de Gestão da Previdência Complementar passou a se chamar Conselho Nacional de Previdência Complementar.

Como bem sintetizado em publicação do Ministério da Previdência Social[18], com o novo regramento, a regulamentação dos entes fechados de previdência pode ser sintetizada da seguinte maneira:

- **Conselho Nacional de Previdência Complementar - CNPC**: órgão responsável pela regulação das atividades de previdência complementar;
- **Superintendência Nacional de Previdência Complementar - PREVIC**: autarquia responsável pelas: fiscalização; autorização para constituição e funcionamento de planos de benefícios e de entidades fechadas de previdência; apuração e julgamento das infrações, bem como aplicação das penalidades; promoção da mediação e conciliação dos interesses dos fundos de pensão, dos patrocinadores e dos participantes e assistidos;
- **Câmara de Recursos da Previdência Complementar - CRPC**: funcionará como instância recursal e de julgamento das decisões relativas às penalidades aplicadas pela PREVIC;
- **Secretaria de Política de Previdência Complementar - SPPC/MPS**: o órgão responsável pela formulação da política de previdência complementar, vinculada atualmente ao Ministério da Fazenda.

17. Art. 58. Até que sejam publicados os regulamentos referentes à entidade e aos órgãos colegiados de que tratam os arts. 1º, 14 e 15, a Secretaria de Previdência Complementar e o Conselho de Gestão da Previdência Complementar continuarão desempenhando suas atribuições em conformidade com a legislação vigente na data anterior à da publicação desta Lei.

18. Reflexões e desafios. Brasília: MPS, 2009, p. 182/183.

Atualmente, após a reforma ministerial de 2023, o Instituto Nacional do Seguro Social – INSS e a PREVIC voltaram a ser vinculados ao Ministério da Previdência Social, assim como os seguintes órgãos previdenciários:

- o Conselho Nacional de Previdência Complementar;
- a Câmara de Recursos da Previdência Complementar;
- o Conselho Nacional de Previdência;
- o Conselho de Recursos da Previdência Social.

Nos termos do Decreto 7.123/2010, ao **CNPC**, colegiado integrante da estrutura básica do Ministério da Previdência Social, **cabe exercer a função de órgão regulador do regime de previdência complementar operado pelas entidades fechadas de previdência complementar.**

As deliberações do CNPC serão consubstanciadas em resoluções ou recomendações e as da CRPC em decisões.

Já à **CRPC, compete apreciar e julgar, encerrando a instância administrativa, os recursos interpostos contra decisão da Diretoria Colegiada da Superintendência Nacional de Previdência Complementar - Previc:**

I – sobre a conclusão dos relatórios finais dos processos administrativos iniciados por lavratura de auto de infração ou instauração de inquérito, com a finalidade de apurar responsabilidade de pessoa física ou jurídica, e sobre a aplicação das penalidades cabíveis; e

II – sobre as impugnações referentes aos lançamentos tributários da Taxa de Fiscalização e Controle da Previdência Complementar – Tafic.

No âmbito da PREVIC, nos termos da Instrução 10/2014, restou instalada a **Comissão de Mediação, Conciliação e Arbitragem – CMCA**, que funciona de acordo com as regras estabelecidas no Regulamento de Mediação, Conciliação e Arbitragem, considerando que a autarquia possui competência legal para funcionar como instituição arbitral, ao lado dos árbitros e instituições arbitrais já existentes ou que venham a ser constituídas, sendo a autarquia, nesta matéria, mais uma opção à disposição do sistema de previdência complementar fechada.

Com propriedade, os planos de benefícios das entidades fechadas poderão ser instituídos por patrocinadores e instituidores, sendo **obrigatório o regime financeiro de capitalização para os benefícios de pagamento em prestações que sejam programadas e continuadas**.

Vale ressaltar que os **planos de benefícios devem ser, obrigatoriamente, oferecidos a *todos* os empregados dos patrocinadores ou associados dos instituidores**.

De acordo com o STJ, o benefício de previdência privada **fechada** é excluído da partilha em dissolução de união estável regida pela comunhão parcial de bens (Informativo 606):

> "Cinge-se a controvérsia a identificar se o benefício de previdência privada fechada inclui-se dentro do rol das exceções do art. 1.659, VII, do CC/2002 e, portanto, é verba excluída da partilha em virtude da dissolução de união estável, que observa, em regra, o regime da comunhão parcial dos bens. Inicialmente, cumpre observar que a previdência complementar fechada possui natureza análoga aos institutos das pensões, meios-soldos, montepios, incluindo-se, por isso, nos termos "outras rendas" do art. 1.659, VII, do CC/2002. Ademais, observa-se que as entidades fechadas de previdência complementar, diferentemente das abertas, disponibilizam os planos de benefícios de natureza previdenciária apenas aos empregados atrelados a uma empresa ou grupo de empresas, sem se confundir, contudo, com relação laboral. Além disso, não faria sentido possibilitar a partilha do benefício, visto que o princípio nuclear da previdência complementar fechada é justamente o equilíbrio financeiro e atuarial. Não se pode negar que esse equilíbrio, preceito elementar e inerente ao sistema previdenciário, é permeado de cálculos extremamente complexos, que consideram para a saúde financeira da entidade, inúmeras variáveis, tais como a expectativa de vida, o número de participantes, o nível de remuneração atual e o percentual de substituição do benefício complementar. Acrescer o regime de casamento ao cálculo desequilibraria o sistema como um todo, criando a exigência de que os regulamentos e estatutos das entidades previdenciárias passassem a considerar o regime de bens de união estável ou casamento dos participantes no cálculo atuarial, o que não faz o menor sentido por não se estar tratando de uma verba tipicamente trabalhista, mas, sim, de pensão, cuja natureza é distinta. Aliás, destaca-se que tal verba não pode sequer ser levantada ou resgatada ao bel prazer do participante, que deve perder o vínculo empregatício com a patrocinadora ou completar os requisitos para tanto, sob

pena de violação de normas previdenciárias e estatutárias. Por fim, ressalta-se que a alegada obrigação de partilha não encontra correspondente na aposentadoria pública, benefício pago pelo INSS, que não é incluído, em regra, na meação como "bem", em razão da incomunicabilidade da verba". **REsp 1.477.937-MG, Rel. Min. Ricardo Villas Bôas Cueva, por unanimidade, julgado em 27/4/2017, DJe 20/6/2017.**

Por outro lado, "o valor existente em plano de previdência complementar privada **aberta** na modalidade PGBL, antes de sua conversão em renda e pensionamento ao titular, possui natureza de aplicação e investimento, devendo ser objeto de partilha por ocasião da dissolução do vínculo conjugal ou da sucessão por não estar abrangido pela regra do art. 1.659, VII, do CC/2002" **(REsp 1.726.577-SP, Rel. Min. Nancy Andrighi, Terceira Turma, por maioria, julgado em 14/09/2021).**

Diante da autonomia e no lastro de constituição de reservas, admite-se validamente que o plano de plano complementar preveja o pagamento de joia como pressuposto para deferimento de pensão por morte, nos termos de entendimento validado pelo STJ:

PROCESSO	REsp 1.605.346-BA, Rel. Min. Luis Felipe Salomão, por unanimidade, julgado em 12/02/2019, DJe 28/03/2019
RAMO DO DIREITO	DIREITO CIVIL, DIREITO PREVIDENCIÁRIO
TEMA	Previdência privada. Inscrição de beneficiário. Pagamento de joia. Previsão no regulamento do plano de benefícios. Possibilidade.

DESTAQUE
É válida a exigência de pagamento de joia para inscrição de beneficiário no plano de previdência complementar para fazer jus à pensão por morte.
INFORMAÇÕES DO INTEIRO TEOR
Inicialmente cumpre salientar que o art. 202 da Constituição Federal consagra o regime de financiamento por capitalização ao estabelecer que a previdência privada tem caráter complementar (*rectius*, suplementar) – baseado na prévia constituição de reservas que garantam o benefício contratado –, adesão facultativa e organização autônoma em relação ao regime geral de previdência social. O art. 40 da Lei n. 6.435/1977 estabelecia que, "para garantia de todas as suas obrigações, as entidades fechadas constituirão reservas técnicas, fundos especiais e provisões em conformidade com os critérios fixados pelo órgão normativo do Ministério da Previdência e Assistência Social, além das reservas e

fundos determinados em leis especiais". Já o artigo 1º da Lei Complementar n. 109/2001 estabelece que o regime de previdência privada é baseado na prévia constituição de reservas que garantam o benefício. A constituição de reservas no regime de previdência privada complementar deve ser feita por meio de cálculos embasados em estudos de natureza atuarial que prevejam as despesas e garantam, em longo prazo, o respectivo custeio. Nesse diapasão, a previsão de pagamento de joia para inscrição de beneficiário é coerente com o regime financeiro de capitalização, por implicar elevação de projeção de despesas, sem que tenham sido previamente custeadas, mediante a formação da reserva matemática necessária para o pagamento do novo benefício.

Em razão do Princípio Constitucional do Contraditório e da Ampla Defesa, com acerto, fixou o E. STJ que na ação em que se requer a concessão do benefício de pensão por morte, há litisconsórcio passivo necessário e unitário entre o administrador do plano de previdência complementar e os demais beneficiários do falecido participante (REsp 1.993.030-SP, Rel. Min. Nancy Andrighi, Terceira Turma, por unanimidade, julgado em 27/09/2022, DJe 30/09/2022).

É importante destacar que a Lei Complementar 109/2001 apenas contempla regras gerais sobre os planos de benefícios a serem ofertados, cabendo a cada plano especificar os benefícios a serem pagos, assim como os beneficiários (dependentes) dos participantes (segurados).

Como exemplo, o atual plano de benefícios da PREVI – Caixa de Previdência dos Funcionários do Banco do Brasil arrola os seguintes beneficiários:

> "I – a esposa ou o marido;
>
> II – a companheira ou o companheiro;
>
> III – os filhos, de qualquer condição, menores de 24 (vinte e quatro) anos;
>
> IV – o cônjuge separado judicialmente, o ex-cônjuge divorciado e a ex-companheira ou o ex-companheiro, todos desde que percebendo pensão alimentícia;
>
> V – os enteados menores de 24 (vinte e quatro) anos;
>
> VI – os menores que, por determinação judicial, se achem sob sua guarda e os tutelados que não possuam bens suficientes para o próprio sustento e educação, podendo ser mantida a inscrição, ainda que vencido o limite legal da guarda ou da tutela, desde que

menores de 24 (vinte e quatro) anos e que persistam as condições de dependência, ou se inválidos;

VII – o pai e a mãe;

VIII – os irmãos, de qualquer condição, menores de 24 (vinte e quatro) anos;

IX – os filhos, os enteados e os irmãos, maiores de 24 (vinte e quatro) anos, se inválidos.

§1° – Para efeito de concessão de benefícios previstos neste Regulamento, a habilitação das pessoas físicas inscritas na forma dos incisos I a III é presumida, enquanto que a daquelas inscritas na forma dos incisos IV a IX ficará subordinada à comprovação de sua condição de dependente econômico na data de falecimento do participante.

§2° – Considera-se companheira ou companheiro a pessoa que mantém união estável com o participante, assim reconhecida pela Previdência Oficial Básica".

A PREVI ainda oferece os seguintes benefícios:

"I – Parte Geral

Aos participantes:

- Complemento de Aposentadoria por Invalidez;
- Complemento de Aposentadoria por Tempo de Contribuição;
- Complemento de Aposentadoria por Idade;
- Complemento Antecipado de Aposentadoria;
- Renda Mensal Vitalícia.
- Renda Mensal Temporária por Desligamento do Plano

Aos Beneficiários:

- Complemento de Pensão por Morte;
- Renda Mensal de Pensão por Morte.

II – Parte Opcional

Aos Participantes:

- Renda Mensal de Aposentadoria.

Aos Beneficiários:

- Renda Mensal de Pensão por Morte".

A 2ª Seção do STJ definiu que **deve ser admitida a inclusão posterior do dependente direto como beneficiário do ex-participante, desde que isso não acarrete prejuízo ao fundo de pensão:**

> **PROCESSO**
>
> EAREsp 925908/SE
>
> EMBARGOS DE DIVERGÊNCIA EM AGRAVO EM RECURSO ESPECIAL
>
> 2016/0124063-5
>
> **RELATORA**
>
> Ministra NANCY ANDRIGHI (1118)
>
> **ÓRGÃO JULGADOR**
>
> S2 - SEGUNDA SEÇÃO
>
> **DATA DO JULGAMENTO**
>
> 22/05/2024
>
> **DATA DA PUBLICAÇÃO/FONTE**
>
> DJe 07/06/2024
>
> **EMENTA**
>
> EMBARGOS DE DIVERGÊNCIA NO AGRAVO EM RECURSO ESPECIAL. AÇÃO DE CONCESSÃO DE SUPLEMENTAÇÃO DE PENSÃO POR MORTE. ESPOSA NÃO INDICADA COMO BENEFICIÁRIA PELO EX-PARTICIPANTE. DEPENDÊNCIA ECONÔMICA PRESUMIDA.
>
> 1. Ação de concessão de suplementação de pensão por morte.
>
> 2. O propósito recursal é dirimir divergência jurisprudencial acerca do direito à suplementação de pensão por morte da esposa não inscrita como beneficiária pelo ex-participante.
>
> 3. A previdência privada, qualificada pela doutrina como um braço da seguridade social e negócio jurídico privado concretizador dos ideais constitucionais de solidariedade e justiça social, tem como finalidade suprir a necessidade de renda adicional do participante, por ocasião de sua aposentadoria ou superveniente incapacidade, bem como dos seus beneficiários, por ocasião de sua morte.
>
> **4. No que tange aos beneficiários, a função social do contrato previdenciário se cumpre a partir da concessão de**

benefício a quem o legislador presume depender economicamente do participante falecido, como, aliás, estabelece o art. 16, I e § 4º, da Lei 8.213/1991.

5. Em atenção à função social do contrato previdenciário, mas sem descurar da necessidade de manutenção do equilíbrio do plano de custeio, deve ser admitida a inclusão posterior do dependente direto como beneficiário do ex-participante, desde que isso não acarrete prejuízo ao fundo de pensão.

6. Hipótese em que o contexto delineado pelas instâncias de origem, que registra a ausência de prejuízo ao fundo de pensão, aliado ao fato de que não há sequer menção à juntada nos autos de cálculos atuariais que, eventualmente, comprovem o contrário, revelam ser indevida a recusa da PETROS de inclusão da esposa no rol de beneficiários, considerando a sua presumida dependência econômica do participante falecido.

7. Embargos de divergência conhecidos e providos.

De acordo com o STJ, no julgamento do REsp 1.207.071/RJ, DJe de 8/8/2012, de que foi relatora a il. Ministra Maria Isabel Gallotti, consolidou-se o entendimento de que "o **auxílio cesta-alimentação estabelecido em acordo ou convenção coletiva de trabalho**, com amparo na Lei 6.321/76 (Programa de Alimentação do Trabalhador), apenas para os empregados em atividade, não tem natureza salarial, tendo sido concebido com o escopo de ressarcir o empregado das despesas com a alimentação destinada a suprir as necessidades nutricionais da jornada de trabalho. Sua natureza não se altera, mesmo na hipótese de ser fornecido mediante tíquetes, cartões eletrônicos ou similares, **não se incorporando, pois, aos proventos de complementação de aposentadoria pagos por entidade de previdência privada** (Lei 7.418/85, Decreto 5/91 e Portaria 3/2002)".

Logo, a Corte Superior considera o auxílio cesta-alimentação como uma parcela indenizatória, e não remuneratória, razão pela qual não é extensível aos aposentados pelo regime de previdência privada fechado.

2.4.2. Direito adquirido

As alterações processadas nos regulamentos dos planos aplicam-se a todos os participantes das entidades fechadas, a partir de sua aprovação pelo órgão regulador e fiscalizador, observado o direito acumulado de cada participante.

Apenas restará caracterizado o direito adquirido quando o participante tiver preenchido todos os requisitos de elegibilidade do benefício antes da alteração regulamentar. Nesse sentido, o STJ:

> **Informativo 542 - "DIREITO CIVIL E PREVIDENCIÁRIO. POSSIBILIDADE DE A REVISÃO DE PLANO DE BENEFÍCIOS DE PREVIDÊNCIA PRIVADA ATINGIR QUEM AINDA NÃO PREENCHEU TODOS OS REQUISITOS PARA APOSENTADORIA.**
>
> **A alteração regulamentar que implique a instituição do denominado "INSS Hipotético" para o cálculo de benefício pode alcançar todos os participantes do plano de previdência privada que ainda não atingiram todas as condições estabelecidas para elegibilidade previstas no regulamento, não havendo direito adquirido do beneficiário às normas do regulamento vigente na ocasião da adesão à relação contratual.** Na previdência privada, o sistema de capitalização constitui pilar de seu regime – baseado na constituição de reservas que garantam o benefício contratado –, o qual é de adesão facultativa e de organização autônoma em relação ao regime geral de previdência social. Nessa linha, os planos de benefícios de previdência complementar são previamente aprovados pelo órgão público fiscalizador, de adesão facultativa, devendo ser elaborados com base em cálculos matemáticos, embasados em estudos de natureza atuarial, e, ao final de cada exercício, devem ser reavaliados, de modo a prevenir ou mitigar prejuízos aos participantes e beneficiários do plano (art. 43 da ab-rogada Lei 6.435/1977 e art. 23 da LC 109/2001). Os regulamentos dos planos de benefícios, evidentemente, podem ser revistos em caso de apuração de déficit ou superávit decorrentes de projeção atuarial que, no decorrer da relação contratual, não se confirme, pois no regime fechado de previdência privada há um mutualismo, com explícita submissão ao regime de capitalização. Os desequilíbrios verificados, isto é, a não confirmação de premissa atuarial decorrente de fatores diversos – até mesmo exógenos, como por exemplo a variação da taxa de juros que remunera os investimentos –, resultando em eventuais superávits ou déficits verificados no transcurso da relação contratual, repercutem para o conjunto de participantes e beneficiários. **Dessa forma, os vigentes arts. 17, parágrafo único, e 68, § 1º, da LC 109/2001 dispõem que as alterações processadas nos regulamentos dos planos aplicam-se a todos os participantes das entidades fechadas, a partir de sua aprovação pelo órgão público**

fiscalizador, só sendo os benefícios considerados direito adquirido do participante a partir da implementação de todas as condições estabelecidas para elegibilidade consignadas no regulamento vigente do respectivo plano de previdência privada complementar. REsp 1.184.621-MS, Rel. Min. Luis Felipe Salomão, julgado em 24/4/2014".

Informativo 544 – "DIREITO CIVIL E PREVIDENCIÁRIO. REVISÃO DE BENEFÍCIO APÓS A MIGRAÇÃO ENTRE PLANOS DE PREVIDÊNCIA PRIVADA.

Havendo transação prevendo a migração de participante ou assistido para outro plano de benefícios de previdência privada, em termos previamente aprovados pelo órgão público fiscalizador, não há direito adquirido consistente na invocação do regulamento do plano primitivo para revisão do benefício complementar, sobretudo se, ao tempo da transação, ainda não forem preenchidas todas as condições para a implementação do benefício previsto no regulamento primitivo. Incialmente, a doutrina esclarece que, com a homologação da transação, há "destruição de toda a relação jurídica", por isso o "que persiste – no terreno do direito material – é a transação, negócio jurídico". Ademais, a teor do art. 1.026 do CC/1916 (correspondente ao art. 848 do CC/2002), sendo nula qualquer das cláusulas da transação, nula será esta. Com efeito, apenas mediante o ajuizamento de ação anulatória prevista no art. 486 do CPC, voltada à desconstituição de atos processuais inquinados de qualquer das nulidades estabelecidas nos arts. 145 e 147 do CC/1916 (similares aos arts. 166 e 171 do CC/2002), poderá o interessado obter a revogação de quaisquer atos praticados no desenrolar de procedimento judicial, bem como da sentença homologatória da transação. Uma vez acolhido o pedido anulatório, produzir-se-á o exclusivo e específico efeito de desfazer esse ato, a que corresponde a restituição do interessado ao statu quo ante, ou seja, à situação anterior à sua realização. Ademais, o STJ entende que a transação, com observância das exigências legais, sem demonstração de qualquer vício, é ato jurídico perfeito e acabado, não podendo o simples arrependimento unilateral de uma das partes dar ensejo à anulação do acordo (REsp 617.285-SC, Quarta Turma, DJ 5/12/2005). Além do mais, quanto à possível invocação do diploma consumerista, é de observar que "o ponto de partida do CDC é a afirmação do Princípio da Vulnerabilidade do Consumidor, mecanismo que visa a garantir igualdade formal-material aos sujeitos da relação jurídica de consumo, o que não quer dizer compactuar com exageros" (REsp 586.316-MG, Segunda Turma, DJe 19/3/2009). Com efeito, ainda que perfilhado o entendimento acerca da incidência do CDC, é bem de ver que suas regras, valores e princípios são voltados a conferir equilíbrio às relações contratuais, de modo que, ainda que fosse constatada alguma nulidade da transação, evidentemente implicaria o retorno ao statu quo ante, não podendo, em hipótese alguma, resultar em enriquecimento a qualquer das partes. Noutro giro, a doutrina preceitua que a migração de planos de benefícios geridos pela mesma entidade fechada de previdência privada ocorre num contexto de amplo redesenho da relação contratual previdenciária, com o concurso de vontades do patrocinador, da entidade fechada de previdência complementar, por meio de seu conselho deliberativo, e autorização prévia da Previc (que sucedeu a Secretaria de Previdência Complementar, no tocante à atribuição legal de fiscalização e supervisão das entidades de previdência privada fechada). De mais a mais, havendo a migração de plano de benefícios de previdência privada, não há falar em invocação do regulamento do plano de benefícios primitivo, vigente por ocasião da adesão do participante à relação contratual. Na hipótese em foco, à luz da ab-rogada Lei 6.435/1977 e da LC 109/2001, verifica-se que a legislação de regência, visando ao resguardado do equilíbrio financeiro e atuarial do plano de custeio, sempre previu a possibilidade de alteração do regulamento do plano de benefícios, inclusive dos valores das contribuições e benefícios. **Por isso, a teor do parágrafo único do art. 17 e do § 1º do art. 68, ambos da LC 109/2001, só há falar em direito adquirido na ocasião em que o participante preenche todas as condições para o recebimento do benefício, tornando-se elegível ao benefício**. Além disso, esses mesmos artigos dispõem expressamente que as alterações processadas nos regulamentos dos planos de benefícios aplicam-se a todos os participantes das entidades fechadas, a partir de sua aprovação pelo órgão regulador e fiscalizador, só sendo considerado direito adquirido do participante os benefícios, a partir da implementação de todas as condições estabelecidas para elegibilidade consignadas no regulamento do respectivo plano. **REsp 1.172.929-RS**, Rel. Min. Luis Felipe Salomão, julgado em 10/6/2014".

PROCESSO	REsp 1.435.837-RS, Rel. Min. Paulo de Tarso Sanseverino, Rel. Acd. Min. Ricardo Villas Bôas Cueva, Segunda Seção, por maioria, julgado em 27/02/2019, DJe 07/05/2019 (Tema 907)
RAMO DO DIREITO	DIREITO PREVIDENCIÁRIO
TEMA	Previdência privada. Aposentadoria complementar. Concessão. Cálculo da renda mensal inicial. Regulamento da época do preenchimento dos requisitos do benefício. Tema 907.

DESTAQUE

O **regulamento aplicável** ao participante de plano fechado de previdência privada para fins de cálculo da renda mensal inicial do benefício complementar é aquele **vigente no momento da implementação das condições de elegibilidade**, haja vista a natureza civil e estatutária, e não o da data da adesão, assegurado o direito acumulado. Esse entendimento se aplica a quaisquer das modalidades de planos de benefícios, como os Planos de Benefício Definido (BD), os Planos de Contribuição Definida (CD) e os Planos de Contribuição Variável (CV).

INFORMAÇÕES DO INTEIRO TEOR

Sob a égide da Lei n. 6.435/1977 (arts. 34, § 1º, e 42, IV) ou da Lei Complementar n. 108/2001 (arts. 4º e 6º) e da Lei Complementar n. 109/2001 (arts. 17 a 22), sempre foi permitida à entidade fechada de previdência privada alterar os regulamentos dos planos de custeio e de benefícios como forma de manter o equilíbrio atuarial das reservas e cumprir os compromissos assumidos diante das novas realidades econômicas e de mercado que vão surgindo ao longo do tempo. É por isso que periodicamente há adaptações e revisões dos planos de benefícios a conceder, incidindo as modificações a todos os participantes do fundo de pensão após a devida aprovação pelos órgãos competentes (regulador e fiscalizador), observado, em qualquer caso, o direito acumulado de cada aderente, que na previsão do art. 15, parágrafo único, da Lei Complementar n. 109/2001 "corresponde às reservas constituídas pelo participante ou à reserva matemática, o que lhe for mais favorável". Assim, não há falar em direito adquirido, mas em mera expectativa de direito do participante, à aplicação das regras de concessão da aposentadoria suplementar quando de sua admissão ao plano, sendo apenas assegurada a incidência das disposições regulamentares vigentes na data em que cumprir todos os requisitos exigidos para obtenção do benefício, tornando-o elegível. Esse entendimento está positivado nos arts. 17, parágrafo único, e 68, § 1º, da Lei Complementar n. 109/2001. Tendo em vista a natureza *sui generis* do contrato de previdência privada (quer civil e estatutária, quer contrato de conteúdo dinâmico com aquisição sucessiva de direitos), conclui-se que, para fins de cálculo da renda mensal inicial da suplementação de aposentadoria, devem ser aplicadas as normas do regulamento em vigor na ocasião em que o participante implementou todas as condições de elegibilidade do benefício, ou seja, em que adquiriu o direito, sendo descabida a pretensão revisional para fazer incidir fórmula não mais vigente, prevista em regulamento da época da adesão ao plano, quando o que reinava era apenas a mera expectativa de direito. Ademais, tal entendimento se aplica a quaisquer das modalidades de planos de benefícios, como os Planos de Benefício Definido (BD), os Planos de Contribuição Definida (CD) e os Planos de Contribuição Variável (CV). Efetivamente, apesar de nos planos BD haver a predeterminação do valor dos benefícios, sendo variáveis as contribuições, isso não significa que o fator fixo estabelecido de antemão não possa ser alterado para outro patamar, assegurado o direito acumulado de cada participante, já que, no regime fechado de previdência privada, o direito adquirido somente se aperfeiçoa no momento em que o participante cumprir os requisitos para a fruição do benefício previdenciário. E tal compreensão não modifica a natureza da obrigação, que continua a ser de garantia (de pagamento do benefício de prestação programada e continuada). É que o núcleo de intangibilidade contratual se iguala, na Previdência Complementar Fechada, ao próprio direito acumulado do participante. É por isso que o resultado deficitário nos planos ou nas entidades fechadas poderá ser equacionado, "dentre outras formas, por meio do aumento do valor das contribuições, instituição de contribuição adicional ou redução do valor dos benefícios a conceder, observadas as normas estabelecidas pelo órgão regulador e fiscalizador" (art. 21, § 1º, da Lei Complementar n. 109/2001).

2.4.3. Isonomia entre homens e mulheres

Conforme julgado pelo STF no Tema 452 em sede de repercussão geral, se revela ***"inconstitucional, por violação ao princípio da isonomia (art. 5º, I, da Constituição da República), cláusula de contrato de previdência complementar que, ao prever regras distintas entre homens e mulheres para cálculo e concessão de complementação de aposentadoria, estabelece valor inferior do benefício para as mulheres, tendo em conta o seu menor tempo de contribuição":***

RE 639138/RS - RIO GRANDE DO SUL

RECURSO EXTRAORDINÁRIO

Relator(a): Min. GILMAR MENDES

Redator(a) do acórdão: Min. EDSON FACHIN

Julgamento: 18/08/2020

Publicação: 16/10/2020

Órgão julgador: Tribunal Pleno

Repercussão Geral – Mérito (Tema 452)

Publicação

PROCESSO ELETRÔNICO REPERCUSSÃO GERAL - MÉRITO DJe-250 DIVULG 15-10-2020 PUBLIC 16-10-2020

Partes

RECTE.(S): FUNDACAO DOS ECONOMIARIOS FEDERAIS FUNCEF ADV.(A/S): ESTEFÂNIA VIVEIROS RECDO.(A/S): INES CAUMO GUERRA ADV.(A/S): RUBESVAL FELIX TREVISAN E OUTRO(A/S) AM. CURIAE.: SUPERINTENDÊNCIA NACIONAL DE PREVIDÊNCIA COMPLEMENTAR - PREVIC PROC.(A/S)(ES): PROCURADOR-GERAL FEDERAL AM. CURIAE.: FEDERAÇÃO NACIONAL DAS ASSOCIAÇÕES DE APOSENTADOS E PENSIONISTAS DA CAIXA ECONÔMICA FEDERAL - FENACEF ADV.(A/S): JOSE EYMARD LOGUERCIO ADV.(A/S): MAURO DE AZEVEDO MENEZES AM. CURIAE.: ASSOCIAÇÃO DOS ECONOMIÁRIOS APOSENTADOS DO DISTRITO FEDERAL ADV.(A/S): THAIS MARIA SILVA RIEDEL DE RESENDE AM. CURIAE.: ASSOCIAÇÃO DO PESSOAL DA CAIXA ECONÔMICA FEDERAL DO RIO GRANDE DO SUL-APCEF/RS ADV.(A/S): MARTHIUS SAVIO CAVALCANTE LOBATO

Ementa

DIREITO CONSTITUCIONAL E PREVIDENCIÁRIO. PREVIDÊNCIA COMPLEMENTAR. CÁLCULO DO VALOR DO BENEFÍCIO DE COMPLEMENTAÇÃO DE APOSENTADORIA DEVIDA POR ENTIDADE DE PREVIDÊNCIA FECHADA. CONTRATO QUE PREVÊ A APLICAÇÃO DE PERCENTUAIS DISTINTOS PARA HOMENS E MULHERES. QUEBRA DO PRINCÍPIO DA ISONOMIA. 1. A isonomia formal, assegurada pelo art. 5º, I, CRFB, exige tratamento equitativo entre homens e mulheres. Não impede, todavia, que sejam enunciados requisitos de idade e tempo de contribuição mais benéficos às mulheres, diante da necessidade de medidas de incentivo e de compensação não aplicáveis aos homens. 2. Incidência da eficácia horizontal dos direitos fundamentais, com prevalência das regras de igualdade material aos contratos de previdência complementar travados com entidade fechada. 3. Revela-se inconstitucional, por violação ao princípio da isonomia (art. 5º, I, da Constituição da República), cláusula de contrato de previdência complementar que, ao prever regras distintas entre homens e mulheres para cálculo e concessão de complementação de aposentadoria, estabelece valor inferior do benefício para as mulheres, tendo em conta o seu menor tempo de contribuição. 5. Recurso extraordinário conhecido e desprovido.

2.4.4. Plano de benefícios

Considera-se ***revisão do plano de benefícios*** a readequação visando restabelecer o equilíbrio econômico-financeiro e atuarial do plano, nos termos da Resolução CNPC 30/2018.

De efeito, a apuração do resultado do plano de benefícios de caráter previdenciário dar-se-á mediante o levantamento de suas demonstrações contábeis e de sua avaliação atuarial, ao final de cada exercício, coincidente com o ano civil.

A **Resolução CNPC 30/2018** dispõe sobre as condições e os procedimentos a serem observados pelas entidades fechadas de previdência complementar na apuração do resultado, na destinação e utilização de superávit e no equacionamento de déficit dos planos de benefícios de caráter previdenciário que administram, bem como estabelece parâmetros técnico-atuariais para estruturação de plano de benefícios.

Avaliação atuarial é o estudo técnico desenvolvido por atuário, que deverá ter registro junto ao Instituto Brasileiro de Atuária, que terá por base a massa de participantes, de assistidos e de beneficiários do plano de benefícios de caráter previdenciário, admitidas hipóteses biométricas, demográficas, econômicas e financeiras, e será realizado com o objetivo principal de dimensionar os compromissos do plano de benefícios e estabelecer o plano de custeio de forma a manter o equilíbrio e a solvência atuarial, bem como o montante das reservas matemáticas e fundos previdenciais.

As hipóteses biométricas, demográficas, econômicas e financeiras devem estar adequadas às características da massa de participantes e assistidos, patrocinadores e instituidores, bem como do plano de benefícios de caráter previdenciário.

As tábuas biométricas utilizadas nas avaliações atuariais dos planos de benefícios serão sempre aquelas adequadas à respectiva massa.

A taxa de juros real anual a ser utilizada como taxa de desconto para apuração do valor presente dos fluxos de benefícios e contribuições de um plano de benefícios corresponderá ao valor esperado da rentabilidade futura de seus investimentos.

A EFPC poderá adotar taxa de juros real anual limitada ao intervalo compreendido entre 70% (setenta por cento) da taxa de juros parâmetro e 0,4% (quatro décimos por cento) ao ano - a.a. acima da taxa de juros parâmetro. Caso a taxa de juros real correspondente ao ponto de dez anos da Estrutura a Termo de Taxa de Juros Média, seja inferior a 4% (quatro por cento) a.a., o limite superior do intervalo definido no parágrafo anterior, será ampliado em 0,03% (três centésimos por cento) a.a. a cada decréscimo de 0,1% (um décimo por cento) a.a. naquela taxa.

Serão admitidos os seguintes regimes financeiros:

> I - **capitalização**: nos seus diversos métodos, sendo obrigatório para o financiamento dos benefícios que sejam programados e continuados, e facultativo para os demais, na forma de renda ou pagamento único;
>
> II - **repartição de capitais de cobertura**: para benefícios pagáveis por invalidez, por morte, por doença ou reclusão, cuja concessão seja estruturada na forma de renda; e
>
> III - **repartição simples**: para benefícios pagáveis por invalidez, por morte, por doença ou por reclusão, todos na forma de pagamento único.

No plano de benefícios oferecido por patrocinador, o critério de custeio poderá prever a separação dos encargos correspondentes ao período anterior à implantação do plano, denominado serviço passado, e ao período posterior à implantação do plano, denominado serviço futuro.

A alteração do método de financiamento ou do regime financeiro dos benefícios deverá embasar-se em estudo técnico e parecer atuarial, não sendo admitida a sua ocorrência apenas com a finalidade de alterar o resultado do plano de benefícios.

Na constituição de fundos previdenciais e na manutenção dos já existentes, observada a estrutura técnica do plano de benefícios, cabe ao atuário responsável a indicação de sua fonte de custeio e de sua finalidade, que deverá guardar relação com um evento determinado ou com um risco identificado, avaliado, controlado e monitorado.

O plano de benefícios deverá prever o custeio por meio de contribuições de patrocinadores, participantes e assistidos, de forma isolada ou conjunta, segundo critérios definidos previamente no regulamento e nota técnica atuarial do plano.

Com exceção dos planos de benefícios em extinção, o método de financiamento dos benefícios estruturados na modalidade de benefício definido, em que a adoção do regime financeiro por capitalização seja obrigatória, deverá apresentar valor dos encargos atuariais não inferior ao obtido pelo método do crédito unitário.

Observadas as prescrições legais e as demais normas regulamentares, a apuração do resultado do plano de benefícios, ao final de cada exercício, coincidente com o ano civil, dar-se-á mediante o levantamento de suas demonstrações contábeis e de sua avaliação atuarial.

A EFPC deverá promover o contínuo acompanhamento do equilíbrio entre os compromissos do plano de benefícios e os respectivos recursos garantidores, estabelecendo sistemática adequada para a evolução das reservas matemáticas no período compreendido entre duas avaliações atuariais.

Preliminarmente à apuração do resultado do plano de benefícios, a EFPC deverá considerar, no mínimo:

> I - a satisfação das exigências regulamentares relativas ao custeio do plano, mediante o uso de modelos e critérios consistentes;
>
> II - os riscos que possam comprometer a realização dos objetivos do plano de benefícios, nos termos da Resolução CGPC nº 13, de 1º de outubro de 2004;
>
> III - a adequada precificação dos recursos garantidores do plano de benefícios, levando em conta o valor ajustado ao risco para cada modalidade operacional, mediante o uso de modelos e critérios consistentes;
>
> IV - os parâmetros técnico-atuariais estabelecidos nesta Resolução e outros a serem regulamentados pela Previc; e
>
> V - o correto provisionamento das contingências passivas imputáveis ao plano de benefícios, observados os princípios contábeis e as normas legais vigentes.

Para a destinação da reserva especial ou equacionamento de déficit, deverão ser identificados quais os montantes atribuíveis aos participantes e assistidos, de um lado, e ao patrocinador, de outro, observada a proporção contributiva das contribuições normais vertidas no período em que se deu a constituição da reserva especial, no caso de superávit, e as contribuições vigentes no período em que o resultado deficitário foi apurado, no caso de déficit, sem prejuízo de ação regressiva contra dirigentes ou terceiros que tenham dado causa a dano ou prejuízo ao plano do benefício administrado pela EFPC.

O resultado superavitário do plano de benefícios será destinado à constituição de reserva de contingência para garantia dos benefícios contratados, em face de eventos futuros e incertos, até o limite de 25% (vinte e cinco por cento) do valor das provisões matemáticas ou até o limite calculado pela seguinte fórmula, o que for menor: Limite da Reserva de Contingência = [10% + (1% x duração do passivo do plano)] x Provisão Matemática.

A EFPC, previamente à revisão do plano de benefícios a que se refere o art. 16, tendo como base parecer atuarial e estudo econômico-financeiro, deverá identificar, mensurar e avaliar a perenidade das causas que deram origem ao superávit. A destinação da reserva especial somente se aplica às EFPC que observarem os limites relativos à composição e diversificação dos recursos garantidores nos termos da norma do Conselho Monetário Nacional que dispõe sobre as diretrizes de aplicação dos recursos garantidores dos planos administrados pelas EFPC.

Relativamente aos planos de benefícios que estejam executando plano de enquadramento das aplicações de seus recursos garantidores, nos termos da norma do Conselho Monetário Nacional que dispõe sobre as diretrizes de aplicação dos recursos garantidores dos planos administrados pelas EFPC, a destinação da reserva especial, para fins de cálculo, somente poderá ocorrer mediante a dedução, do resultado superavitário acumulado, do montante financeiro equivalente ao desenquadramento.

Anteriormente à destinação, serão deduzidos da reserva especial, para fins de cálculo do montante a ser destinado, os valores correspondentes a contratos de confissão de dívida firmados com patrocinadores relativamente, entre outros, a contribuições em atraso, a equacionamento de déficit e a serviço passado.

A revisão do plano de benefícios poderá se dar de forma voluntária, a partir da constituição da reserva especial, e será obrigatória após o decurso de três exercícios.

Os valores atribuíveis aos participantes, assistidos e ao patrocinador, relativos à destinação da reserva especial, serão alocados em fundos previdenciais segregados, constituídos especialmente para esta finalidade.

A utilização da reserva especial será interrompida e os fundos previdenciais serão revertidos total ou parcialmente para recompor a reserva de contingência ao patamar regulamentar[19], quando for inferior ao montante apurado a título de reserva de contingência.

Admite-se a adoção sucessiva das seguintes formas para revisão do plano de benefícios:

> I - redução parcial de contribuições;
>
> II - redução integral ou suspensão da cobrança de contribuições no montante equivalente a, pelo menos, três exercícios; ou
>
> III - melhoria dos benefícios e/ou reversão de valores de forma parcelada aos participantes, aos assistidos e/ou ao patrocinador.

A destinação da reserva especial para os participantes e assistidos e para o patrocinador na forma de suspensão, redução parcial ou integral de contribuições normais está condicionada:

> I - relativamente aos participantes e assistidos, à utilização da reserva especial para quitação das contribuições extraordinárias porventura devidas; e
>
> II - relativamente ao patrocinador, à utilização da reserva especial para quitação das contribuições extraordinárias e das eventuais dívidas existentes perante o plano de benefícios.

A destinação da reserva especial por meio da reversão de valores de forma parcelada aos participantes e assistidos e ao patrocinador está condicionada à comprovação do excesso de recursos garantidores no plano de benefícios em extinção, mediante:

> I - a cobertura integral do valor presente dos benefícios do plano; e
>
> II - a realização prévia de auditoria independente.

A destinação da reserva especial deverá ser submetida à aprovação da Previc antes do início da reversão parcelada de valores.

---

19. Até o limite de 25% (vinte e cinco por cento) do valor das provisões matemáticas ou até o limite calculado pela seguinte fórmula, o que for menor: Limite da Reserva de Contingência = [10% + (1% x duração do passivo do plano)] x Provisão Matemática.

Observadas as informações constantes em estudo específico da situação econômico-financeira e atuarial acerca das causas do déficit técnico, deverá ser elaborado e aprovado o plano de equacionamento de déficit até o final do exercício subsequente, se o déficit for superior ao limite calculado pela seguinte fórmula: Limite de Déficit Técnico Acumulado = 1% x (duração do passivo - 4) x Provisão Matemática.

O valor do ajuste de precificação, caso seja positivo, será deduzido do resultado deficitário acumulado e, caso negativo, será acrescido a esse mesmo resultado para fins de equacionamento.

O plano de equacionamento deverá iniciar-se, no máximo, até o início de vigência do plano de custeio estabelecido pela avaliação atuarial de encerramento de exercício em que se deu a aprovação do referido plano de equacionamento.

Os instrumentos contratuais utilizados para amortização de insuficiências patrimoniais que cabem ao patrocinador deverão estar à disposição da Previc, juntamente com as avaliações atuariais anuais, os fluxos anuais de receitas, despesas e patrimônio de cobertura, pelo período de pagamento.

A Previc, dentro de suas competências e atribuições legais, poderá exigir a adoção de planos de equacionamento em situações que evidenciem riscos à solvência dos planos de benefícios.

Na ocorrência de insuficiência de cobertura patrimonial, não coberta pela contribuição normal, o prazo máximo para a sua amortização, quando exigida, equivalerá a uma vez e meia o prazo de duração do passivo do plano de benefícios.

O plano de equacionamento referido no art. 29 poderá contemplar, dentre outras, as seguintes formas, de maneira individual ou combinada:

> I - instituição ou aumento de contribuição extraordinária;
>
> II - redução do valor dos benefícios a conceder; ou
>
> III - outras formas estipuladas no regulamento do plano de benefícios.

Sem prejuízo da responsabilidade do patrocinador ou do instituidor, a adoção e aplicação das hipóteses biométricas, demográficas, econômicas e financeiras são de responsabilidade dos membros estatutários da EFPC, na forma de seu estatuto, a qual deverá nomear, dentre os membros de sua Diretoria Executiva, administrador responsável pelo plano de benefícios.

Os estudos técnicos destinados a demonstrar a adequação das hipóteses deverão ser:

> I - elaborados por atuário habilitado e legalmente responsável pelo plano de benefícios;
>
> II - aprovados pela Diretoria Executiva e pelo Conselho Deliberativo;
>
> III - acompanhados de parecer do Conselho Fiscal; e
>
> IV - disponibilizados, quando requisitados, aos participantes, aos assistidos, aos patrocinadores, aos instituidores e à Previc.

2.4.5. Convênio de adesão

A formalização da condição de patrocinador ou instituidor de um plano de benefício dar-se-á mediante **convênio de adesão** a ser celebrado entre o patrocinador ou instituidor e a entidade fechada, em relação a cada plano de benefícios por esta administrado e executado, mediante prévia autorização do órgão regulador e fiscalizador.

O **convênio de adesão** é o instrumento por meio do qual as partes pactuam suas obrigações e direitos para a administração e execução de plano de benefícios.

A entidade fechada de previdência complementar, quando admitida na condição de patrocinador de plano de benefício para seus empregados, deverá submeter previamente à Secretaria de Previdência Complementar termo próprio de adesão a um dos planos que administra, observado o estabelecido pelo Conselho de Gestão da Previdência Complementar.

Nos termos da Resolução CNPC 40/2021, o convênio de adesão deverá conter:

> I - qualificação das partes e seus representantes legais;
>
> II - indicação do plano de benefícios a que se refere a adesão;

III- cláusulas referentes aos direitos e às obrigações de patrocinador ou instituidor e da entidade fechada de previdência complementar;

IV - cláusula com indicação do início da vigência do convênio de adesão;

V - cláusula com indicação de que o prazo de vigência será por tempo indeterminado;

VI - condição de retirada de patrocinador ou instituidor;

VII - previsão de solidariedade ou não, entre patrocinadores ou entre instituidores, com relação aos respectivos planos;

VIII - foro para dirimir todo e qualquer questionamento oriundo do convênio de adesão.

Considera-se **rescisão do convênio** por iniciativa da entidade a extinção da relação contratual existente entre a entidade e o patrocinador ou instituidor, relativamente a determinado plano de benefícios administrado pela entidade e aos respectivos participantes e assistidos.

2.4.6. Retirada de patrocinador

É plenamente possível a **retirada do patrocinador**, nos termos da **Resolução CNPC/MPS 59/2023**. Considera-se *retirada de patrocínio* a extinção, por iniciativa do patrocinador, da relação contratual existente entre o patrocinador, a entidade e o plano de benefícios, identificado pelo seu número de inscrição no Cadastro Nacional de Plano de Benefício (CNPB) e no Cadastro Nacional da Pessoa Jurídica (CNPJ), formalizada no termo de retirada de patrocínio e autorizada pela Superintendência Nacional de Previdência Complementar, relativamente a determinado plano de benefícios administrado pela entidade e aos respectivos participantes e assistidos.

A retirada de patrocínio pode ser:

I - total: quando houver a retirada de todos os patrocinadores do plano de benefícios após a data do cálculo;

II - parcial: quando houver a previsão de permanência de pelo menos um dos patrocinadores no plano de benefícios após a data do cálculo; ou

> **III - vazia:** quando não houver no plano de benefícios participantes, assistidos e patrimônio relacionados ao patrocinador que se retira.

A entidade somente pode dar início à retirada de patrocínio quando notificada formalmente pelo patrocinador, mediante a apresentação, ao seu representante legal, de:

> I - relação de planos de benefícios objeto da operação;
>
> II - exposição técnica de motivos para a operação; e
>
> III - declaração atestando:
>
> a) o cumprimento de todos os dispositivos do regulamento do plano de benefícios em procedimento de retirada de patrocínio, do convênio de adesão e do Estatuto da entidade, vigentes na data da notificação;
>
> b) o cumprimento de todas as obrigações previdenciárias assumidas em acordos decorrentes de reestruturação societária, programas de desestatização, acordos e convenções coletivas de trabalho; e
>
> c) a inexistência de impedimentos contratuais ou legais ao exercício da retirada de patrocínio.

A entidade responsável pela administração de plano de benefícios em procedimento de retirada de patrocínio deve divulgar as informações completas referidas no caput aos participantes e assistidos vinculados ao plano, bem como aos demais patrocinadores do mesmo plano de benefícios objeto de retirada de patrocínio, observados o prazo e a forma estabelecidos pela Superintendência Nacional de Previdência Complementar.

A avaliação atuarial de retirada de patrocínio deve considerar as hipóteses atuariais e financeiras vigentes na data-base e na data do cálculo, conforme o caso. A avaliação atuarial dispensada quando as reservas matemáticas vinculadas ao patrocinador retirante forem decorrentes apenas de benefícios que tenham seus valores permanentemente ajustados ao saldo de conta individual mantido em favor do participante ou assistido.

Os valores apurados na avaliação atuarial, na data do cálculo, devem ser atualizados pelo índice de rentabilidade líquida do patrimônio do plano de benefícios, considerando a última cota disponível na data da efetiva transferência dos recursos para o plano, a ser realizada na data efetiva.

Admitir-se-á **solidariedade** entre patrocinadores ou entre instituidores, com relação aos respectivos planos, **desde que expressamente prevista no convênio de adesão**.

2.4.7. Benefício proporcional diferido

De acordo com o artigo 14 da LC 109/2001, os planos de benefícios deverão prever os seguintes institutos, observadas as normas estabelecidas pelo órgão regulador e fiscalizador:

> I - benefício proporcional diferido, em razão da cessação do vínculo empregatício com o patrocinador ou associativo com o instituidor antes da aquisição do direito ao benefício pleno, a ser concedido quando cumpridos os requisitos de elegibilidade;
>
> II - portabilidade do direito acumulado pelo participante para outro plano;
>
> III - resgate da totalidade das contribuições vertidas ao plano pelo participante, descontadas as parcelas do custeio administrativo, na forma regulamentada; e
>
> IV - faculdade de o participante manter o valor de sua contribuição e a do patrocinador, no caso de perda parcial ou total da remuneração recebida, para assegurar a percepção dos benefícios nos níveis correspondentes àquela remuneração ou em outros definidos em normas regulamentares.

Logo, os planos de benefícios deverão prever o **benefício proporcional diferido**, em razão da cessação do vínculo empregatício com o patrocinador ou associativo com o instituidor antes da aquisição do direito ao benefício pleno, a ser concedido quando cumpridos os requisitos de elegibilidade.

Outrossim, para fazer jus ao benefício proporcional diferido, será necessário cumprimento da carência de até três anos de vinculação do participante ao plano de benefícios.

Este instituto é regulado pela Resolução 06/2003 do Conselho de Gestão da Previdência Complementar, que revogou a Resolução 09/2002. Posteriormente, coube à **Resolução CNPC 50, de 16/02/2022**, regular os institutos do benefício proporcional diferido, da portabilidade, do resgate e do autopatrocínio em planos de entidades fechadas de previdência complementar.

O ***benefício proporcional diferido*** é o instituto que faculta ao participante, em razão da cessação do vínculo empregatício com o patrocinador ou associativo com o instituidor antes da aquisição do direito ao benefício pleno, optar por receber, em tempo futuro, o benefício decorrente dessa opção.

A opção do participante pelo benefício proporcional diferido não impede posterior opção pelos demais institutos, desde que obedecidas as condições previstas nessa Resolução e no regulamento do plano de benefícios.

> Art. 4º. Ao participante que não tenha preenchido os requisitos de elegibilidade ao benefício pleno é facultada a opção pelo benefício proporcional diferido na ocorrência **simultânea** das seguintes situações:
>
> I - cessação do vínculo empregatício do participante com o patrocinador ou associativo com o instituidor; e
>
> II - **cumprimento da carência de até três anos** de vinculação do participante ao plano de benefícios, na forma do regulamento.
>
> Art. 5º. A opção pelo benefício proporcional diferido implica, a partir da data do requerimento, a cessação das contribuições normais para o benefício programado.
>
> § 1º Em relação ao participante optante pelo benefício.

O benefício decorrente da opção pelo instituto do benefício proporcional diferido pode ser concedido a partir da data em que o participante tornar-se-ia elegível ao benefício pleno, desde que este o requeira.

O benefício decorrente da opção pelo benefício proporcional diferido deve ser: I - apurado mediante conversão atuarial, no caso de renda vitalícia; ou II - equivalente à totalidade da reserva matemática do benefício pleno na data da opção, no caso de conversão financeira, observado como mínimo o valor equivalente ao resgate, na forma definida da Resolução 50/2022.

2.4.8. Portabilidade

Os planos de benefícios deverão prever a **portabilidade do direito acumulado pelo participante para outro plano**, *apenas devida na* *hipótese de cessação de vínculo empregatício com o empregador*, observada a carência de até três anos de vinculação do participante ao plano de benefícios.

A portabilidade é o instituto que faculta ao participante transferir os recursos financeiros correspondentes ao seu direito acumulado para outro plano de benefícios de caráter previdenciário administrado por entidade fechada de previdência complementar, entidade aberta de previdência complementar ou sociedade seguradora autorizada a operar o referido plano.

A portabilidade integral do direito acumulado pelo participante no plano de benefícios de origem implica a portabilidade de eventuais recursos portados anteriormente e a cessação dos compromissos deste plano em relação ao participante e a seus beneficiários.

Ao participante que não esteja em gozo de benefício é facultada a opção pela portabilidade na ocorrência simultânea das seguintes situações:

> I - **cessação do vínculo empregatício do participante com o patrocinador**, nos planos instituídos por patrocinador; e
>
> II - **cumprimento da carência de até três anos** de vinculação do participante ao plano de benefícios, na forma do regulamento.

Excepcionalmente, nos termos do artigo 12 da **Resolução CNPC 50, de 16/02/2022,** o regulamento do plano de benefícios pode prever a opção pela portabilidade, independentemente do cumprimento dos requisitos previstos nos incisos I e II acima, em relação aos seguintes recursos financeiros:

> I - valores oriundos de portabilidade de recursos que tenham sido constituídos em entidade fechada de previdência complementar, entidade aberta de previdência complementar ou sociedade seguradora autorizada a operar plano de benefícios, desde que não tenham sido utilizados na forma disposta no § 1º[20] do art. 10; e
>
> II - valores oriundos de contribuições e aportes facultativos, esporádicos ou eventuais efetuados pelo participante, no caso de plano de benefícios estruturado na modalidade de contribuição definida ou de contribuição variável.

---

20. § 1º Sem prejuízo do disposto no caput, os recursos portados de outro plano de previdência complementar podem ser utilizados para pagamento de aporte inicial previsto no regulamento e na nota técnica atuarial do plano de benefícios de destino.

O direito acumulado pelo participante no plano de benefícios de origem, para fins de portabilidade, corresponde:

> I - nos planos instituídos até 29 de maio de 2001, ao valor previsto no regulamento para o caso de desligamento do plano de benefícios, conforme nota técnica atuarial, observado como mínimo o valor equivalente ao resgate; e
>
> II - nos planos instituídos a partir de 30 de maio de 2001:
>
> a) quando a modelagem de acumulação do recurso garantidor do benefício pleno for de benefício definido, às reservas constituídas pelo participante ou à reserva matemática, o que lhe for mais favorável a, na forma regulamentada e conforme nota técnica atuarial do plano de benefícios, assegurado no mínimo o valor do resgate, na forma definida desta Resolução; e
>
> b) quando a modelagem de acumulação do recurso garantidor do benefício pleno for de contribuição definida, à reserva matemática constituída com base nas contribuições do participante e do patrocinador ou empregador.

É vedado que os recursos financeiros transitem pelos participantes dos planos de benefícios, sob qualquer forma, pois **a portabilidade não caracteriza resgate**.

2.4.9. Resgate

Os planos de benefícios deverão prever o r**esgate da totalidade das contribuições vertidas ao plano pelo participante, descontadas as parcelas do custeio administrativo**, na forma regulamentada.

Nos termos do artigo 16 e seguintes da Resolução CNPC 50, de 16/02/2022, o ***resgate*** é o instituto que faculta ao participante receber, durante a fase de diferimento, valor decorrente de recursos vertidos em seu nome ao plano de benefícios.

De acordo com a **Súmula 289 do STJ, "a restituição das parcelas pagas a plano de previdência privada deve ser objeto de correção plena, por índice que recomponha a efetiva desvalorização da moeda".**

Conforme já decidiu o STJ, "o beneficiário do plano de previdência complementar tem direito à devolução da totalidade das contribuições vertidas pessoalmente quando de seu desligamento, corrigidas monetariamente por índice que recomponha a efetiva desvalorização da moeda, **mesmo que o estatuto assim não preveja**, sob pena de configurar enriquecimento ilícito da entidade de previdência privada"[21] (g.n.).

Ainda de acordo com o STJ, "é devida a restituição da denominada reserva de poupança a ex-participantes de plano de benefícios de previdência privada, devendo ser corrigida monetariamente conforme os índices que reflitam a real inflação ocorrida no período, mesmo que o estatuto da entidade preveja critério de correção diverso, devendo ser incluídos os expurgos inflacionários (Súmula 289/STJ). **A atualização monetária das contribuições devolvidas pela entidade de previdência privada ao associado deve ser calculada pelo IPC, por ser o índice que melhor traduz a perda do poder aquisitivo da moeda"[22].**

Contudo, de acordo com a 2ª Seção do STJ, "a Súmula 289/STJ tem sua aplicação **restrita às hipóteses em que houver o definitivo rompimento do vínculo contratual** estabelecido entre o participante e a entidade de previdência complementar"[23].

De efeito, **a Segunda Seção desta Corte pacificou o entendimento no sentido de ser inaplicável a referida súmula (289) às hipóteses de migração de participantes de plano de benefícios de previdência complementar para outro plano dentro da mesma entidade, pois a migração, por meio de transação, envolve concessões recíprocas, com a transferência das reservas de um plano de benefícios para outro da mesma entidade, auferindo-se, em contrapartida, certa vantagem, o que não se confunde com o resgate das contribuições[24].**

---

21. AgRg no REsp 262.675, de 26.03.2009.
22. REsp1177973, de 14/11/2012, 2ª Seção.
23. Precedentes: AgInt no AREsp 526527/PR, Rel. Ministro RAUL ARAÚJO, QUARTA TURMA, julgado em 23/08/2016, DJe 09/09/2016; EDcl no REsp 1548821/DF, Rel. Ministro JOÃO OTÁVIO DE NORONHA, TERCEIRA TURMA, julgado em 23/06/2016, DJe 01/07/2016; EDcl no AgRg no REsp 1336910/RS, Rel. Ministro LUIS FELIPE SALOMÃO, QUARTA TURMA, julgado em 05/05/2016, DJe 11/05/2016; AgRg no Ag 1166363/SP, Rel. Ministro MARCO BUZZI, QUARTA TURMA, julgado em 15/03/2016, DJe 31/03/2016; AgRg nos EDcl no AREsp 602198/ SC, Rel. Ministro MARCO AURÉLIO BELLIZZE, TERCEIRA TURMA, julgado em 08/03/2016, DJe 28/03/2016; AgRg nos EAREsp 509379/SC, Rel. Ministro RICARDO VILLAS BÔAS CUEVA, SEGUNDA SEÇÃO, julgado em 28/10/2015, DJe 04/11/2015. (VIDE INFORMATIVO DE JURISPRUDÊNCIA N. 550).
24. AgRg no AREsp 29505, de 20/10/2015.

Veja-se a tese repetitiva firmada pela 2ª Seção do STJ no julgamento do Recurso Especial 1551488 em 14/6/2017:

> "RECURSO ESPECIAL REPRESENTATIVO DE CONTROVÉRSIA. PREVIDÊNCIA COMPLEMENTAR E CONTRATO DE TRANSAÇÃO. MIGRAÇÃO E RESGATE. INSTITUTOS JURÍDICOS DIVERSOS, QUE NÃO SE CONFUNDEM. **A SÚMULA 289/STJ LIMITA-SE A DISCIPLINAR O INSTITUTO JURÍDICO DO RESGATE**, MEDIANTE O QUAL HÁ DESLIGAMENTO DO PARTICIPANTE DO REGIME JURÍDICO DE PREVIDÊNCIA COMPLEMENTAR, ANTES MESMO DE AUFERIR OS BENEFÍCIOS PACTUADOS. **TRANSAÇÃO PARA MIGRAÇÃO DE PLANO DE BENEFÍCIOS. CORREÇÃO MONETÁRIA DA RESERVA DE POUPANÇA E/OU DO BENEFÍCIO. EXPURGOS INFLACIONÁRIOS. INAPLICABILIDADE. NOS PLANOS DE BENEFÍCIOS ADMINISTRADOS PELAS ENTIDADES FECHADAS,** HÁ SOLIDARIEDADE NA DISTRIBUIÇÃO DOS RESULTADOS POSITIVOS OU NEGATIVOS. CONTRATO DE TRANSAÇÃO. NEGÓCIO JURÍDICO ONEROSO, UNITÁRIO E INDIVISÍVEL, TENDO POR ELEMENTO ESSENCIAL A RECIPROCIDADE DE CONCESSÕES.
>
> 1. As teses a serem firmadas, para efeito do art. 1.036 do CPC/2015 (art. 543-C do CPC/1973), são as seguintes: 1.1. Em caso de migração de plano de benefícios de previdência complementar, não é cabível o pleito de revisão da reserva de poupança ou de benefício, com aplicação do índice de correção monetária.
>
> 1.2. Em havendo transação para migração de plano de benefícios, em observância à regra da indivisibilidade da pactuação e proteção ao equilíbrio contratual, a anulação de cláusula que preveja concessão de vantagem contamina todo o negócio jurídico, conduzindo ao retorno ao statu quo ante.
>
> 2. No caso concreto, recurso especial provido".

Ainda de acordo com a Corte Superior, "o entendimento consolidado pela Súmula n. 289/STJ, no sentido de que 'a restituição das parcelas pagas a plano de previdência privada deve ser objeto de correção plena, por índice que recomponha a efetiva desvalorização da moeda', **aplica-se somente aos casos em que houver o desligamento (rompimento definitivo do vínculo contratual) do participante da entidade de previdência privada, a exemplo do resgate da reserva de poupança, ou seja, não incide nas hipóteses de permanência do assistido na mesma entidade, como se dá no recebimento da aposentadoria complementar ou na migração de planos de benefícios**" (AgInt no REsp 1888681/SP, 3ª Turma, de 14/02/2022).

Contudo, **o resgate apenas se refere às contribuições pagas de segurado, e não pelo patrocinador**, conforme ratificado pelo entendimento sumulado do STJ:

> **"Súmula: 290 – Nos planos de previdência privada, não cabe ao beneficiário a devolução da contribuição efetuada pelo patrocinador".**

Esta Súmula (publicada em 28.04.2004) foi aprovada em decisões à luz da legislação revogada (Lei 6.435/77). Contudo, continua sendo aplicada mesmo com o advento da LC 109/2001 que, em seu artigo 14, inciso III, somente prevê o resgate das contribuições dos participantes, silenciando sobre o resgate das contribuições do patrocinador.

Desta forma, entende-se que cabe ao plano de benefícios regular o tema, nada impedindo que possa autorizar o resgate também das contribuições do patrocinador em prol do participante.

É admitido o resgate parcial ou integral de recursos. O direito ao resgate será exercido na forma e nas condições estabelecidas pelo regulamento do plano de benefícios, em caráter **irrevogável e irretratável**.

O **resgate integral** implica o desligamento do participante do plano de benefícios, com cessação dos compromissos do plano administrado pela entidade em relação ao participante e aos seus beneficiários, **somente podendo ocorrer por ocasião da perda do vínculo empregatício do participante com o seu patrocinador**, sendo vedado que o regulamento do plano de benefícios estabeleça prazo de carência para o seu exercício.

Esta norma regulamentar foi validada pelo STJ:

> INFORMATIVO 563 – **"DIREITO CIVIL E PREVIDENCIÁRIO. CONDIÇÃO PARA O RESGATE DA TOTALIDADE DAS CONTRIBUIÇÕES VERTIDAS AO PLANO PRIVADO DE PREVIDÊNCIA COMPLEMENTAR DE ENTIDADE FECHADA.**
>
> **É lícita a cláusula que prevê a rescisão do vínculo laboral com o patrocinador como condição para o resgate da totalidade das contribuições vertidas ao plano privado de previdência complementar de entidade fechada.** A LC 109/2001, embora preveja que os regulamentos dos planos de benefícios deverão estabelecer o resgate da totalidade das contribuições vertidas pelo ex-participante, dispõe que caberá aos órgãos públicos regulador e fiscalizador estabelecer regulamentação específica acerca do referido instituto. Nessa conjuntura, a norma infralegal editada

> pelo órgão regulador, dentro do exercício do poder regulamentar, que disciplina atualmente a forma pela qual será efetuado o "resgate da totalidade das contribuições vertidas ao plano pelo participante", prevista na lei complementar de regência -vinculando as entidades de previdência privada e participantes -, é a Resolução do Conselho de Gestão da Previdência Complementar 6, de 30 de outubro de 2003. Pois bem, o art. 22 da referida Resolução enuncia que: "No caso de plano de benefícios instituído por patrocinador, o regulamento deverá condicionar o pagamento do resgate à cessação do vínculo empregatício". Portanto, nos planos de benefícios patrocinados, é lícita a disposição regulamentar que estabelece como requisito ao resgate a cessação do vínculo empregatício com o patrocinador. REsp 1.189.456-RS, Rel. Min. Luis Felipe Salomão, julgado em 12/5/2015, DJe, 11/6/2015".

O regulamento de plano de benefícios instituído por instituidor **deve prever carência mínima de trinta e seis meses para o pagamento do resgate integral**, contados a partir da data de inscrição do participante no plano de benefícios.

Em relação a cada uma das **contribuições efetuadas por pessoas jurídicas** ao plano de benefícios, somente é admitido o resgate após o cumprimento de prazo de carência de trinta e seis meses em relação à data do respectivo aporte.

Instrumento contratual específico pode estabelecer condições adicionais em relação às contribuições efetuadas por pessoas jurídicas em plano de benefícios instituído por instituidor, observadas as demais condições previstas no regulamento do plano de benefícios.

A suspensão do contrato de trabalho decorrente de invalidez de participante é equiparada à perda de vínculo de empregatício, sendo assegurado ao participante a opção pelo pagamento do resgate integral independentemente do cumprimento de carência, observadas as demais condições previstas na Resolução e no regulamento do plano de benefícios.

Em relação aos planos de benefícios instituídos por patrocinador, estruturados na modalidade de contribuição definida ou de contribuição variável, o regulamento pode facultar ao participante o **resgate parcial de recursos**.

No caso de resgate parcial, o regulamento do plano:

> I - deve facultar o resgate de valores oriundos de portabilidade de recursos que tenham sido constituídos em entidade aberta de

> previdência complementar ou sociedade seguradora autorizada a operar plano de benefícios;
>
> II - pode facultar o resgate de valores oriundos portabilidade de recursos que tenham sido constituídos em entidade fechada de previdência complementar, desde que cumprido o prazo de carência de trinta e seis meses da data da portabilidade[25], sendo vedado o resgate das parcelas correspondentes às contribuições de patrocinador;
>
> III - deve facultar o resgate de valores oriundos de contribuições e aportes facultativos, esporádicos ou eventuais vertidos ao plano pelo participante; e
>
> IV - pode facultar o resgate de valores oriundos de contribuições normais vertidas ao plano pelo participante, com limite de até vinte por cento dessas contribuições.
>
> O exercício do resgate parcial está sujeito às seguintes condições:
>
> I - a carência para o primeiro resgate parcial deve ser de, no mínimo, sessenta meses, a contar da data de inscrição do participante no plano de benefícios, conforme estabelecido no regulamento; e
>
> II - a carência para cada resgate parcial posterior deve ser de, no mínimo, trinta e seis meses, a contar da data do último resgate parcial efetuado.

O primeiro resgate parcial pode ser efetuado sobre o valor do saldo da conta individual correspondente à totalidade das contribuições normais vertidas ao plano pelo participante e, para os resgates parciais posteriores, sobre o valor do saldo da conta individual correspondente ao somatório das contribuições normais vertidas ao plano pelo participante desde a data do último resgate parcial efetuado.

No caso de **plano de benefícios instituído por instituidor**, o regulamento deve facultar ao participante o resgate parcial de valores oriundos de:

> I - portabilidade de recursos que tenham sido constituídos em entidade aberta de previdência complementar ou sociedade seguradora autorizada a operar plano de benefícios;
>
> II - portabilidade de recursos que tenham sido constituídos em entidade fechada de previdência complementar, desde que

25. Poderá ser dispensada no caso de valores oriundos de portabilidade de recursos que tenham sido constituídos em planos instituídos por instituidor.

> cumprido o prazo de carência de trinta e seis meses, sendo vedado o resgate das parcelas correspondentes às contribuições de patrocinador;
>
> III - contribuições e aportes facultativos, esporádicos ou eventuais; e
>
> IV - contribuições normais vertidas ao plano pelo participante, com limite de até vinte por cento do saldo da conta individual correspondente a essas contribuições.

O exercício do resgate parcial está sujeito às seguintes condições:

> I - a carência para o primeiro resgate parcial deve ser de, no mínimo, trinta e seis meses, a contar da data de inscrição do participante no plano de benefícios;
>
> II - a carência para cada resgate parcial posterior deve ser de, no mínimo, vinte e quatro meses, a contar da data do último resgate parcial efetuado.

O regulamento do plano de benefícios deve prever o pagamento do resgate integral ou parcial, por opção do participante, em:

> I - quota única, com possibilidade de diferimento em até noventa dias; ou
>
> II - até doze parcelas mensais e consecutivas, por opção do participante.

O regulamento do plano de benefícios deve dispor sobre o critério de reajuste das parcelas vincendas, no caso de pagamento parcelado ou diferido do resgate

O **valor do resgate integral** corresponde, **no mínimo**, à totalidade das contribuições vertidas ao plano de benefícios pelo participante, descontadas as parcelas do custeio administrativo que, na forma do regulamento e do plano de custeio, sejam de sua responsabilidade.

Deste valor previsto poderão ainda ser deduzidos:

> I - a parcela destinada à cobertura dos benefícios de risco que, na forma do regulamento e do plano de custeio, seja de responsabilidade do participante;
>
> II - os valores referentes a eventuais débitos do participante junto ao plano de benefícios, inclusive valores ainda não vencidos relativos a operações com o participante; e

III - as parcelas anteriormente resgatadas pelo participante.

Caso o participante ingresse com ação judicial para efetivar corretamente o resgate, na hipótese de pagamento a menor pela entidade fechada de previdência privada, não haverá a formação de litisconsórcio passivo necessário com, pois se trata de direito divisível e que não irá afetar os direitos dos demais participantes.

Não é outra a posição do STJ:

> **"INFORMATIVO 522- DIREITO PROCESSUAL CIVIL. NÃO CONFIGURAÇÃO DE LITISCONSÓRCIO PASSIVO NECESSÁRIO NO CASO DE AÇÃO EM QUE SE OBJETIVE A RESTITUIÇÃO DE PARCELAS PAGAS A PLANO DE PREVIDÊNCIA PRIVADA.**
>
> **Na ação em que se objetive a restituição de parcelas pagas a plano de previdência privada, não há litisconsórcio passivo necessário entre a entidade administradora e os participantes, beneficiários ou patrocinadores do plano.** Com efeito, no caso em que existam diversos titulares de direitos que derivem do mesmo título ou do mesmo fato jurídico e que estejam em jogo direitos patrimoniais, cabendo a cada titular uma parcela do todo divisível, será, em regra, eficaz o provimento concedido a algum deles, mesmo sem a presença dos demais. Isso porque a própria lei confere caráter de excepcionalidade ao litisconsórcio necessário, impondo-o apenas nas hipóteses previstas em lei ou pela natureza da relação jurídica (art. 47 do CPC). Sendo assim, como não se trata de hipótese em que o litisconsórcio necessário seja imposto por lei, tampouco se cuida de uma única relação jurídica indivisível, não há como falar, nesses casos, na configuração de litisconsórcio passivo necessário. REsp 1.104.377-SP, Rel. Min. Luis Felipe Salomão, julgado em 18/4/2013".

2.4.10. Autopatrocínio

Os planos de benefícios deverão prever a **Faculdade de o participante manter o valor de sua contribuição e a do patrocinador, no caso de perda parcial ou total da remuneração recebida (autopatrocínio)**, para assegurar a percepção dos benefícios nos níveis correspondentes àquela remuneração ou em outros definidos em normas regulamentares.

O ***autopatrocínio*** é instituto que faculta ao participante a manutenção do valor de sua contribuição e a do patrocinador, no caso de perda parcial ou total da remuneração recebida, para assegurar a percepção dos benefícios nos níveis correspondentes àquela remuneração ou em outros definidos em normas regulamentares.

Nos planos de benefícios estruturados na modalidade de contribuição definida ou contribuição variável, o regulamento pode facultar ao participante a alteração do nível de suas contribuições, nos limites nele estabelecidos.

A cessação do vínculo empregatício com o patrocinador deve ser entendida como uma das formas de perda total da remuneração recebida.

O regulamento do plano de benefícios deve prever prazo para opção pelo autopatrocínio. A opção do participante pelo autopatrocínio não impede posterior opção pelo benefício proporcional diferido, pela portabilidade ou pelo resgate.

As contribuições do participante que optar pelo autopatrocínio não podem ser distintas daquelas previstas no plano de custeio, devendo ser estabelecidas mediante a utilização de critérios uniformes e não discriminatórios.

As contribuições vertidas ao plano de benefícios, em decorrência da opção pelo autopatrocínio, são entendidas, em qualquer situação, como contribuições do participante, nos termos do artigo 26, parágrafo único, da Resolução CNPC 50, de 16/02/2022

Todavia, no julgamento do Recurso Especial 1.053.644, em 20.05.2010, noticiado pelo Informativo 435, do STJ entendeu que não há direito ao referido resgate:

> "**PREVIDÊNCIA PRIVADA. RESTITUIÇÃO. VALOR.**
>
> *In casu*, diante da perda do vínculo empregatício, o recorrente passou a contribuir por algum tempo para a previdência privada de duas formas: com as parcelas que lhe eram devidas e com aquelas que caberia à patrocinadora recolher. Depois, o instituto de seguridade social privada só devolveu a importância referente às parcelas pagas a título de reserva de poupança do beneficiário, sem que lhe fossem restituídas aquelas pagas em substituição à patrocinadora. **Dessa forma, o cerne da discussão no REsp é saber se é abusiva a cláusula do regulamento do referido instituto que veda a restituição dos valores pagos a título de recolhimento da patrocinadora** (Súm. 321-STJ). Ressalta o Min.

Relator que a hipótese dos autos difere das demais, **porquanto se discute a restituição de recolhimento pago em substituição à patrocinadora. Explica que, nessa hipótese, não há abusividade nem vantagem ou desvantagem de uma das partes, visto que as quantias pagas referentes às parcelas da patrocinadora, segundo o acórdão recorrido, tem por finalidade a cobertura dos custos administrativos e as vantagens que se revertem em favor de todo grupo segurado, mantendo-o em equilíbrio, em proporcionalidade aos direitos e obrigações. Também consignou-se que a patrocinadora oferece além da suplementação de aposentadoria, outros benefícios, como auxílio doença, abono anual e empréstimos aos participantes ativos**. Diante do exposto, a Turma negou provimento ao recurso".

Contudo, neste julgado, o STJ denegou o direito de resgate de contribuições pagas pelo participante a título de autopatrocínio entre 1996 e 1999 ao Instituto Energipe de Seguridade Social, quando não vigorava a LC 109/2001 e a Resolução CGPC 06, de 30 de outubro de 2003.

Logo, trata-se de julgado à luz da legislação revogada, e não com base na Lei Complementar 109/2001 e sua regulamentação pelo extinto Ministério da Previdência Social.

Ademais, no caso concreto, o STJ denegou o pedido de resgate em razão de se provar que o recolhimento efetuado pela patrocinadora (ENERGIPE) tem por finalidade a cobertura dos custos administrativos, enquanto a contribuição do empregado reverte-se para a sua reserva de poupança, informação que não consta da questão rechaçada.

De efeito, nos termos do artigo 14, da LC 109/2001, os planos de benefícios dos entes fechados deverão prever faculdade de o participante manter o valor de sua contribuição e a do patrocinador, no caso de perda parcial ou total da remuneração recebida, para assegurar a percepção dos benefícios nos níveis correspondentes àquela remuneração ou em outros definidos em normas regulamentares, o que vem se denominando de autopatrocínio.

Portanto, a própria legislação do Conselho Nacional trata a parcela paga como autopatrocínio como contribuições do participante em qualquer situação, pois de fato o é, o que permite o seu resgate.

Logo, a jurisprudência do STJ (Súmula 290) que veda o resgate da contribuição paga pelo patrocinador não se aplica ao autopatrocínio, pois neste caso não há contribuição da empresa patrocinadora, e sim o participante que mantém a contribuição que era paga pela empresa no caso de perda parcial ou total da remuneração recebida.

Portabilidade	instituto que faculta ao participante, nos termos da lei, portar os recursos financeiros correspondentes ao seu direito acumulado para outro plano de benefícios operado por entidade de previdência complementar ou sociedade seguradora autorizada a operar planos de benefícios de previdência complementar.
Resgate	instituto que dá o direito ao participante de restituir a totalidade das contribuições vertidas ao plano pelo participante, descontadas as parcelas do custeio administrativo.
Benefício proporcional diferido	instituto que faculta ao participante, em razão da cessação do vínculo empregatício com o patrocinador ou associativo com o instituidor e antes da aquisição do direito ao benefício pleno programado, optar por receber, em tempo futuro, benefício de renda programada, calculado de acordo com as normas do plano de benefícios.
Autopatrocínio	Instituto que faculta ao participante manter o valor de sua contribuição e a do patrocinador, no caso de perda parcial ou total da remuneração recebida.

2.4.11. Contribuições e resultado deficitário

O plano de custeio terá periodicidade mínima anual, sendo composto por **contribuições normais** (para pagamento dos benefícios) **ou extraordinárias** (para o custeio de déficits, serviços passados e outras finalidades não incluídas na contribuição normal).

O **resultado deficitário** nos planos ou nas entidades fechadas será equacionado por patrocinadores, participantes e assistidos, na proporção existente entre as suas contribuições, sem prejuízo de ação regressiva contra dirigentes ou terceiros que deram causa a dano ou prejuízo à entidade de previdência complementar.

O **equacionamento** referido poderá ser feito, dentre outras formas, por meio do aumento do valor das contribuições, instituição de contribuição adicional ou redução do valor dos benefícios a conceder, observadas as normas estabelecidas pelo órgão regulador e fiscalizador, **não se aplicando a redução dos valores dos benefícios aos assistidos.**

Assim, **os benefícios em manutenção gozam da garantia de irredutibilidade do seu valor**, mesmo em situação de desequilíbrio do plano fechado.

Não há direito adquirido à manutenção do valor da contribuição, que poderá ser majorada mesmo para quem esteja em gozo de benefício para restabelecimento do equilíbrio financeiro e atuarial, ou reduzida no caso de superávit.

Este entendimento foi confirmado pelo STJ:

> INFORMATIVO 561 – "**DIREITO CIVIL E PREVIDENCIÁRIO. POSSIBILIDADE DE MAJORAÇÃO DAS CONTRIBUIÇÕES PARA PLANO DE PREVIDÊNCIA PRIVADA.**
>
> **A contribuição dos integrantes de plano de previdência complementar pode ser majorada sem ofender direito adquirido.** De acordo com os arts. 202 da CF e 1º da LC 109/2001, a previdência privada é de caráter complementar, facultativa, regida pelo Direito Civil, baseada na constituição de reservas que garantam o benefício contratado, sendo o regime financeiro de capitalização (contribuições do participante e do patrocinador, se houver, e rendimentos com a aplicação financeira destas) obrigatório para os benefícios de pagamento em prestações continuadas e programadas, e organizada de forma autônoma em relação ao regime geral de previdência social. Para cumprir sua missão e gerir adequadamente o fundo, as entidades de previdência complementar utilizam-se de alguns instrumentos, como o plano de benefícios e o plano de custeio. O plano de benefícios é um programa de capitalização através do qual alguém se propõe a contribuir, para a constituição de um fundo que, decorrido o prazo de carência, poderá ser resgatado mediante o pagamento de uma parcela única, ou de diversas parcelas sucessivas (renda continuada). **Já o plano de custeio, elaborado segundo cálculos atuariais, reavaliados periodicamente, deve fixar o nível de contribuição necessário à constituição das reservas e à cobertura das demais despesas, podendo as contribuições ser normais, quando destinadas ao custeio dos benefícios oferecidos, ou extraordinárias, quando destinadas ao custeio de déficits, serviço passado e outras finalidades não incluídas na contribuição normal. Logo, pelo regime de capitalização, o benefício de previdência complementar será decorrente do montante de contribuições efetuadas e do resultado de investimentos, podendo haver, no caso de desequilíbrio financeiro e atuarial do fundo, superávit ou**

déficit, a influenciar os participantes do plano como um todo, já que pelo mutualismo serão beneficiados ou prejudicados, de modo que, nessa última hipótese, terão que arcar com os ônus daí advindos. Cabe asseverar, ademais, que a possibilidade de alteração dos regulamentos dos planos de benefícios pelas entidades de previdência privada, com a supervisão de órgãos governamentais, e a adoção de sistema de revisão dos valores das contribuições e dos benefícios já encontravam previsão legal desde a Lei 6.435/1977 (arts. 3º, 21 e 42), tendo sido mantidas na LC 109/2001 (arts. 18 e 21). De fato, é da própria lógica do regime de capitalização do plano de previdência complementar o caráter estatutário, até porque, periodicamente, em cada balanço, todos os planos de benefícios devem ser reavaliados atuarialmente, a fim de manter o equilíbrio do sistema, haja vista as flutuações do mercado e da economia, razão pela qual adaptações e ajustes ao longo do tempo revelam-se necessários, sendo inapropriado o engessamento normativo e regulamentar. Cumpre assinalar que as modificações processadas nos regulamentos dos planos aplicam-se a todos os participantes das entidades fechadas de previdência privada, a partir da aprovação pelo órgão regulador e fiscalizador, observado, em qualquer caso, o direito acumulado de cada participante. **É certo que é assegurada ao participante que tenha cumprido os requisitos para obtenção dos benefícios previstos no plano a aplicação das disposições regulamentares vigentes na data em que se tornou elegível a um benefício de aposentadoria. Todavia, disso não decorre nenhum direito adquirido a regime de custeio, o qual poderá ser alterado a qualquer momento para manter o equilíbrio atuarial do plano, sempre que ocorrerem situações que o recomendem ou exijam, obedecidos os requisitos legais.** É por isso que o resultado deficitário nos planos ou nas entidades fechadas será suportado por patrocinadores, participantes e assistidos, devendo o equacionamento "ser feito, dentre outras formas, por meio do aumento do valor das contribuições, instituição de contribuição adicional ou redução do valor dos benefícios a conceder, observadas as normas estabelecidas pelo órgão regulador e fiscalizador" (art. 21, § 1º, da LC 109/2001). Precedentes citados: REsp 1.384.432-SE, Quarta Turma, DJe 26/3/2015; AgRg no REsp 704.718-DF, Quarta Turma, DJe 9/10/2014; e REsp 1.111.077-DF, Quarta Turma, DJe 19/12/2011. REsp 1.364.013-SE, Rel. Min. Ricardo Villas Bôas Cueva, julgado em 28/4/2015, DJe 7/5/2015".

O resultado superavitário dos planos de benefícios das entidades fechadas, ao final do exercício, satisfeitas as exigências regulamentares relativas aos mencionados planos, será destinado à constituição de **reserva de contingência**, para garantia de benefícios, até o limite de 25% do valor das reservas matemáticas.

Os valores excedentes serão destinados à constituição da reserva especial para revisão do plano de benefícios.

A Segunda Seção do STJ, por ocasião do julgamento do REsp n. 1.564.070/MG, sob o rito dos recursos repetitivos, decidiu que o superávit do plano previdenciário pode ser utilizado das mais diversas formas, consoante deliberação do Conselho Deliberativo da entidade previdenciária. Nessa linha, ambas as Turmas de Direito Privado do STJ entendem pela possibilidade de reversão de valores do superávit em favor do patrocinador[26].

Nesse sentido, de acordo com o artigo 25 da Resolução CGPC 26/2008, a destinação da reserva especial por meio da reversão de valores de forma parcelada aos participantes e assistidos e ao patrocinador está condicionada à comprovação do excesso de recursos garantidores no plano de benefícios em extinção, mediante:

> I – a cobertura integral do valor presente dos benefícios do plano; e
>
> II – a realização da auditoria prévia.

Ao final de cada exercício, coincidente com o ano civil, as entidades fechadas deverão levantar as demonstrações contábeis e as avaliações atuariais de cada plano de benefícios, por pessoa jurídica ou profissional legalmente habilitado, devendo os resultados ser encaminhados ao órgão regulador e fiscalizador e divulgados aos participantes e aos assistidos, sendo que a divulgação aos participantes, inclusive aos assistidos, das informações pertinentes aos planos de benefícios dar-se-á ao menos uma vez ao ano, na forma, nos prazos e pelos meios estabelecidos pelo órgão regulador e fiscalizador[27].

Vale registrar que é cabível o ajuizamento de ação de prestação de contas pelo participante contra a entidade fechada de previdência

26. AgInt no REsp 1931493 / DF, de 27.09.2021.
27. Artigos 22 e 24 da LC 109/2001.

privada objetivando o esclarecimento dos dados financeiros da entidade, mesmo que tenha havido a divulgação anual, devendo as contas serem apreciadas pelo juiz mesmo que apresentadas de maneira diversa do modelo mercantil.

Nesse sentido, o STJ:

> **"INFORMATIVO 522- DIREITO PROCESSUAL CIVIL. INTERESSE DE AGIR PARA O AJUIZAMENTO DE AÇÃO DE PRESTAÇÃO DE CONTAS EM FACE DE ENTIDADE DE PREVIDÊNCIA PRIVADA.**
>
> **O participante de entidade de previdência privada tem interesse em demandar a respectiva entidade em ação de prestação de contas para esclarecimentos sobre as importâncias vertidas ao fundo por ela administrado, ainda que ele não tenha esgotado a via administrava e mesmo que sejam cumpridas pela entidade as exigências legais de divulgação anual das informações pertinentes ao plano por ela administrado.** Com efeito, mesmo com a divulgação anual das informações referentes ao plano de benefícios – conforme determinam os arts. 22 a 24 da LC 109/2001 –, não afasta o interesse de participante da entidade em postular judicialmente, na forma individualizada, a prestação de contas. Além disso, o esgotamento da via administrativa não é condição para o surgimento do interesse em ajuizar a referida ação de prestação de contas. Precedentes citados: AgRg no Ag 1.163.447-DF, Quarta Turma, DJe 17/12/2010; e AgRg no REsp 888.090-DF, Terceira Turma, DJe 7/6/2010. AgRg no AREsp 150.390-SP, Rel. Min. Luis Felipe Salomão, julgado em 9/4/2013".
>
> **"INFORMATIVO 522- DIREITO PROCESSUAL CIVIL. PRESTAÇÃO DE CONTAS REALIZADA POR ENTIDADE DE PREVIDÊNCIA PRIVADA DE FORMA DIVERSA DA MERCANTIL.**
>
> **O magistrado não pode desconsiderar a prestação de contas realizada por entidade de previdência privada, ainda que de forma diversa da mercantil, na hipótese em que as contas tenham sido apresentadas de maneira clara e inteligível.** Com efeito, o magistrado deve verificar se as contas apresentadas atingem as finalidades do processo e, em caso positivo, afastar o rigor da norma inserida no art. 917 do CPC, pois o escopo da referida norma é apenas a indicação pormenorizada dos débitos e créditos, das receitas e despesas, a fim de permitir aos autores a exata compreensão da forma como se chegou ao resultado apresentado. Precedentes citados: AREsp 11.904-DF, Terceira Turma, DJe 17/2/2012; e REsp 1.171.676-DF, Terceira Turma, DJe

19/3/2012. AgRg no AREsp 150.390-SP, Rel. Min. Luis Felipe Salomão, julgado em 9/4/2013".

Por outro lado, o STJ não admite que a instituição de previdência privada promova a denunciação da lide ao patrocinador, pois este, ao menos diretamente, não será responsabilizado pelos encargos financeiros da condenação, devendo o patrimônio do ente previdenciário, que possui personalidade jurídica, responder pela revisão do benefício determinada judicialmente:

> **Informativo 534 - "DIREITO PROCESSUAL CIVIL E PREVIDENCIÁRIO. DENUNICAÇÃO DA LIDE AO PATROCINADOR DE PREVIDÊNCIA COMPLEMENTAR.**
>
> **É descabida a litisdenunciação da entidade pública patrocinadora de plano de previdência fechada complementar no caso de litígio envolvendo participantes e a entidade de previdência privada em que se discuta a revisão de benefício previdenciário.** Isso porque não se trata de hipótese em que o litisconsórcio necessário é imposto pela lei, tampouco se cuida de uma única relação jurídica indivisível (art. 47 do CPC), tendo a entidade de previdência privada personalidade jurídica própria, não se confundindo com o patrocinador. Ademais, consoante dispunham os arts. 14 e 39 da Lei 6.435/1977, regra reiterada nos arts. 32 e 36 da LC 109/2001, as entidades de previdência privada operam os planos, por isso têm inequívoca legitimidade para compor o polo passivo de ações relativas aos planos de benefícios que administram. Além disso, o art. 34 da LC 109/2001 deixa claro que as referidas entidades fechadas apenas administram os planos, sendo os participantes e assistidos os verdadeiros detentores do fundo acumulado. Assim, a eventual sucumbência da entidade de previdência será suportada pelo patrimônio acumulado, não havendo cogitar em pretensão a ensejar o ajuizamento de ação de regresso em face do patrocinador". **REsp 1.406.109-SP, Rel. Min. Luis Felipe Salomão, julgado em 21/11/2013.**

De acordo com o STJ, os pedidos de revisão de benefícios complementares devem ser instruídos com perícia técnica que demonstre a manutenção do equilíbrio financeiro e atuarial da entidade de previdência privada[28].

---

28. Precedentes: AgRg no AgRg no REsp 1449265/RS, Rel. Ministro MOURA RIBEIRO, TERCEIRA TURMA, julgado em 26/04/2016, DJe 05/05/2016; EDcl no AgRg no REsp 1546364/RS, Rel. Ministro RICARDO VILLAS BÔAS CUEVA, TERCEIRA TURMA, julgado em 19/04/2016, DJe 26/04/2016; AgRg no REsp 1439905/RS, Rel. Ministro MARCO

Vale registrar que a sentença trabalhista que deferir ao participante verbas salariais não gera a necessária revisão da renda do benefício da previdência complementar, ante a autonomia da previdência complementar e a sua fundamentação na constituição de reservar que garantam o benefício contratado, devendo ser observado o caso concreto para preservar o equilíbrio financeiro e atuarial do plano.

Nesse sentido, de acordo com o STJ, "a extensão de vantagens pecuniárias ou mesmo reajustes salariais concedidos retroativamente aos empregados de uma empresa ou categoria profissional, por força de sentença individual ou coletiva da Justiça do Trabalho, de forma direta e automática, aos proventos de complementação de aposentadoria do autor/substituído, independentemente de previsão de custeio para o plano de benefícios correspondente, não se compatibiliza com o princípio do mutualismo inerente ao regime fechado de previdência privada e nem com dispositivos da Constituição e da legislação complementar, porque enseja a transferência de reservas financeiras a parcela dos filiados, frustrando o objetivo legal de proporcionar benefícios previdenciários ao conjunto dos participantes e assistidos, a quem, de fato, pertence o patrimônio constituído. Portanto, dada a autonomia entre o contrato de trabalho e o contrato de previdência complementar, mesmo se eventualmente reconhecida a natureza salarial de determinada parcela, não se seguirá o direito à sua inclusão nos proventos de aposentadoria complementar se não integrante do benefício contratado (art. 202 da CF). Além disso, convém destacar que, a despeito de os cálculos atuariais para a formação da reserva matemática necessária ao pagamento dos benefícios contratados serem de responsabilidade da entidade de previdência privada, os pagamentos são efetivados a partir das contribuições de participantes e assistidos que, acumuladas sob o regime de capitalização ao longo de toda a relação contratual, irão lastrear o pagamento dos benefícios contratados, não havendo, pois, como determinar o cumprimento das obrigações assumidas, sem o prévio aporte desses recursos" **(Informativo 574 - Resp 1.410.173-SC, Rel. Min. Isabel Gallotti, julgado em 5/11/2015, DJe 16/12/2015).**

AURÉLIO BELLIZZE, TERCEIRA TURMA, julgado em 15/12/2015, DJe 02/02/2016; EDcl no REsp 1526784/RS, Rel. Ministro ANTONIO CARLOS FERREIRA, QUARTA TURMA, julgado em 06/08/2015, DJe 13/08/2015; AgRg no AREsp 137726/RS, Rel. Ministro JOÃO OTÁVIO DE NORONHA, TERCEIRA TURMA, julgado em 25/11/2014, DJe 11/12/2014; REsp 1345326/RS, Rel. Ministro LUIS FELIPE SALOMÃO, SEGUNDA SEÇÃO, julgado em 09/04/2014, DJe 08/05/2014.

No entanto, **"entidade fechada de previdência pode cobrar do beneficiário o pagamento da reserva matemática adicional, em virtude da majoração, por força de sentença judicial transitada em julgado, do benefício de aposentadoria complementar"** (STJ, REsp 1.624.273-PR, Rel. Min. Nancy Andrighi, Terceira Turma, por unanimidade, julgado em 21/05/2019, DJe 24/05/2019).

Por sua vez, **o STJ entende que poderá haver a compensação da despesa relativa à reserva matemática com valores a serem percebidos com a revisão do benefício complementar**:

> **PROCESSO**
>
> AgInt no REsp 1878312/SP
>
> AGRAVO INTERNO NO RECURSO ESPECIAL
>
> 2020/0135813-0
>
> **RELATOR**
>
> Ministro JOÃO OTÁVIO DE NORONHA (1123)
>
> **ÓRGÃO JULGADOR**
>
> T4 - QUARTA TURMA
>
> **DATA DO JULGAMENTO**
>
> 01/07/2024
>
> **DATA DA PUBLICAÇÃO/FONTE**
>
> DJe 08/07/2024
>
> **EMENTA**
>
> AGRAVO INTERNO NO RECURSO ESPECIAL. PREVIDÊNCIA PRIVADA. VERBAS REMUNERATÓRIAS RECONHECIDAS PELA JUSTIÇA LABORAL. INCLUSÃO NOS CÁLCULOS DE PROVENTOS DE COMPLEMENTAÇÃO DE APOSENTADORIA. POSSIBILIDADE. PRÉVIO CUSTEIO. MODULAÇÃO DE EFEITOS DA TESE DE RECURSO REPETITIVO. POSSIBILIDADE. AÇÃO JÁ AJUIZADA. HONORÁRIOS DE SUCUMBÊNCIA. REEXAME. SÚMULA N. 7 DO STJ. JUROS DE MORA. ARTS. 394 E 396 DO CC. MATÉRIA DE ORDEM PÚBLICA. PREQUESTIONAMENTO. AUSÊNCIA. SÚMULAS 282 DO STF e 211 DO STJ. DECISÃO MANTIDA. RECURSO DESPROVIDO.
>
> 1. A Segunda Seção do STJ, por ocasião do julgamento do Recurso Especial Representativo da Controvérsia n. 1.312.736/RS

realizou a modulação dos efeitos, nos termos do art. 927, § 3º, do CPC/2015, para admitir nas demandas ajuizadas na Justiça comum até 8/8/2018, a inclusão dos reflexos de verbas remuneratórias (horas extras) reconhecidas pela Justiça do Trabalho, nos cálculos da renda mensal inicial dos benefícios de complementação de aposentadoria, (Tema n. 955).

2. A jurisprudência do STJ se firmou no sentido de que, para se garantir a manutenção do equilíbrio econômico-atuarial do fundo **previdenciário** e em respeito à fonte de custeio, pode haver a compensação da despesa relativa à reserva matemática com valores a serem percebidos com a revisão do benefício complementar.

3. Rever a distribuição dos ônus sucumbenciais efetivada pelo tribunal de origem, especialmente para aferir o quantitativo mínimo ou recíproco da sucumbência entre as partes litigantes, implica reexame de matéria fática dos autos, medida vedada pela Súmula n. 7 do STJ.

4. As matérias de ordem pública, cognoscíveis de ofício pelas instâncias ordinárias, não podem ser examinadas pela instância especial se não debatidas pelo tribunal de origem.

5. Agravo interno desprovido.

2.5. AS ENTIDADES ABERTAS E OS SEUS PLANOS DE BENEFÍCIOS

Conforme já afirmado, as entidades de previdência privada abertas são constituídas **unicamente** sob a forma de **sociedades anônimas** e têm por objetivo instituir e operar planos de benefícios de caráter previdenciário concedido em forma de **renda continuada ou pagamento único, acessíveis a quaisquer pessoas físicas**, sendo reguladas, no que couber, pela legislação aplicável às sociedades seguradoras.

Aliás, as **sociedades seguradoras** que operam exclusivamente no **ramo vida** poderão ser autorizadas a operar esses planos de benefícios.

Os planos oferecidos poderão ser **individuais**, quando acessíveis a quaisquer pessoas físicas, ou **coletivos**, quando tenham por objetivo garantir benefícios previdenciários a pessoas físicas vinculadas, direta ou indiretamente, a uma pessoa jurídica contratante.

É vedada à entidade aberta a contratação de plano coletivo com pessoa jurídica cujo objetivo principal seja estipular, em nome de terceiros, planos de benefícios coletivos, sendo que a utilização de corretores na venda dos planos de benefícios das entidades abertas é facultativa.

As entidades abertas serão reguladas e fiscalizadas pelo Ministério da Economia, por intermédio do Conselho Nacional de Seguros Privados – CNSP e da Superintendência de Seguros Privados – SUSEP, até que seja constituída uma entidade específica.

A Lei Complementar 109/2001 não define especificamente os benefícios a serem ofertados, pois os planos deverão ser aprovados pela SUSEP. De acordo com esta autarquia federal, que integra o Sistema Nacional de Seguros Privados, são oferecidos pelo mercado os seguintes benefícios[29]:

- **RENDA POR SOBREVIVÊNCIA**: renda a ser paga ao participante do plano que sobreviver ao prazo de diferimento contratado, geralmente denominada de aposentadoria.
- **RENDA POR INVALIDEZ**: renda a ser paga ao participante, em decorrência de sua invalidez total e permanente ocorrida durante o período de cobertura e após cumprido o período de carência estabelecido no Plano.
- **PENSÃO POR MORTE**: renda a ser paga ao(s) beneficiário(s) indicado(s) na proposta de inscrição, em decorrência da morte do Participante ocorrida durante o período de cobertura e após cumprido o período de carência estabelecido no Plano.
- **PECÚLIO POR MORTE**: importância em dinheiro, pagável de uma só vez ao(s) beneficiário(s) indicado(s) na proposta de inscrição, em decorrência da morte do participante ocorrida durante o período de cobertura e após cumprido o período de carência estabelecido no Plano.
- **PECÚLIO POR INVALIDEZ:** importância em dinheiro, pagável de uma só vez ao próprio participante, em decorrência de sua invalidez total e permanente ocorrida durante o período de cobertura e após cumprido o período de carência estabelecido no Plano.

29. www.susep.gov.br.

É assegurado aos participantes o **direito à portabilidade**, inclusive para plano de benefício de entidade fechada, assim como o **resgate de recursos das reservas técnicas, provisões e fundos, total ou parcialmente**, observados os critérios fixados pelo órgão regulador.

Com propriedade, apenas haverá direito a resgate caso o plano tenha sido estruturado no regime financeiro de capitalização, devido nos planos de renda por sobrevivência, se houver previsão.

Pende de julgamento representativo na 2ª Seção do STJ a definição sobre os índices de reajuste dos benefícios da previdência aberta após a vigência do artigo 22[30] da Lei 6.435/77 (Informativo 605):

> 605 PROCESSO RAMO DO DIREITO – TEMA – REsp 1.656.161-RS, Rel. Min. Luis Felipe Salomão, DJe 29/6/2017. DIREITO CIVIL
>
> Recurso especial submetido à Segunda Seção como representativo da seguinte controvérsia:
>
> **Definir, com a vigência do art. 22 da Lei n. 6.435/1977, acerca dos índices de reajuste aplicáveis aos benefícios de previdência complementar operados por entidades abertas.**

2.6. LIQUIDAÇÃO E INTERVENÇÃO EXTRAJUDICIAL DOS ENTES PREVIDENCIÁRIOS PRIVADOS

A PREVIC poderá, em relação às entidades fechadas, nomear **administrador especial**, a ser custeado pela entidade, com poderes próprios de intervenção e de liquidação extrajudicial, com o objetivo de sanear plano de benefícios específico, caso seja constatada na sua administração e execução alguma das hipóteses previstas para a intervenção ou liquidação extrajudicial.

A intervenção da Superintendência Nacional de Previdência Complementar (PREVIC) nas entidades fechadas de previdência privada

---

30. Art. 22. Os valores monetários das contribuições e dos benefícios serão atualizados segundo índice de variação do valor nominal atualizado das Obrigações Reajustáveis do Tesouro Nacional - ORTN e nas condições que forem estipuladas pelo órgão normativo do Sistema Nacional de Seguros Privados, inclusive quanto à periodicidade das atualizações.

    Parágrafo único. Admitir-se-á cláusula de correção monetária diversa da de ORTN, desde que baseada em índices e condições aprovadas pelo órgão normativo do Sistema Nacional de Seguros Privados.

deve perdurar pelo tempo necessário ao saneamento da entidade, podendo o prazo inicial de duração ser prorrogado mais de uma vez[31]:

> "Inicialmente cumpre salientar que a disciplina da intervenção nas entidades de previdência privada encontra-se nos arts. 44 a 46 da Lei Complementar n. 109/2001, havendo, no art. 62, remissão à legislação a respeito da intervenção e liquidação extrajudicial das instituições financeiras (Lei n. 6.024/1974), a qual deve ser aplicada de maneira subsidiária. Assim, apesar de o art. 4º da Lei n. 6.024/1974 prever, para as instituições financeiras, que "o período da intervenção não excederá a seis (6) meses o qual, por decisão do Banco Central do Brasil, poderá ser prorrogado uma única vez, até o máximo de outros seis (6) meses" e, embora exista entendimento que considere aplicável tal norma à previdência privada, de modo a limitar o número de prorrogações do regime de intervenção, a própria Lei Complementar n. 109/2001 regulou o tema de forma diversa: "a intervenção será decretada pelo prazo necessário ao exame da situação da entidade e encaminhamento de plano destinado à sua recuperação". Logo, extrai-se que o regime de intervenção deve perdurar pelo tempo necessário ao saneamento da entidade, podendo o prazo inicial de duração ser prorrogado mais de uma vez se as circunstâncias fáticas assim o exigirem. Todavia, mesmo havendo indefinição acerca da limitação temporal da intervenção na Previdência Privada, visto serem possíveis sucessivas prorrogações segundo as particularidades do caso, é preciso atentar para o fato de que tal regime deve ser sempre excepcional, ou seja, não deve malferir a razoabilidade, já que não existe intervenção permanente, sendo totalmente desaconselhados o abuso e a longa duração, sob pena de a medida se transmudar em indevida estatização ou ocorrer supressão total da intervinda".

No caso de entidade aberta, uma vez realizada uma das hipóteses de intervenção extrajudicial, a SUSEP poderá nomear, por prazo determinado, prorrogável a seu critério e a expensas da respectiva entidade, um **diretor-fiscal**, sem poderes de gestão, que, se reconhecer a inviabilidade de recuperação da entidade aberta ou a ausência de qualquer condição para o seu funcionamento, proporá a decretação da intervenção ou da liquidação extrajudicial.

Colaciona-se, como exemplo, a Portaria PREVIC 955/2017 que determinou a intervenção na POSTALIS:

---

31. REsp 1.734.410-SP, Rel. Min. Ricardo Villas Bôas Cueva, por unanimidade, julgado em 14/08/2018, DJe 24/08/2018.

Edição nº 191, seção 1, página 31, de 4 de outubro de 2017

PORTARIA Nº 955, DE 03 DE OUTUBRO DE 2017

A DIRETORIA COLEGIADA DA SUPERINTENDÊNCIA NACIONAL DE PREVIDÊNCIA COMPLEMENTAR - PREVIC, com fulcro nos incisos I a V do art. 44 da Lei Complementar nº 109, de 29 de maio de 2001, e no uso da atribuição que lhe confere o inciso VI do art. 2º combinado com o inciso X do art. 10, ambos do Anexo I do Decreto nº 8.992, de 20 de fevereiro de 2017, resolve:

Art. 1º Decretar intervenção no Instituto de Seguridade Social dos Correios e Telégrafos - POSTALIS, pelo prazo de 180 (cento e oitenta) dias.

Art. 2º Esta Portaria entra em vigor na data de sua publicação.

FABIO HENRIQUE DE SOUSA COELHO

Destaque-se que **as entidades de previdência complementar abertas e fechadas não estarão sujeitas à recuperação judicial ou falência**, por força do artigo 2º, inciso II, da Lei 11.101/2005, conquanto o artigo 47, da Lei Complementar 109/2001, só tenha excluído as entidades fechadas.

De acordo com o artigo 44, da Lei Complementar 109/2001, para resguardar os direitos dos participantes e assistidos, poderá ser decretada a **intervenção na entidade de previdência complementar**, desde que se verifique, isolada ou cumulativamente, uma das seguintes hipóteses:

I – irregularidade ou insuficiência na constituição das reservas técnicas, provisões e fundos, ou na sua cobertura por ativos garantidores;

II – aplicação dos recursos das reservas técnicas, provisões e fundos de forma inadequada ou em desacordo com as normas expedidas pelos órgãos competentes;

III – descumprimento de disposições estatutárias ou de obrigações previstas nos regulamentos dos planos de benefícios, convênios de adesão ou contratos dos planos coletivos de que trata o inciso II do art. 26 desta Lei Complementar;

IV – situação econômico-financeira insuficiente à preservação da liquidez e solvência de cada um dos planos de benefícios e da entidade no conjunto de suas atividades;

V – situação atuarial desequilibrada;

VI – outras anormalidades definidas em regulamento.

A intervenção durará o prazo necessário ao exame da situação da entidade, cessando quando aprovado o plano de recuperação da entidade pelo órgão competente ou se decretada a sua liquidação extrajudicial.

Caso reconhecida a inviabilidade de recuperação da entidade de previdência complementar ou pela ausência de condição para seu funcionamento, será decretada a sua liquidação extrajudicial.

Exceto no que concerne às ações e aos débitos de natureza tributária, a decretação da liquidação extrajudicial produzirá, de imediato, os seguintes efeitos:

> I – suspensão das ações e execuções iniciadas sobre direitos e interesses relativos ao acervo da entidade liquidanda;
>
> II – vencimento antecipado das obrigações da liquidanda;
>
> III – não incidência de penalidades contratuais contra a entidade por obrigações vencidas em decorrência da decretação da liquidação extrajudicial;
>
> IV – não fluência de juros contra a liquidanda enquanto não integralmente pago o passivo;
>
> V – interrupção da prescrição em relação às obrigações da entidade em liquidação;
>
> VI – suspensão de multa e juros em relação às dívidas da entidade;
>
> VII – inexigibilidade de penas pecuniárias por infrações de natureza administrativa;
>
> VIII – interrupção do pagamento à liquidanda das contribuições dos participantes e dos patrocinadores, relativas aos planos de benefícios.

Aliás, de acordo com o STJ (Informativo 661), a mera decretação de intervenção extrajudicial já terá o condão de suspensão das ações e execuções judiciais:

PROCESSO	REsp 1.796.664-RS, Rel. Min. Nancy Andrighi, Terceira Turma, por unanimidade, julgado em 19/11/2019, DJe 22/11/2019
RAMO DO DIREITO	DIREITO PREVIDENCIÁRIO, DIREITO PROCESSUAL CIVIL

TEMA	Interdição da entidade de previdência complementar. Cumprimento de sentença. Suspensão.
DESTAQUE	
A decretação de intervenção federal em entidade de previdência complementar implica a suspensão do cumprimento de sentença.	
INFORMAÇÕES DO INTEIRO TEOR	
A LC n. 109/2001 disciplina regimes especiais de administração da entidade de previdência complementar, como a intervenção (arts. 44 a 46) e a liquidação extrajudicial (arts. 47 a 53). A referida lei prevê, especificamente, que se aplicam "à intervenção e à liquidação das entidades de previdência complementar, no que couber, os dispositivos da legislação sobre a intervenção e a liquidação extrajudicial das instituições financeiras, cabendo ao órgão regulador e fiscalizador as funções atribuídas ao Banco Central do Brasil" (art. 62). A Lei n. 6.024/1974, por sua vez, é a que dispõe sobre a intervenção e a liquidação extrajudicial de instituições financeiras e, com efeito, se aplica de maneira subsidiária nas intervenções de entidades de previdência complementar. O supracitado normativo preceitua que, nas hipóteses de intervenção, haverá a suspensão da exigibilidade das obrigações vencidas, o que redundará, via de consequência, na suspensão do andamento das ações de execução. **Destarte, a despeito de a LC n. 109/2001 referir-se expressamente que haverá, nas hipóteses de liquidação extrajudicial, a suspensão das ações e execuções iniciadas sobre direitos e interesses relativos ao acervo da entidade liquidanda (art. 49, I), mister reconhecer que tal efeito deve ser estendido, também, às hipóteses de intervenção na entidade.**	

É possível o levantamento da liquidação a qualquer tempo, desde que constatados fatos supervenientes que viabilizem a recuperação da entidade de previdência complementar.

Caso se dê o levantamento da liquidação, deverá se restabelecer a execução fiscal que vise à cobrança de penalidade pecuniária por infração administrativa contra a entidade de previdência privada, haja vista a sua não extinção.

Nesse sentido, o STJ:

> "DIREITO PROCESSUAL TRIBUTÁRIO. EXECUÇÃO FISCAL. CDA. MULTA ADMINISTRATIVA. DECRETO DE LIQUIDAÇÃO EXTRAJUDICIAL. ENTIDADE DE PREVIDÊNCIA COMPLEMENTAR. ART. 49, VII, DA LC 109/2001. INTERPRETAÇÃO LÓGICO-SISTEMÁTICA. ART. 52 DA LC 109/2001 E ART. 29 DA LEI 6.830/80. SUSPENSÃO DO FEITO EXECUTIVO. RECURSO PROVIDO.

1. Em execução fiscal ajuizada pela Superintendência de Seguros Privados - SUSEP para a cobrança de multa administrativa, discutem-se os efeitos do decreto que determinou a liquidação extrajudicial da exequente sobre a execução fiscal.

2. A finalidade da norma contida no art. 49, VII, da LC 109/2001 - que estabelece a inexigibilidade das penalidades pecuniárias de natureza administrativa aplicadas às entidades liquidandas – é permitir a apuração dos haveres e, consequentemente, viabilizar o procedimento concursal. Assim, os benefícios instituídos pelo normativo apenas se justificam em favor da universalidade e não da pessoa jurídica que se sujeita à liquidação.

3. O art. 52 da LC 109/2001, por seu turno, preceitua que "A liqüidação extrajudicial poderá, a qualquer tempo, ser levantada, desde que constatados fatos supervenientes que viabilizem a recuperação da entidade de previdência complementar". Dessarte, atribuir à expressão "inexigibilidade das penas pecuniárias" o mesmo efeito prático de sua extinção acabaria por instituir uma inconsistência no âmbito da própria LC 109/2001, que permite a recuperação da entidade liquidanda e o prosseguimento de suas atividades.

4. Ademais, a LC 109/2001 deve se compatibilizar com o disposto no art. 29 da Lei de Execuções Fiscais, aplicável sobre dívidas tributárias e não tributárias executadas pelo Poder Público, que explicita: "A cobrança judicial da Dívida Ativa da Fazenda Pública não é sujeita a concurso de credores ou habilitação em falência, concordata, liquidação, inventário ou arrolamento".

5. Realizando-se uma interpretação lógico-sistemática dos preceitos legais em debate, conclui-se que a decretação da liquidação extrajudicial não extingue o executivo fiscal, mas apenas o condiciona ao resultado do concurso entre os credores. Logo: a) inexistindo bens suficientes para a satisfação dos créditos, a sociedade será extinta e a execução seguirá a mesma sorte, em virtude da superveniente perda de objeto; b) havendo, contudo, o levantamento da liquidação ou restando bens aptos à satisfação do débito, procede-se ao restabelecimento do feito executivo, ante o exaurimento dos efeitos da regra insculpida no art. 49, VII, da LC109/2001" (REsp1238965, de 14/08/2012).

Ressalte-se que o interventor terá amplos poderes de administração e representação e o liquidante plenos poderes de administração, representação e liquidação.

Os administradores, controladores e membros de conselhos estatutários das entidades de previdência complementar sob intervenção ou em liquidação extrajudicial ficarão com todos os seus *bens indisponíveis*, não podendo, por qualquer forma, direta ou indireta, aliená-los ou onerá-los, até a apuração e liquidação final de suas responsabilidades.

A indisponibilidade decorre do ato que decretar a intervenção ou liquidação extrajudicial e atinge todos aqueles que tenham estado no *exercício das funções nos doze meses anteriores*, podendo ser estendida aos bens de pessoas que, nos últimos doze meses, os tenham adquirido, a qualquer título, das pessoas acima referidas, desde que haja seguros elementos de convicção de que se trata de simulada transferência com o fim de evitar os efeitos da Lei Complementar 109/2001.

Deverá o liquidante organizar um *quadro geral de credores*, visando realizar o ativo e liquidar o passivo, sendo dispensados os **participantes e os assistidos** da habilitação dos seus créditos, que possuem **privilégio especial** sobre os ativos garantidores das reservas técnicas e, caso estes não sejam suficientes para a cobertura dos direitos respectivos, privilégio geral sobre as demais partes não vinculadas ao ativo.

Dentro da classe dos participantes, terão preferência aqueles que já estiverem recebendo benefícios, ou que já tiverem adquirido este direito antes de decretada a liquidação extrajudicial.

Todavia, **os créditos dos participantes e assistidos não têm preferência sobre os créditos de natureza trabalhista ou tributária, que são prioritários**.

De acordo com o STJ, o desligamento de participante de plano de previdência complementar faz cessar o direito ao rateio de eventual *superávit* de ativos apurados em posterior liquidação extrajudicial da entidade:

> "A questão central devolvida ao conhecimento desta Corte diz respeito à possibilidade de os ex-participantes de plano de previdência complementar serem beneficiados pelo rateio de ativos da entidade da qual eram filiados. Inicialmente, é importante pontuar que a condição de participante de um plano de previdência complementar traz consigo ônus e bônus. Exemplo de bônus é o rateio de *superávit*, que é a hipótese dos autos. Exemplo de ônus é ter de contribuir para a satisfação de eventual *déficit* da entidade de previdência, conforme previsto no art. 21 da Lei Complementar n. 109/2001. Esse enunciado normativo prevê que o *déficit* da

> entidade de previdência deve ser suportado conjuntamente pelos patrocinadores, participantes e assistidos, tendo apenas direito de regresso contra os eventuais responsáveis pelo prejuízo do plano. Os ex-participantes, portanto, não são chamados a arcar com o *déficit* da entidade de previdência. Deveras, o resgate das contribuições faz cessar o vínculo do participante com a entidade de previdência. **Ora, se os ex-participantes não são chamados a arcar com o *déficit* da entidade, também não podem se beneficiar de eventual *superávit*,** pois isso equivaleria ao que se diz, em linguagem popular, desfrutar do "melhor dos dois mundos" (REsp 1.441.411-AM, Rel. Min. Paulo de Tarso Sanseverino, por unanimidade, julgado em 10/04/2018, DJe 19/04/2018).

No mais, aplicar-se-ão à intervenção e à liquidação das entidades de previdência complementar, no que couber, os dispositivos da legislação sobre a intervenção e liquidação extrajudicial das instituições financeiras, cabendo ao órgão regulador e fiscalizador as funções atribuídas ao Banco Central do Brasil.

2.7. A RELAÇÃO DA ADMINISTRAÇÃO PÚBLICA COM AS SUAS ENTIDADES FECHADAS DE PREVIDÊNCIA COMPLEMENTAR

A Emenda 103/2019 alterou o artigo 202 da Constituição Federal:

> "§ 4º Lei complementar disciplinará a relação entre a União, Estados, Distrito Federal ou Municípios, inclusive suas autarquias, fundações, sociedades de economia mista e empresas controladas direta ou indiretamente, enquanto **patrocinadores de planos de benefícios previdenciários, e as entidades de previdência complementar.**
>
> § 5º A lei complementar de que trata o parágrafo anterior aplicar-se-á, no que couber, às empresas privadas permissionárias ou concessionárias de prestação de serviços públicos, quando patrocinadoras de planos de benefícios em **entidades de previdência complementar**.
>
> § 6º Lei complementar estabelecerá os requisitos para a designação dos membros das diretorias das entidades fechadas de previdência complementar instituídas pelos patrocinadores de que trata o § 4° e disciplinará a inserção dos participantes nos colegiados e instâncias de decisão em que seus interesses sejam objeto de discussão e deliberação".

A modificação no *parágrafo quarto, quinto* e *sexto* veio a atender aos anseios do mercado financeiro, pois **passou a admitir que o patrocínio da Administração Pública a entidade de previdência complementar possa abarcar entidades abertas de previdência complementar** (sociedades por ações, com fins lucrativos), ao passo que a redação anterior restringia o patrocínio às entidades fechadas de previdência complementar (fundações e associações sem fins lucrativos).

Isso vai permitir que as entidades federativas insiram as entidades abertas de previdência complementar com gestoras dos planos de benefícios de previdência complementar.

No entanto, a sua aplicação demanda a aprovação de uma **lei complementar**, pois determina o **artigo 33 da Emenda 103/2019** que, "até que seja disciplinada a relação entre a União, os Estados, o Distrito Federal e os Municípios e entidades abertas de previdência complementar na forma do disposto nos §§ 4º e 5º do art. 202 da Constituição Federal, **somente entidades fechadas** de previdência complementar estão autorizadas a administrar planos de benefícios patrocinados pela União, Estados, Distrito Federal ou Municípios, inclusive suas autarquias, fundações, sociedades de economia mista e empresas controladas direta ou indiretamente".

A Lei Complementar 108/2001 regula a relação entre as entidades políticas, suas autarquias, fundações, empresas públicas e sociedades de economia mista e controladas enquanto **patrocinadoras de entes fechados de previdência complementar.**

Lembre-se que as entidades de previdência privada fechada organizar-se-ão sob a forma de **fundação ou "sociedade" civil sem fins lucrativos**, constituídas por conselho deliberativo, conselho fiscal e diretoria-executiva.

O seu plano de benefícios deverá observar:

a) **carência mínima de 60 contribuições mensais a plano de benefícios e cessação do vínculo com o patrocinador**, para se tornar elegível a um benefício de prestação que seja programada e continuada;

b) **concessão de benefício pelo regime de previdência ao qual o participante esteja filiado por intermédio de seu patrocinador**, quando se tratar de plano na modalidade **benefício definido**, instituído depois da publicação da Lei Complementar 108/2001.

Trata-se de exceção pontual (de duvidosa validade constitucional) trazida na LC 108/2001 ao Princípio da Autonomia da Previdência Complementar, apenas na situação de patrocínio de entidade de previdência complementar pela Administração Pública. De acordo com o artigo 3º, II, da LC 108, os planos de benefícios das entidades de que trata esta Lei Complementar atenderão às seguintes regras: concessão de benefício pelo regime de previdência ao qual o participante esteja filiado por intermédio de seu patrocinador, quando se tratar de plano na modalidade benefício definido, instituído depois da publicação desta Lei Complementar.

No julgamento do Recurso Especial 1.421.951, de 12 de dezembro de 2014, decidiu o STJ que não há ilegalidade na exigência feita pela entidade de previdência privada do requisito da cessação do vínculo empregatício do participante com o patrocinador (empregador) como condição para a concessão da aposentadoria complementar.

A Terceira Turma do Superior Tribunal de Justiça (STJ) entendeu que a exigência prevista pelo artigo 3º, inciso I, da Lei Complementar 108/01, que exige a cessação do vínculo empregatício como uma das condições para obtenção da aposentadoria complementar, é válida e incide sobre os planos de benefícios instituídos antes de sua vigência.

A decisão foi proferida em um recurso interposto pela Fundação Petrobras de Seguridade Social (Petros) contra decisão do Tribunal de Justiça do Sergipe. No caso, o TJSE entendeu que as normas vigentes quando da assinatura do contrato de trabalho incorporavam-se ao patrimônio jurídico do empregado, como direito adquirido, não podendo ser alteradas em prejuízo da parte hipossuficiente.

Esta tese foi confirmada em repetitivo julgado pela 2ª Seção do STJ (tema 944 - Informativo 594):

594 - PROCESSO	REsp 1.433.544-SE, **Rel. Min. Luis Felipe Salomão, Segunda Seção, por unanimidade, julgado em 9/11/2016, DJe 1/12/2016.**
RAMO DO DIREITO	DIREITO PREVIDENCIÁRIO
TEMA	Plano de previdência privada patrocinado por ente federado. Contrato de Trabalho e contrato de previdência complementar. Vínculos contratuais autônomos e distintos. Aplicabilidade da Lei Complementar 108/2001 aos planos de benefícios já operantes por ocasião do advento da lei. Concessão de benefício de prestação programada e continuada. Necessidade de cessação do vínculo do participante com o patrocinador. Recurso repetitivo. Tema 944.

DESTAQUE

Nos planos de benefícios de previdência privada patrocinados pelos entes federados – inclusive suas autarquias, fundações, sociedades de economia mista e empresas controladas direta ou indiretamente –, para se tornar elegível a um benefício de prestação que seja programada e continuada, é necessário que o participante previamente cesse o vínculo laboral com o patrocinador, sobretudo a partir da vigência da Lei Complementar n. 108/2001, independentemente das disposições estatutárias e regulamentares.

INFORMAÇÕES DO INTEIRO TEOR

A principal questão controvertida – e objeto da afetação ao rito dos recursos repetitivos – consiste em saber se, com o advento da Lei Complementar n. 108/2001, mesmo para aqueles participantes de planos de benefícios que já haviam aderido previamente à relação contratual previdenciária, é necessária a cessação do vínculo laboral com o patrocinador do plano de benefícios para o recebimento de complementação de aposentadoria. Inicialmente, sublinha-se que a relação contratual mantida entre a entidade de previdência privada administradora do plano de benefícios e o participante não se confunde com a relação trabalhista, mantida entre o participante obreiro e a patrocinadora. Desse modo, é interessante registrar que é descabida a aplicação dos princípios, regras gerais e disposições normativas próprias do direito do trabalho, porquanto alheias às regras próprias do regime de previdência privada. Além disso, "seja sob a égide da Lei n. 6.435/1977 (arts. 34, § 1º, e 42, IV) ou da Lei Complementar n. 108/2001 (arts. 4º e 6º) e da Lei Complementar n. 109/2001 (arts. 17 a 22), sempre foi permitida à entidade fechada de previdência privada alterar os regulamentos dos planos de custeio e de benefícios como forma de manter o equilíbrio atuarial das reservas e cumprir os compromissos assumidos diante das novas realidades econômicas e de mercado que vão surgindo ao longo do tempo.

Por isso é que periodicamente há adaptações e revisões dos planos de benefícios a conceder, incidindo as modificações a todos os participantes do fundo de pensão após a devida aprovação (REsp 1.443.304/SE, Rel. Ministro Ricardo Villas Bôas Cueva, Terceira Turma, julgado em 26/5/2015, DJe 2/6/2015) pelo Órgão público fiscalizador". Com efeito, para fatos ocorridos ainda na vigência da Lei n. 6.435/1977, à luz deste Diploma, a jurisprudência do STJ também admite a alteração do regulamento de benefícios, atingindo aqueles que ainda não eram elegíveis ao benefício. Por seu turno, o art. 202 da Constituição Federal consagra o regime de financiamento por capitalização, ao estabelecer que a previdência privada tem caráter complementar (*rectius*, suplementar) - baseado na prévia constituição de reservas que garantam o benefício contratado -, adesão facultativa e organização autônoma em relação ao regime geral de previdência social. Com a Emenda Constitucional n. 20 de 1998, a Carta Magna passou a estabelecer, no art. 202, § 3º, ser vedado o aporte de recursos a entidade de previdência privada pela União, Estados, Distrito Federal e Municípios, suas autarquias, fundações, empresas públicas, sociedades de economia mista e outras entidades públicas, salvo na qualidade de patrocinador, situação na qual, em hipótese alguma, sua contribuição normal poderá exceder a do segurado.

Nesse contexto, com o advento da Lei Complementar n. 108/2001 – Diploma cuja edição foi determinada pelo art. 202, § 4º, da CF –, o ordenamento jurídico passou a contar com novas normas cogentes, estabelecendo o art. 3º, I, do mencionado Diploma infraconstitucional, a necessidade de cessação do vínculo com o patrocinador, para se tornar elegível a um benefício de prestação que seja programada e continuada. Dessarte, embora a relação contratual de previdência privada não se confunda com a relação de emprego mantida pelo participante com a patrocinadora, a vedação ao recebimento de benefício de previdência complementar, sem que tenha havido o rompimento do vínculo trabalhista, em vista das mudanças operadas no ordenamento jurídico, é perfeitamente possível e razoável, pois refletirá no período médio de recebimento de benefícios pela coletividade de beneficiários do plano. Ademais, consigna-se que os arts. 17, parágrafo único, e 68, § 1º, da Lei Complementar n. 109/2001 dispõem expressamente que as alterações processadas nos regulamentos dos planos de benefícios aplicam-se a todos os participantes das entidades fechadas, a partir de sua aprovação pelo órgão regulador e fiscalizador, só sendo considerados direito adquirido do participante a partir da implementação de todas as condições estabelecidas para elegibilidade consignadas no regulamento do respectivo plano. Conclui-se, portanto, que a legislação de regência impõe como condição de elegibilidade ao benefício a cessação do vínculo de emprego com a patrocinadora e estabelece só haver direito adquirido ao benefício – nos moldes do regulamento vigente -, no momento em que o participante passa a ter direito ao benefício complementar de previdência privada.

Os **reajustes** dos benefícios em manutenção serão efetuados de acordo com critérios estabelecidos nos **regulamentos** dos planos de benefícios, **vedado o repasse de ganhos de produtividade, abono e vantagens de qualquer natureza para tais benefícios.**

Nesse sentido, decisão da 2ª Seção do STJ:

> **Informativo 541- "DIREITO PREVIDENCIÁRIO. PLANOS DE BENEFÍCIOS DE PREVIDÊNCIA PRIVADA FECHADA PATROCINADOS PELA ADMINISTRAÇÃO DIRETA E INDIRETA. RECURSO REPETITIVO (ART. 543-C DO CPC E RES. 8/2008-STJ).**
>
> **Nos planos de benefícios de previdência privada fechada, patrocinados pelos entes federados – inclusive suas autarquias, fundações, sociedades de economia mista e empresas controladas direta ou indiretamente –, é vedado o repasse de abono e vantagens de qualquer natureza para os benefícios em manutenção, sobretudo a partir da vigência da LC 108/2001, independentemente das disposições estatutárias e regulamentares; e não é possível a concessão de verba não prevista no regulamento do plano de benefícios de previdência privada, pois a previdência complementar tem por pilar o sistema de capitalização, que pressupõe a acumulação de reservas para assegurar o custeio dos benefícios contratados, em um período de longo prazo.** De início, cumpre consignar que a relação contratual mantida entre a entidade de previdência privada administradora do plano de benefícios e os assistidos não se confunde com a relação de emprego, estabelecida entre participantes obreiros e a patrocinadora. Desse modo, é manifestamente descabida a aplicação pura e simples – alheia às peculiaridades do regime de previdência privada –, dos princípios, regras gerais e disposições normativas próprias do direito do trabalho. A constituição de reservas no regime de previdência privada complementar deve ser feita por meio de cálculos embasados em estudos de natureza atuarial, que prevejam as despesas e garantam, em longo prazo, o respectivo custeio. Dessarte, os planos de previdência complementar de adesão facultativa devem ser elaborados com base em cálculos atuariais e reavaliados ao final de cada exercício, conforme o art. 43 da ab-rogada Lei 6.435/1977 e o art. 23 da LC 109/2001. Nesse passo, o art. 202 da CF consagra o regime de financiamento por capitalização, ao estabelecer que a previdência privada tem caráter complementar – baseado na constituição de reservas que garantam o benefício contratado –, adesão facultativa e organização autônoma em relação ao regime geral de previdência social. Nesse sentido, a

EC 20/1998 passou a estabelecer, no art. 202, § 3º, ser vedado o aporte de recursos à entidade de previdência privada pela União, Estados, Distrito Federal e Municípios, suas autarquias, fundações, empresas públicas, sociedades de economia mista e outras entidades públicas, salvo na qualidade de patrocinador, situação na qual, em hipótese alguma, sua contribuição normal poderá exceder a do segurado. A propósito, o art. 7º, parágrafo único, da LC 108/2001 estabelece que a despesa administrativa da entidade de previdência será custeada pelo patrocinador e pelos participantes e assistidos, facultada aos patrocinadores a cessão de pessoal às entidades de previdência complementar que patrocinam, desde que ressarcidos os custos correspondentes. Cabe, ainda, observar que, no regime fechado de previdência privada, a entidade não opera com patrimônio próprio – sendo-lhe vedada até mesmo a obtenção de lucro –, tratando-se tão somente de administradora do fundo formado pelas contribuições da patrocinadora e dos participantes e assistidos, havendo um mutualismo, com explícita submissão ao regime de capitalização. Na verdade, existe explícito mecanismo de solidariedade sobre os valores alocados ao fundo comum obtidos pelo plano de benefícios pertencentes aos participantes e beneficiários do plano, de modo que todo excedente do fundo de pensão é aproveitado em favor de seus próprios integrantes. Ademais, o art. 20 da LC 109/2001 estabelece que o resultado superavitário dos planos de benefícios das entidades fechadas, ao final do exercício, depois de satisfeitas as exigências regulamentares relativas aos mencionados planos, será destinado à constituição de reserva de contingência, para garantia de benefícios, até o limite de vinte e cinco por cento do valor das reservas matemáticas. Constituída a reserva de contingência, com os valores excedentes será estabelecida reserva especial para revisão do plano de benefícios que, se não utilizada por três exercícios consecutivos, determinará a revisão obrigatória do plano de benefícios. Nesse contexto, é razoável a vedação, incidindo para os planos de benefícios já instituídos, do repasse de ganhos de produtividade, abono e vantagens de qualquer natureza obtidos pelos participantes em atividade para os benefícios promovidos pelo plano de previdência, em razão de regra jurídica cogente contida no art. 3º, parágrafo único, da LC 108/2001. Ressalte-se, ainda, que a LC 108/2001 vinculou assistidos, participantes, entidade de previdência privada e órgãos públicos fiscalizador e regulador às suas regras de caráter cogente e eficácia imediata, sendo desnecessária a submissão das novas diretrizes traçadas pela referida norma à deliberação do conselho da entidade de previdência privada e posterior aprovação pelo órgão público fiscalizador, a fim de promover alteração regulamentar. Convém esclarecer que é dever do Estado velar pelos interesses dos participantes e beneficiários dos planos – verdadeiros detentores do fundo formado –, garantindo a irredutibilidade do benefício, mas não a concessão, em prejuízo do equilíbrio atuarial, de ganhos reais aos assistidos, que já gozam de situação privilegiada com relação aos participantes – que poderão, em caso de desequilíbrio atuarial, ver reduzidos os benefícios a serem concedidos. Por fim, **mutatis mutandis**, em se tratando de relação estatutária, envolvendo servidores públicos, consoante a iterativa jurisprudência do STF, só há violação ao direito adquirido e à irredutibilidade de vencimentos em caso de redução do valor nominal dos vencimentos. REsp 1.425.326-RS, Rel. Min. Luis Felipe Salomão, julgado em 28/5/2014".

É vedado à União, aos Estados, ao Distrito Federal e aos Municípios, suas autarquias, fundações, empresas públicas, sociedades de economia mista e outras entidades públicas o aporte de recursos a entidades de previdência privada de caráter complementar, **salvo na condição de patrocinador**.

Ademais, a responsabilidade pelo custeio dos benefícios será do patrocinador e dos participantes, inclusive dos assistidos.

A contribuição normal do patrocinador para plano de benefícios, em hipótese alguma, excederá a do participante, observada a regra de transição do artigo 5º da Emenda Constitucional nº 20/98[32] e as regras específicas emanadas pela PREVIC.

De acordo com o TCU[33], a contribuição do patrocinador estatal para plano de benefícios de previdência privada tem como limite a contribuição do participante, inclusive assistido (art. 6º, § 1º, da LC 108/2001), não abrangendo o segurado beneficiário (pensionista ou dependente), conforme conceitos definidos no art. 8º da LC 109/2001.

32. Art. 5º – O disposto no art. 202, §3º, da Constituição Federal, quanto à exigência de paridade entre a contribuição da patrocinadora e a contribuição do segurado, terá vigência no prazo de dois anos a partir da publicação desta Emenda, ou, caso ocorra antes, na data de publicação da lei complementar a que se refere o § 4º do mesmo artigo.

33. Acórdão 1252/2017 Plenário (Pedido de Reexame, Relator Ministro Vital do Rêgo).

Vale registrar que os serviços sociais autônomos, como pessoas jurídicas de direito privado prestadoras de serviço público, enquadram-se no conceito de patrocinador público e sujeitam-se ao princípio da paridade contributiva. Nesse sentido, o TCU:

> "SUMÁRIO: PRESTAÇÃO DE CONTAS. APORTE DE RECURSOS DESTINADOS AO PAGAMENTO DE PREVIDÊNCIA PRIVADA ABERTA. INOBSERVÂNCIA AOS PRECEITOS CONSTITUCIONAIS QUE REGEM A MATÉRIA. IRREGULARIDADE DAS CONTAS. DÉBITO E MULTA. 1. Aplica-se aos serviços sociais autônomos a regra insculpida no art. 202, § 3º, da Constituição Federal. 2. Não é admissível o aporte de recursos públicos a instituição de previdência complementar de natureza aberta. 3. Os recursos destinados pelos patrocinadores às entidades de previdência privada deverão observar o princípio da paridade contributiva" (TC-011.363/2003-0. Data da Sessão: 6/4/2011 – Ordinária).

Além das contribuições normais, os planos poderão prever o aporte de recursos pelos participantes, a título de **contribuição facultativa, sem contrapartida do patrocinador**.

É vedado ao patrocinador assumir encargos adicionais para o financiamento dos planos de benefícios, além daqueles previstos nos respectivos planos de custeio, cabendo ao patrocinador, participantes e assistidos o custeio da despesa administrativa da entidade de previdência complementar.

É facultada aos patrocinadores a **cessão de pessoal** às entidades de previdência complementar que patrocinam, desde que ressarcidos os custos correspondentes.

Por fim, destaque-se que as entidades fechadas de previdência complementar patrocinadas por **empresas privadas permissionárias ou concessionárias** de prestação de serviços públicos subordinam-se, **no que couber**, às disposições da Lei Complementar 108/2001, na forma estabelecida pela PREVIC e pelo Conselho Nacional da Previdência Complementar.

2.8. O PROCESSO ADMINISTRATIVO PARA A APURAÇÃO DE RESPONSABILIDADE

De acordo com o artigo 65, da LC 109/2001, a infração de qualquer disposição desta Lei Complementar ou de seu regulamento, para a qual não haja penalidade expressamente cominada, sujeita a pessoa física ou jurídica responsável, conforme o caso e a gravidade da infração, às seguintes penalidades administrativas, observado o disposto em regulamento:

> I - advertência;
>
> II - suspensão do exercício de atividades em entidades de previdência complementar pelo prazo de até cento e oitenta dias;
>
> III - inabilitação, pelo prazo de dois a dez anos, para o exercício de cargo ou função em entidades de previdência complementar, sociedades seguradoras, instituições financeiras e no serviço público; e
>
> IV - multa de dois mil reais a um milhão de reais, devendo esses valores, a partir da publicação desta Lei Complementar, ser reajustados de forma a preservar, em caráter permanente, seus valores reais.

A penalidade de multa será imputada ao agente responsável, respondendo solidariamente a entidade de previdência complementar, assegurado o direito de regresso, e poderá ser aplicada cumulativamente com demais penalidades *suso* citadas. Na hipótese de reincidência, a multa deverá ser aplicada em dobro.

Por sua vez, nos termos do artigo 67 da LC 109/2001, o exercício de atividade de previdência complementar por qualquer pessoa, física ou jurídica, sem a autorização devida do órgão competente, inclusive a comercialização de planos de benefícios, bem como a captação ou a administração de recursos de terceiros com o objetivo de, direta ou indiretamente, adquirir ou conceder benefícios previdenciários sob qualquer forma, submete o responsável à penalidade de inabilitação pelo prazo de dois a dez anos para o exercício de cargo ou função em entidade de previdência complementar, sociedades seguradoras, instituições financeiras e no serviço público, além de multa aplicável de dois mil reais a um milhão de reais, bem como noticiar ao Ministério Público.

A regulamentação é dada pelo Decreto 4.942/2003, que trata do processo administrativo para apuração de responsabilidade por infração à legislação no âmbito do regime da previdência complementar, operado pelas entidades fechadas de previdência complementar, de que trata o art. 66 da Lei Complementar nº 109, de 29 de maio de 2001, a aplicação das penalidades administrativas, e dá outras providências.

De efeito, o **processo administrativo** referido é o instrumento destinado a apurar responsabilidade de pessoa física ou jurídica, por ação ou omissão, no exercício de suas atribuições ou competências, e terá início com a lavratura do auto de infração ou a instauração do inquérito administrativo.

De sua vez, o inquérito administrativo decorrerá da decretação de intervenção ou liquidação extrajudicial, do oferecimento de denúncia e representação, bem como de atividade de fiscalização levada a efeito pela Secretaria de Previdência Complementar.

A **representação** é o documento pelo qual uma autoridade ou órgão do poder público, ao tomar ciência de irregularidade praticada no âmbito da entidade fechada de previdência complementar ou de seus planos de benefícios, comunica o fato à Secretaria de Previdência Complementar em relatório circunstanciado, para registro e apuração.

Já a **denúncia** é o instrumento utilizado por qualquer pessoa física ou jurídica para noticiar, perante a Secretaria de Previdência Complementar, a existência de suspeita de infração às disposições legais ou disciplinadoras das entidades fechadas de previdência complementar.

Desde a sua instituição na condição de autarquia federal com poder fiscalizatório na seara da previdência complementar fechada, por força da Lei 12.154/2009, passou a ser da competência da PREVIC – Superintendência Nacional de Previdência Complementar, lavrar **auto de infração** destinado ao registro de ocorrência de infração praticada no âmbito do regime da previdência complementar, operado pelas entidades fechadas de previdência complementar.

O autuado poderá apresentar defesa à PREVIC, no prazo de quinze dias, contado da data do recebimento da notificação, indicando:

I – a autoridade a quem é dirigida;

II – a qualificação do autuado;

III – os motivos, de fato e de direito, que sustentam a defesa; e

> IV – todas as provas que pretende produzir de forma justificada, inclusive o rol de eventuais testemunhas.

O julgamento do auto de infração será realizado pela Diretoria Colegiada da Superintendência Nacional de Previdência Complementar – PREVIC, nos termos da Lei 12.154/2009 e do Decreto 7.123/2010, sendo que a defesa apresentada fora do prazo não será conhecida.

Os recursos serão interpostos no prazo de 15 dias pelo interessado perante a Diretoria Colegiada da Previc, que deverá determinar sua juntada aos autos do respectivo processo administrativo, os quais serão remetidos à Secretaria-Executiva da Câmara de Recursos da Previdência Complementar - CRPC.

Nesse sentido, nos termos do Decreto 7.123/2010, à CRPC, órgão recursal colegiado no âmbito do Ministério da Economia, compete apreciar e julgar, encerrando a instância administrativa, os recursos interpostos contra decisão da Diretoria Colegiada da Superintendência Nacional de Previdência Complementar - Previc:

> I - sobre a conclusão dos relatórios finais dos processos administrativos iniciados por lavratura de auto de infração ou instauração de inquérito, com a finalidade de apurar responsabilidade de pessoa física ou jurídica, e sobre a aplicação das penalidades cabíveis; e
>
> II - sobre as impugnações referentes aos lançamentos tributários da Taxa de Fiscalização e Controle da Previdência Complementar - Tafic.

Por sua vez, se a Diretoria Colegiada não se reconsiderar expressamente em cinco dias contados da data do protocolo do recurso, entender-se-á que sua decisão está mantida por seus próprios fundamentos.

Antes da criação da PREVIC e da CRPC pela Lei 12.154/2009, competia ao Secretário de Previdência Complementar julgar o auto de infração. Da decisão do Secretário de Previdência Complementar cabia recurso ao Conselho de Gestão da Previdência Complementar, com efeito suspensivo, no prazo de quinze dias, contado do recebimento da decisão-notificação.

Ademais, se o recorrente alegar que a decisão impugnada contraria súmula vinculante, caberá à Diretoria Colegiada ou ao

Diretor-Superintendente da Previc, *ad referendum* da Diretoria Colegiada, explicitar, antes de encaminhar o recurso à Secretaria-Executiva da CRPC, as razões da inaplicabilidade da súmula, se não for o caso de reconsideração.

De acordo com o Regulamento, admitir ou não o recurso é prerrogativa da CRPC, sendo vedado a qualquer outro órgão recusar seu recebimento ou sustar-lhe o andamento. O depósito prévio previsto no artigo 14 do Decreto 4.942/2003 para a admissão do recurso administrativo não mais subsiste ante o entendimento da súmula vinculante STF 21:

> "Súmula vinculante 21 - É inconstitucional a exigência de depósito ou arrolamento prévios de dinheiro ou bens para admissibilidade de recurso administrativo".

Caberão embargos de declaração quando na decisão houver obscuridade, ambiguidade ou contradição entre o resultado do julgamento e os seus fundamentos ou quando for omitido ponto sobre o qual deveria pronunciar-se o colegiado.

De seu turno, será objeto de recurso de ofício a decisão que anular ou cancelar o auto de infração, bem como no caso de reconsideração da Diretoria Colegiada da PREVIC. Vale registrar que não cabe recurso contra a decisão Câmara de Recursos da Previdência Complementar, vez que é a última instância administrativa.

As **infrações administrativas em espécie** são enumeradas no Capítulo VIII do Decreto 4.942/2003:

> "Art. 63. Deixar de constituir reservas técnicas, provisões e fundos, de conformidade com os critérios e normas fixados pelo Conselho de Gestão da Previdência Complementar e pela Secretaria de Previdência Complementar.
>
> Penalidade: multa de R$ 20.000,00 (vinte mil reais), podendo ser cumulada com suspensão pelo prazo de até cento e oitenta dias ou com inabilitação pelo prazo de dois a dez anos.
>
> Art. 64. Aplicar os recursos garantidores das reservas técnicas, provisões e fundos dos planos de benefícios em desacordo com as diretrizes estabelecidas pelo Conselho Monetário Nacional.

Penalidade: multa de R$ 20.000,00 (vinte mil reais), podendo ser cumulada com suspensão pelo prazo de até cento e oitenta dias ou com inabilitação pelo prazo de dois a dez anos.

Art. 65. Deixar de fornecer aos participantes, quando de sua inscrição no plano de benefícios, o certificado de participante, cópia do regulamento atualizado, material explicativo em linguagem simples e precisa ou outros documentos especificados pelo Conselho de Gestão da Previdência Complementar e pela Secretaria de Previdência Complementar.

Penalidade: advertência ou multa de R$ 10.000,00 (dez mil reais).

Art. 66. Divulgar informação diferente das que figuram no regulamento do plano de benefícios ou na proposta de inscrição ou no certificado de participante.

Penalidade: advertência ou multa de R$ 10.000,00 (dez mil reais).

Art. 67. Deixar de contratar operação de resseguro, quando a isso estiver obrigada a entidade fechada de previdência complementar.

Penalidade: multa de R$ 15.000,00 (quinze mil reais) ou suspensão por até cento e oitenta dias.

Art. 68. Celebrar convênio de adesão com patrocinador ou instituidor e iniciar a operação do plano de benefícios, sem submetê-lo a prévia autorização da Secretaria de Previdência Complementar ou iniciar a operação de plano sem celebrar o convênio de adesão.

Penalidade: multa de R$ 25.000,00 (vinte e cinco mil reais), podendo ser cumulada com inabilitação de dois a dez anos.

Art. 69. Iniciar a operação de plano de benefícios sem observar os requisitos estabelecidos pelo Conselho de Gestão da Previdência Complementar ou pela Secretaria de Previdência Complementar para a modalidade adotada.

Penalidade: advertência ou multa de R$ 10.000,00 (dez mil reais).

Art. 70. Deixar de prever no plano de benefícios qualquer um dos institutos previstos no art. 14 da Lei Complementar nº 109, de 2001, ou cercear a faculdade de seu exercício pelo participante, observadas as normas estabelecidas pelo Conselho de Gestão da Previdência Complementar e pela Secretaria de Previdência Complementar.

Penalidade: multa de R$ 15.000,00 (quinze mil reais), podendo ser cumulada com suspensão pelo prazo de até trinta dias.

Art. 71. Permitir que os recursos financeiros correspondentes à portabilidade do direito acumulado transitem pelos participantes dos planos de benefícios, sob qualquer forma.

Penalidade: multa de R$ 20.000,00 (vinte mil reais), podendo ser cumulada com suspensão de até sessenta dias.

Art. 72. Deixar a entidade fechada de previdência complementar de oferecer plano de benefícios a todos os empregados ou servidores do patrocinador ou associados ou membros do instituidor, observada a exceção prevista no § 3º do art. 16 da Lei Complementar nº 109, de 2001.

Penalidade: advertência ou multa de R$ 10.000,00 (dez mil reais).

Art. 73. Utilizar no cálculo das reservas matemáticas, fundos e provisões, bem como na estruturação do plano de custeio, métodos de financiamento, regime financeiro e bases técnicas que não guardem relação com as características da massa de participantes e de assistidos e da atividade desenvolvida pelo patrocinador ou pelo instituidor, ou em desacordo com as normas emanadas do Conselho de Gestão da Previdência Complementar e da Secretaria de Previdência Complementar.

Penalidade: multa de R$ 20.000,00 (vinte mil reais), podendo ser cumulada com suspensão de até cento e oitenta dias.

Art. 74. Deixar de manter, em cada plano de benefícios, os recursos garantidores das reservas técnicas, provisões e fundos suficientes à cobertura dos compromissos assumidos, conforme regras do Conselho de Gestão da Previdência Complementar e da Secretaria de Previdência Complementar.

Penalidade: multa de R$ 20.000,00 (vinte mil reais), podendo ser cumulada com suspensão pelo prazo de até cento e oitenta dias ou inabilitação de dois a dez anos.

Art. 75. Utilizar para outros fins as reservas constituídas para prover o pagamento de benefícios de caráter previdenciário, ainda que por meio de procedimentos contábeis ou atuariais.

Penalidade: multa de R$ 15.000,00 (quinze mil reais), podendo ser cumulada com suspensão por até sessenta dias.

Art. 76. Utilizar de forma diversa da prevista na legislação o resultado superavitário do exercício ou deixar de constituir as reservas de contingência e a reserva especial para revisão do plano de benefícios; bem como deixar de realizar a revisão obrigatória do plano de benefícios.

Penalidade: multa de R$ 10.000,00 (dez mil reais), podendo ser cumulada com suspensão pelo prazo de até cento e oitenta dias.

Art. 77. Efetuar redução de contribuições em razão de resultados superavitários do plano de benefícios em desacordo com a legislação.

Penalidade: multa de R$ 10.000,00 (dez mil reais), podendo ser cumulada com suspensão pelo prazo de até cento e oitenta dias.

Art. 78. Deixar de adotar as providências, previstas em lei, para equacionamento do resultado deficitário do plano de benefícios ou fazê-lo em desacordo com as normas estabelecidas pelo Conselho de Gestão da Previdência Complementar e pela Secretaria de Previdência Complementar.

Penalidade: multa de R$ 20.000,00 (vinte mil reais), podendo ser cumulada com suspensão pelo prazo de até cento e oitenta dias.

Art. 79. Deixar de adotar as providências para apuração de responsabilidades e, quando for o caso, deixar de propor ação regressiva contra dirigentes ou terceiros que deram causa a dano ou prejuízo à entidade fechada de previdência complementar ou a seus planos de benefícios.

Penalidade: multa de R$ 15.000,00 (quinze mil reais), podendo ser cumulada com suspensão pelo prazo de até noventa dias.

Art. 80. Deixar de estabelecer o nível de contribuição necessário por ocasião da instituição do plano de benefícios ou do encerramento do exercício, ou realizar avaliação atuarial sem observar os critérios de preservação da solvência e equilíbrio financeiro e atuarial dos planos de benefícios, estabelecidos pelo Conselho de Gestão da Previdência Complementar.

Penalidade: multa de R$ 15.000,00 (quinze mil reais), podendo ser cumulada com suspensão pelo prazo de até trinta dias.

Art. 81. Deixar de divulgar aos participantes e aos assistidos, na forma, no prazo ou pelos meios determinados pelo Conselho de Gestão da Previdência Complementar e pela Secretaria de Previdência Complementar, ou pelo Conselho Monetário Nacional, informações contábeis, atuariais, financeiras ou de investimentos relativas ao plano de benefícios ao qual estejam vinculados.

Penalidade: multa de R$ 15.000,00 (quinze mil reais), podendo ser cumulada com suspensão de até sessenta dias.

Art. 82. Deixar de prestar à Secretaria de Previdência Complementar informações contábeis, atuariais, financeiras, de investimentos ou outras previstas na regulamentação, relativamente ao plano de benefícios e à própria entidade fechada de previdência complementar, no prazo e na forma determinados pelo Conselho de Gestão da Previdência Complementar e pela Secretaria de Previdência Complementar.

Penalidade: multa de R$ 15.000,00 (quinze mil reais), podendo ser cumulada com suspensão de até sessenta dias.

Art. 83. Descumprir as instruções do Conselho de Gestão da Previdência Complementar e da Secretaria de Previdência Complementar sobre as normas e os procedimentos contábeis aplicáveis aos planos de benefícios da entidade fechada de previdência complementar ou deixar de submetê-los a auditores independentes.

Penalidade: multa de R$ 15.000,00 (quinze mil reais), podendo ser cumulada com suspensão pelo prazo de até sessenta dias.

Art. 84. Deixar de atender a requerimento formal de informação, encaminhado pelo participante ou pelo assistido, para defesa de direitos e esclarecimento de situação de interesse pessoal específico, ou atendê-la fora do prazo fixado pelo Conselho de Gestão da Previdência Complementar e pela Secretaria de Previdência Complementar.

Penalidade: advertência ou multa de R$ 10.000,00 (dez mil reais).

Art. 85. Promover a extinção de plano de benefícios ou a retirada de patrocínio sem autorização da Secretaria de Previdência Complementar.

Penalidade: multa de R$ 20.000,00 (vinte mil reais), podendo ser cumulada com inabilitação de dois a dez anos.

Art. 86. Admitir ou manter como participante de plano de benefícios pessoa sem vínculo com o patrocinador ou com o instituidor, observadas as excepcionalidades previstas na legislação.

Penalidade: multa de R$ 20.000,00 (vinte mil reais), podendo ser cumulada com inabilitação de dois a dez anos.

Art. 87. Deixar, a entidade fechada de previdência complementar constituída por pessoas jurídicas de caráter profissional, classista ou setorial, de terceirizar a gestão dos recursos garantidores das reservas técnicas.

Penalidade: multa de R$ 15.000,00 (quinze mil reais) ou inabilitação pelo prazo de dois anos.

Art. 88. Deixar de segregar o patrimônio do plano de benefícios do patrimônio do instituidor ou da instituição gestora dos recursos garantidores.

Penalidade: multa de R$ 15.000,00 (quinze mil reais) ou inabilitação pelo prazo de dois anos.

Art. 89. Prestar serviços que não estejam no âmbito do objeto das entidades fechadas de previdência complementar.

Penalidade: multa de R$ 20.000,00 (vinte mil reais), podendo ser cumulada com suspensão de até cento e oitenta dias.

Art. 90. Descumprir cláusula do estatuto da entidade fechada de previdência complementar ou do regulamento do plano de benefícios, ou adotar cláusula do estatuto ou do regulamento sem submetê-la à prévia e expressa aprovação da Secretaria de Previdência Complementar.

Penalidade: multa de R$ 10.000,00 (dez mil reais), podendo ser cumulada com suspensão pelo prazo de até cento e oitenta dias.

Art. 91. Realizar operação de fusão, cisão, incorporação ou outra forma de reorganização societária da entidade fechada de previdência complementar ou promover a transferência de patrocínio ou a transferência de grupo de participantes ou de assistidos, de plano de benefícios e de reservas entre entidades fechadas sem prévia e expressa autorização da Secretaria de Previdência Complementar.

Penalidade: multa de R$ 20.000,00 (vinte mil reais), podendo ser cumulada com inabilitação de dois a dez anos.

Art. 92. Instituir ou manter estrutura organizacional em desacordo com a forma determinada pela legislação ou manter membros nos órgãos deliberativo, executivo ou fiscal sem o preenchimento dos requisitos exigidos pela legislação.

Penalidade: multa de R$ 10.000,00 (dez mil reais), podendo ser cumulada com inabilitação de dois a cinco anos.

Art. 93. Deixar de prestar, manter desatualizadas ou prestar incorretamente as informações relativas ao diretor responsável pelas aplicações dos recursos do plano de benefícios da entidade fechada de previdência complementar, bem como descumprir o prazo ou a forma determinada.

Penalidade: multa de R$ 10.000,00 (dez mil reais), podendo ser cumulada com suspensão pelo prazo de até cento e oitenta dias.

Art. 94. Deixar de atender à Secretaria de Previdência Complementar quanto à requisição de livros, notas técnicas ou quaisquer documentos relativos aos planos de benefícios da entidade fechada de previdência complementar, bem como quanto à solicitação de realização de auditoria, ou causar qualquer embaraço à fiscalização do referido órgão.

Penalidade: multa de R$ 20.000,00 (vinte mil reais), podendo ser cumulada com suspensão pelo prazo de até cento e oitenta dias.

Art. 95. Deixar de prestar ou prestar fora do prazo ou de forma inadequada informações ou esclarecimentos específicos solicitados formalmente pela Secretaria de Previdência Complementar.

Penalidade: multa de R$ 20.000,00 (vinte mil reais), podendo ser cumulada com suspensão de até cento e oitenta dias.

Art. 96. Deixar os administradores e conselheiros ou ex-administradores e ex-conselheiros de prestar informações ou esclarecimentos solicitados por administrador especial, interventor ou liquidante.

Penalidade: multa de R$ 20.000,00 (vinte mil reais), podendo ser cumulada com suspensão de até cento e oitenta dias.

Art. 97. Deixar, o interventor, de solicitar aprovação prévia e expressa da Secretaria de Previdência Complementar para os atos que impliquem oneração ou disposição do patrimônio do plano de benefícios da entidade fechada de previdência complementar, nos termos disciplinados pelo referido órgão.

Penalidade: multa de R$ 10.000,00 (dez mil reais).

Art. 98. Incluir, o liquidante, no quadro geral de credores habilitação de crédito indevida ou omitir crédito de que tenha conhecimento.

Penalidade: multa de R$ 10.000,00 (dez mil reais).

Art. 99. Deixar de promover a execução judicial de dívida do patrocinador de plano de benefícios de entidade fechada de previdência complementar, nos termos do art. 62 deste Decreto.

Penalidade: multa de R$ 20.000,00 (vinte mil reais), podendo ser cumulada com suspensão de até cento e oitenta dias ou com inabilitação de dois a dez anos.

Art. 100. Deixar de comunicar à Secretaria de Previdência Complementar a inadimplência do patrocinador pela não-efetivação das contribuições normais ou extraordinárias a que estiver obrigado, na forma do regulamento do plano de benefícios ou de outros instrumentos contratuais.

Penalidade: multa de R$ 20.000,00 (vinte mil reais), podendo ser cumulada com suspensão de até cento e oitenta dias.

Art. 101. Alienar ou onerar, sob qualquer forma, bem abrangido por indisponibilidade legal resultante de intervenção ou de liquidação extrajudicial da entidade fechada de previdência complementar.

Penalidade: multa de R$ 25.000,00 (vinte e cinco mil reais), podendo ser cumulada com inabilitação pelo prazo de dois a cinco anos.

Art. 102. Exercer atividade própria das entidades fechadas de previdência complementar sem a autorização devida da Secretaria de Previdência Complementar, inclusive a comercialização de planos de benefícios, bem como a captação ou a administração de recursos de terceiros com o objetivo de, direta ou indiretamente, adquirir ou conceder benefícios previdenciários sob qualquer forma.

Penalidade: multa de R$ 2.000,00 (dois mil reais) a R$ 1.000.000,00 (um milhão de reais) e inabilitação pelo prazo de dois a dez anos.

Art. 103. Realizar em nome da entidade fechada de previdência complementar operação comercial ou financeira, vedada pela legislação, com pessoas físicas ou jurídicas.

Penalidade: multa de R$ 20.000,00 (vinte mil reais), podendo ser cumulada com suspensão pelo prazo de até sessenta dias.

Art. 104. Permitir que participante, vinculado a plano de benefícios patrocinado por órgão, empresa ou entidade pública, entre em gozo de benefício sem observância dos incisos I e II do art. 3º da Lei Complementar nº 108, de 2001.

Penalidade: multa de R$ 10.000,00 (dez mil reais), podendo ser cumulada com suspensão pelo prazo de até trinta dias.

Art. 105. Permitir o repasse de ganhos de produtividade, abono ou vantagens de qualquer natureza para o reajuste dos benefícios em manutenção em plano de benefícios patrocinado por órgão ou entidade pública.

Penalidade: advertência ou multa de R$ 10.000,00 (dez mil reais).

Art. 106. Elevar a contribuição de patrocinador sem prévia manifestação do órgão responsável pela supervisão, pela coordenação e pelo controle de patrocinador na esfera de órgão ou entidade pública.

Penalidade: advertência ou multa de R$ 10.000,00 (dez mil reais).

Art. 107. Cobrar do patrocinador na esfera de órgão ou entidade pública contribuição normal excedente à do conjunto dos participantes e assistidos a eles vinculados ou encargos adicionais para financiamento dos planos de benefícios, além dos previstos no plano de custeio.

Penalidade: advertência ou multa de R$ 10.000,00 (dez mil reais).

> Art. 108. Cobrar despesa administrativa do patrocinador na esfera de órgão ou entidade pública ou dos participantes e assistidos sem observância dos limites e critérios estabelecidos pelo Conselho de Gestão da Previdência Complementar ou pela Secretaria de Previdência Complementar.
>
> Penalidade: advertência ou multa de R$ 10.000,00 (dez mil reais).
>
> Art. 109. Exercer em nome de entidade fechada de previdência complementar patrocinada por órgão ou entidade pública o controle de sociedade anônima ou participar em acordo de acionistas, que tenha por objeto formação de grupo de controle de sociedade anônima, sem prévia e expressa autorização do patrocinador e do seu respectivo ente controlador.
>
> Penalidade: multa de R$ 15.000,00 (quinze mil reais), podendo ser cumulada com inabilitação pelo prazo de dois anos.
>
> Art. 110. Violar quaisquer outros dispositivos das Leis Complementares n°s 108 e 109, de 2001, e dos atos normativos regulamentadores das referidas Leis Complementares.
>
> Penalidade: multa de R$ 10.000,00 (dez mil reais), podendo ser cumulada com suspensão pelo prazo de até cento e oitenta dias ou com inabilitação pelo prazo de dois anos até dez anos".

São circunstâncias que **atenuam** a aplicação das penalidades:

a) a inexistência de prejuízos à entidade fechada de previdência complementar, ao plano de benefícios por ela administrado ou ao participante;

b) a regularização do ato que ensejou a infração, até a decisão administrativa de primeira instância.

Por outro lado, são circunstâncias que **agravam** a aplicação das penalidades:

a) reincidência;

b) cometimento de infração com a obtenção de vantagens indevidas, de qualquer espécie, em benefício próprio ou de outrem.

c) não adoção de providências no sentido de evitar ou reparar atos lesivos dos quais tenha tomado conhecimento.

Ademais, **prescreve em cinco anos** a ação punitiva da Secretaria de Previdência Complementar, no exercício do poder de polícia, objetivando aplicar penalidade e apurar infração à legislação em vigor, contados da data da prática do ato ou, no caso de infração permanente, do dia em que tiver ela cessado, ou, no caso de infração continuada, do último ato praticado.

Aliás, ocorre a prescrição intercorrente no procedimento administrativo paralisado por mais de três anos, pendente de julgamento ou despacho, sendo os autos arquivados de ofício ou mediante requerimento da parte interessada, sem prejuízo da apuração da responsabilidade funcional decorrente da paralisação, se for o caso.

A prescrição será interrompida pela notificação do autuado, inclusive por meio de edital; por qualquer ato inequívoco que importe apuração do fato; ou pela decisão condenatória recorrível.

Incide, na espécie, o regramento contido na Lei 9.873/99, que estabelece prazo de prescrição para o exercício de ação punitiva pela Administração Pública Federal, direta e indireta, e dá outras providências.

Por fim, a morte do infrator e a prescrição da pretensão punitiva são causas de extinção da punibilidade administrativa.

CAPÍTULO 3

PREVIDÊNCIA COMPLEMENTAR NO SERVIÇO PÚBLICO

3.1. REGRAS CONSTITUCIONAIS NACIONAIS

Com o advento da Emenda Constitucional 20/98, nasceu a autorização constitucional para a instituição do regime de previdência complementar no âmbito do serviço público, antes restrito ao campo privado.

A aprovação dessa reforma na previdência dos servidores públicos decorre de um movimento político que busca aproximar cada vez mais o regime previdenciário dos servidores públicos efetivos ao regime dos trabalhadores em geral, ignorando as peculiaridades inerentes à relação de trabalho no âmbito das pessoas jurídicas de direito público.

Nesse sentido, a Emenda 20/98 inseriu os §§ 14, 15 e 16 no artigo 40 da Constituição Federal, tendo ainda o §15 sua redação alterada pela Emenda 41/03. Ao regime previdenciário público complementar será aplicável, no que couber, as disposições do artigo 202, da Constituição Federal, que trata do regime de previdência complementar privada.

De efeito, a União, os Estados, o Distrito Federal e os Municípios poderiam instituir regime de previdência complementar para os seus servidores efetivos, mediante **lei de iniciativa de o respectivo Poder Executivo**. Antes do advento da Emenda 41/2003, exigia-se que aprovação se desse por lei complementar, podendo agora ser uma mera lei ordinária, que não exige o quórum qualificado.

A Constituição previa a criação de **entidades fechadas de previdência complementar, de natureza pública**, que ofereceriam aos respectivos participantes planos de benefícios somente na modalidade de **contribuição definida**, sendo a **adesão facultativa**:

> *"§ 14 - A União, os Estados, o Distrito Federal e os Municípios, **desde que instituam** regime de previdência complementar para os seus respectivos servidores titulares de cargo efetivo, poderão fixar, para o valor das aposentadorias e pensões a serem concedidas pelo regime de que trata este artigo, o limite máximo estabelecido para os benefícios do regime geral de previdência social de que trata o art. 201. (Incluído pela Emenda Constitucional nº 20, de 15/12/98)".*

Mas os dispositivos constitucionais foram alterados pela **Emenda 103/2019**:

> "§ 14. A União, os Estados, o Distrito Federal e os Municípios **instituirão**, por lei de iniciativa do respectivo Poder Executivo, regime de previdência complementar para servidores públicos ocupantes de cargo efetivo, **observado o limite máximo dos benefícios do Regime Geral de Previdência Social** para o valor das aposentadorias e das pensões em regime próprio de previdência social, ressalvado o disposto no § 16".

Há uma enorme modificação constitucional neste dispositivo, a saber:

A) Passa a ser obrigatória a criação do regime de previdência complementar pelas entidades federativas que possuam RPPS (era facultativo);

B) Passa a ser obrigatória a adoção do teto do RGPS no RPPS após a criação da previdência complementar (era facultativo), respeitado o regime dos antigos servidores, na forma do §16, salvo opção expressa.

Nos termos da art. 9º, §6º, da Emenda 103/2019, a instituição do regime de previdência complementar na forma dos §§ 14 a 16[1] do art. 40 da Constituição Federal e a adequação do órgão ou entidade gestora do regime próprio de previdência social ao § 20 do art. 40 da Constituição Federal **deverão ocorrer no prazo máximo de dois anos da data de entrada em vigor da Emenda Constitucional**.

1. § 16 – Somente mediante sua prévia e expressa opção, o disposto nos §§ 14 e 15 poderá ser aplicado ao servidor que tiver ingressado no serviço público até a data da publicação do ato de instituição do correspondente regime de previdência complementar. (Incluído pela Emenda Constitucional nº 20, de 15/12/98)

O que a Emenda não diz são os efeitos jurídicos previdenciários da mora do Poder Executivo e/ou Legislativo, na hipótese de não criação do regime complementar no aludido biênio.

> "§ 15. O regime de previdência complementar de que trata o § 14 oferecerá plano de benefícios somente na modalidade contribuição definida, observará o disposto no art. 202 e será efetivado por intermédio de entidade fechada de previdência complementar **ou de entidade aberta de previdência complementar**".

Retirou-se a necessidade de que as entidades fechadas de previdência complementar possuam natureza pública, que no caso do modelo federal (Lei 12.618/2012, art. 4º[2]) adotaram a posição de fundações de direito privado, mas integrantes da Administração Pública Indireta.

Em seguida, a MP 1.119/2022 convertida na Lei 14.463/2022 alterou o artigo 4º da Lei 12.618/2012:

> § 1º A Funpresp-Exe, a Funpresp-Leg e a Funpresp-Jud: (Redação dada pela Lei nº 14.463/2022)
>
> I - serão estruturadas na forma de fundação, com personalidade jurídica de direito privado;
>
> II - gozarão de autonomia administrativa, financeira e gerencial; e
>
> III - terão sede e foro no Distrito Federal.

Abriu-se em favor das entidades abertas de previdência complementar (EAPCs) a possibilidade de gerir planos de previdência complementar dos servidores públicos, atendendo a um antigo desejo do mercado financeiro, cuja atividade visa ao lucro que deverá ser suportado pelos participantes e assistidos, ao passo em que o regime fechado não possui finalidade lucrativa.

Mas é necessário que saia a regulamentação do setor. Isso porque dispõe o artigo 33 da Emenda 103/2019 que, "até que seja disciplinada a relação entre a União, os Estados, o Distrito Federal e os Municípios e entidades abertas de previdência complementar na forma do disposto nos §§ 4º e 5º do art. 202 da Constituição Federal, somente entidades fechadas de previdência complementar estão autorizadas a administrar

---

2. § 1º A Funpresp-Exe, a Funpresp-Leg e a Funpresp-Jud serão estruturadas na forma de fundação, de natureza pública, com personalidade jurídica de direito privado, gozarão de autonomia administrativa, financeira e gerencial e terão sede e foro no Distrito Federal. **REDAÇÃO REVOGADA.**

planos de benefícios patrocinados pela União, Estados, Distrito Federal ou Municípios, inclusive suas autarquias, fundações, sociedades de economia mista e empresas controladas direta ou indiretamente".

Logo, este dispositivo nesta parte possui eficácia limitada, dependendo previamente da regulamentação de que tratam os §§ 4º e 5º do artigo 202 da Constituição.

De acordo com a Resolução 16, de 22.11.2005, do Conselho de Gestão da Previdência Complementar, os planos de benefícios na modalidade contribuição definida são aqueles cujos benefícios programados têm seu valor permanentemente ajustado ao saldo de conta mantido em favor do participante, inclusive na fase de percepção de benefícios, considerando o resultado líquido de sua aplicação, os valores aportados e os benefícios pagos.

Ou seja, no plano de contribuição definida os benefícios programados não têm o seu valor ou nível previamente estabelecidos, o que aparentemente poderá gerar insegurança jurídica futura aos novos servidores públicos efetivos.

Após a instituição da previdência pública complementar, as respectivas entidades políticas fixarão, para o valor das aposentadorias e pensões dos Regimes Próprios de Previdência Social, o limite máximo estabelecido para os benefícios do Regime Geral de Previdência Social.

> Todavia, os dispositivos constitucionais que preveem a previdência pública complementar apenas serão aplicáveis aos servidores públicos que tiverem ingressado no serviço público após a data da publicação do ato de instituição do correspondente regime de previdência complementar, **salvo expressa opção em sentido contrário.**

Ressalte-se que os servidores que mudarem de cargo público efetivo não se sujeitarão ao novo regime, desde que não haja interrupção do vínculo com qualquer entidade política (vacância e posse precisam ser no mesmo dia), pois inexiste qualquer restrição constitucional nesse sentido.

No entanto, na visão da Advocacia-Geral da União (AGU) e do extinto Ministério do Planejamento, Orçamento e Gestão (MPOG), entende-se que a mudança de cargo público entre entidades políticas diversas não conserva o regime jurídico previdenciário anterior, mesmo que não haja solução de continuidade.

Assim, caso um servidor público seja aprovado em outro concurso e deixe o seu cargo para assumir outro em entidade política diversa que já tenha instituído regime de previdência complementar para os seus servidores, irá ingressar no novo regime jurídico, mesmo que não sujeito à previdência complementar no vínculo estatutário anterior.

Suponha-se que Giocondia seja servidora pública efetiva de um município que ainda não instituiu um regime de previdência complementar. Após ser aprovada em concurso, é nomeada e empossada em cargo público de um estado da federação que já criou e já funciona o regime complementar para os servidores efetivos estaduais.

Neste caso, Giocondia estará sujeita ao novo regime jurídico previdenciário, pois ingressou no serviço público estadual após a instituição do regime de previdência complementar.

Nesse sentido, a AGU editou o Parecer nº 009/2013/JCBM/CGU/AGU, de 30 de outubro de 2013, aprovado pelo Despacho do Advogado-Geral da União, em 31 de outubro de 2013, que ensejou a Orientação Normativa 17, de 23 de dezembro de 2013, da lavra da Secretaria de Gestão Pública do extinto Ministério do Orçamento, Planejamento e Gestão.

Considerando que o regime de previdência complementar dos servidores efetivos do Poder Executivo da União iniciou o seu funcionamento em 04 de fevereiro de 2013, a posição oficial é que os novos servidores federais empossados a partir desta data devem ingressar no novo regime jurídico, mesmo que egressos do serviço público estadual ou municipal sem interrupção.

Atualmente coube à Instrução Normativa **GP/SEDGG/ME Nº 50, DE 22 DE JULHO DE 2022** estabelecer orientações aos órgãos e entidades integrantes do Sistema de Pessoal Civil da Administração Federal - Sipec sobre o regime de previdência complementar de que trata a Lei nº 12.618, de 30 de abril de 2012:

> *"Art. 1º Esta Portaria dispõe e orienta os órgãos e entidades integrantes do Sistema de Pessoal Civil da Administração Federal (Sipec) quanto aos procedimentos a serem adotados no âmbito do regime de previdência complementar (RPC), instituído pela Lei nº 12.618, de 30 de abril de 2012.*

Disposições Gerais

Art. 2º Estão sujeitos ao regime de previdência complementar de que trata a Lei nº 12.618, de 2012:

I - os servidores públicos federais que tenham ingressado ou venham a ingressar em cargo público efetivo do Poder Executivo Federal a partir de 4 de fevereiro de 2013, exceto a previsão constante no inciso V deste artigo;

II - os servidores públicos federais oriundos dos Poderes Legislativo e Judiciários da União, da Defensoria Pública da União, do Tribunal de Contas da União e do Ministério Público Federal que tenham ingressado nesses poderes ou órgãos a partir de 4 de fevereiro de 2013 e que, posteriormente, venham a ingressar em cargo efetivo do Poder Executivo;

III - os servidores públicos federais egressos de órgãos ou entidades de quaisquer dos entes da federação, que tenham ingressado ou venham a ingressar em cargo público efetivo do Poder Executivo Federal a partir de 4 de fevereiro de 2013;

IV - os servidores públicos federais egressos das carreiras militares que tenham ingressado ou venham a ingressar em cargo público efetivo do Poder Executivo Federal após 4 de fevereiro de 2013;

V - os servidores que ingressaram a partir de 13 de novembro de 2019 na Carreira da Polícia Federal, na Carreira de Policial Rodoviário Federal, na Carreira de Agente Federal de Execução Penal, e no Cargo de Policial Ferroviário Federal, em consonância com o Parecer Vinculante JL - 04, da Advocacia-Geral da União; e

VI - os servidores públicos federais que ingressaram em cargo público efetivo federal antes de 4 de fevereiro de 2013 e optaram pela migração para o RPC, nos termos do § 7º do art. 3º da Lei nº 12.618, de 2012, ou legislações específicas.

§ 1º Para fins desta Instrução Normativa, considera-se:

I - servidores egressos de outros entes da federação, de que trata o inciso III do caput deste artigo, aqueles oriundos de órgãos ou entidades dos Estados, Distrito Federal e Municípios que passaram a ocupar cargo público efetivo do Poder Executivo Federal; e

II - servidores públicos egressos de carreiras militares, de que trata o inciso IV do caput deste artigo, aqueles que foram membros das Forças Armadas, das Polícias Militares e dos Corpos de Bombeiros Militares.

§ 2º O disposto nos incisos III e VI do caput deste artigo aplica-se, inclusive, aos servidores que tenham tomado posse no respectivo órgão ou entidade federal sem interrupção com o vínculo anterior, nos termos do § 6º deste artigo.

§ 3º Os servidores de que tratam os incisos I a VI do caput deste artigo terão suas aposentadorias e pensões, bem como as contribuições ao Regime Próprio de Previdência Social da União - RPPS da União - submetidas ao limite máximo estabelecido para os benefícios do Regime Geral de Previdência Social (RGPS).

§ 4º Os servidores públicos de que tratam o parágrafo anterior que aderirem ao Plano Executivo Federal (ExecPrev) administrado pela Fundação de Previdência Complementar do Poder Executivo Federal (Funpresp-Exe), terão direito ao recebimento de benefícios previdenciários complementares, em conformidade com as regras previstas na legislação e no Regulamento do Plano.

§ 5º O disposto neste artigo não se aplica aos servidores públicos federais oriundos dos Poderes Legislativo e Judiciários da União, da Defensoria Pública da União, do Tribunal de Contas da União e do Ministério Público Federal, que tenham ingressado nesses órgãos antes de 4 de fevereiro de 2013 e que venham a ingressar em cargo do Poder Executivo a qualquer tempo, desde que não haja interrupção com o vínculo anterior.

§ 6º Não haverá interrupção com o vínculo anterior desde que o servidor cumpra aos seguintes requisitos:

I) a vacância do cargo anterior e a posse no novo cargo produzam efeitos na mesma data; e

II) o efetivo exercício tenha início no prazo previsto no §1º, artigo 13 da Lei nº 8.112, de 11 de dezembro de 1990.

Art. 3º O servidor público que tiver ingressado no serviço público federal em data anterior a 4 de fevereiro de 2013, e, posteriormente, solicitar vacância para assumir cargo público inacumulável em outro Poder da União, órgãos constitucionalmente autônomos federais ou ente da Federação, ao solicitar recondução ao primeiro cargo, não será vinculado ao Regime de Previdência Complementar (RPC), desde que não tenha adquirido a estabilidade no segundo cargo.

Parágrafo único. O disposto no caput aplica-se ao servidor que retorne ao Poder Executivo Federal mediante aprovação em concurso público de provas ou de provas e títulos, sem aquisição de estabilidade em cargo de outro ente da federação, desde que não haja interrupção com o vínculo anterior, nos termos do § 6º do artigo 2º.

Competências dos Órgãos Integrantes do Sipec

Art. 4º Competem aos órgãos e entidades integrantes do Sipec:

I - orientar os servidores públicos e esclarecer as suas dúvidas em relação ao Regime de Previdência Complementar instituído pela Lei n° 12.618, de 2012;

II - acompanhar o desconto das contribuições devidas pelos servidores públicos e da contrapartida do patrocinador e transferi-las à Funpresp-Exe, conforme previsto no Regulamento do Plano;

III - receber e encaminhar à Fundação de Previdência Complementar do Servidor Público Federal (Funpresp-Exe) os formulários de inscrição dos servidores públicos que optarem por aderir ao Plano Executivo Federal - ExecPrev, quando a adesão não for possível de ser realizada por meio eletrônico;

IV - informar aos candidatos nomeados para investidura em cargo efetivo federal, no momento da posse, da existência do Plano Executivo Federal - ExecPrev;

V - comunicar à Funpresp-Exe, no prazo de cinco dias úteis, contados a partir da data do fechamento da folha de pagamento do mês em que ocorreu o fato, conforme cronograma mensal disponibilizado no SIAPENET:

a) os afastamentos e licenças sem direito à remuneração dos servidores públicos que sejam Participantes do Plano Executivo Federal - ExecPrev;

b) a ocorrência de vacância no cargo público dos Participantes do Plano Executivo Federal - ExecPrev; e

c) a ocorrência de reversão de aposentadoria ou a perda do direito à pensão do beneficiário.

VI - em caso de ocorrência de perda do vínculo funcional, aposentadoria, falecimento ou concessão de pensão por morte, orientar os servidores públicos Participantes do Plano Executivo Federal - ExecPrev, seus beneficiários e dependentes a entrar em contato com a Funpresp-Exe, objetivando formalizar o requerimento de eventuais benefícios ou institutos previstos no Regulamento do Plano; e

VII - fornecer à Funpresp-Exe as demais informações solicitadas pela entidade em relação aos servidores vinculados ao plano de benefício, respeitando os dados pessoais, nos termos da Lei nº 13.709, de 14 de agosto de 2018, a Lei Geral de Proteção de Dados Pessoais (LGPD).

Parágrafo único. Os Sistemas Estruturantes de Gestão de Pessoal da Administração Pública Federal calcularão automaticamente o valor das contribuições devidas pelo servidor público à Funpresp-Exe.

Adesão ao Plano Executivo Federal - ExecPrev

Art. 5º O servidor público federal, que tenha ingressado em cargo público efetivo do Poder Executivo Federal, poderá aderir ao Plano de Benefícios da Funpresp--Exe a partir do exercício no cargo público efetivo.

§ 1º A partir de 5 de novembro de 2015, data da entrada em vigor da Lei nº 13.183, de 4 de novembro de 2015, os servidores ocupantes de cargo efetivo, cuja remuneração seja superior ao limite máximo estabelecido para os benefícios do Regime Geral de Previdência Social, serão automaticamente inscritos no Plano Executivo Federal - ExecPrev pelo órgão central do Sipec.

§ 2º Fica assegurado ao participante o direito de requerer, a qualquer tempo, o cancelamento de sua inscrição, nos termos do regulamento do plano de benefícios.

§ 3º Na hipótese de o cancelamento ser requerido no prazo de até noventa dias da data da inscrição automática, fica assegurado o direito à restituição integral das contribuições vertidas, a serem pagas em até sessenta dias do pedido de cancelamento, corrigidas monetariamente.

§ 4º O cancelamento da inscrição previsto no § 3º não constitui resgate.

§ 5º A contribuição aportada pelo patrocinador, no caso do cancelamento da inscrição automática previsto no § 3º, será devolvida à respectiva fonte pagadora, no mesmo prazo da devolução da contribuição aportada pelo participante.

§ 6º A adesão do servidor público ao Plano Executivo Federal - ExecPrev poderá ser realizada por meio dos Sistemas Estruturantes de Gestão de Pessoal da Administração Pública Federal.

Participantes do Plano Executivo Federal - ExecPrev

Art. 6º No momento da sua adesão ao Plano Executivo Federal - ExecPrev, o servidor público será classificado em uma das seguintes categorias:

I - Participante Ativo Normal: servidor público que esteja submetido ao teto do Regime Geral de Previdência Social (RGPS) e cuja base de contribuição seja superior ao teto RGPS; ou

II - Participante Ativo Alternativo:

a) servidor público que esteja submetido ao teto do RGPS e cuja base de contribuição seja igual ou inferior ao mesmo teto; ou

b) servidor público que não esteja submetido ao teto do RGPS.

§ 1º Nos casos em que a base de contribuição do servidor público, classificado como Participante Ativo Alternativo, que esteja submetido ao teto do RGPS, seja aumentada a um nível superior ao teto do RGPS, será reclassificado automaticamente na categoria de Participante Ativo Normal, conforme previsto no regulamento do plano.

§ 2º Caso a base de contribuição do servidor público, classificado como Participante Ativo Normal, seja reduzida a um nível igual ou inferior ao teto do RGPS, o servidor poderá, em conformidade com as regras previstas no regulamento do plano:

I - optar pelo instituto do Autopatrocínio; ou

II - não optar pelo instituto do Autopatrocínio, sendo reclassificado automaticamente na categoria de Participante Ativo Alternativo.

§ 3º Na definição da base de contribuição para os fins da classificação e da reclassificação de que tratam o caput e os §§ 1º e 2º deste artigo, será levada em consideração a remuneração do cargo efetivo devida ao servidor público por um mês regular de trabalho, independentemente de eventuais variações excepcionais e transitórias decorrentes de:

I - pagamento de exercícios anteriores;

II - pagamento de meses anteriores;

III - decisões judiciais;

IV - devoluções diversas;

V - reposições e indenizações ao erário;

VI - faltas;

VII - atrasos;

VIII - aplicação de sanção disciplinar de suspensão;

IX - férias; e

X - outros eventos e ocorrências similares.

§ 4° Em caso de afastamentos e licenças sem direito à remuneração, o servidor público poderá optar pelo instituto do Autopatrocínio, conforme previsto no regulamento do plano.

§ 5º Em caso de perda do vínculo funcional o servidor público poderá optar pelos institutos do Autopatrocínio, do Benefício Proporcional Diferido, da Portabilidade ou do Resgate, conforme previsto no regulamento do plano.

Art. 7º A Unidade de Gestão de Pessoas, ao constatar a perda parcial ou total da remuneração do servidor ativo normal participante do Plano Executivo Federal - ExecPrev, deverá proceder à sua imediata notificação para possibilitar o exercício da opção pelo instituto do Autopatrocínio, ou efetuar a escolha do salário de participação e respectiva alíquota de contribuição, na condição de participante ativo alternativo.

§ 1º Se o participante não se manifestar no prazo de até cinco dias, a contar da data do recebimento da notificação, será automaticamente reclassificado para a categoria Participante Ativo Alternativo, nos termos do previsto no inciso II do § 2º do art. 6º desta Instrução Normativa.

§ 2º Se o participante Ativo Alternativo não indicar o valor de seu salário de participação será utilizado o valor correspondente à dez Unidades de Referência do Plano - URPs vigentes no mês de competência, nos termos do regulamento do plano.

Base de Contribuição e Salário de Participação ao Plano Executivo Federal - ExecPrev

Art. 8º Para os fins desta Instrução Normativa considera-se base de contribuição aquela definida pelo § 1° do art. 4° da Lei n° 10.887, de 18 de junho de 2004, podendo o servidor público optar pela inclusão de parcelas remuneratórias percebidas em decorrência do local de trabalho e do exercício de cargo em comissão ou função de confiança, conforme previsto no § 1° do art. 16 da Lei n° 12.618, de 2012.

§ 1º A inclusão das parcelas remuneratórias percebidas em decorrência do local de trabalho e do exercício de cargo em comissão ou função de confiança de que trata o caput será realizada diretamente nos Sistemas Estruturantes de Gestão de Pessoal da Administração Pública Federal, podendo o servidor também optar por incluí-las na base de cálculo de contribuição para o Plano de Seguridade Social do Servidor (PSS), conforme previsto no art. 4º da Lei nº 10.887, de 2004.

§ 2º A opção de que trata o parágrafo anterior poderá ser revista a qualquer tempo pelo servidor.

Art. 9º O servidor público que aderir ao Plano Executivo Federal - ExecPrev deverá escolher a alíquota da contribuição incidente sobre o seu Salário de Participação, de acordo com uma das seguintes opções, em conformidade com o previsto no regulamento do plano:

I - 7,5%;

II - 8%; ou

III - 8,5%.

§ 1º Na ausência de definição da alíquota da Contribuição Básica e da Contribuição Alternativa pelo participante, aplicar-se-á o percentual de 8,5%.

§ 2º Caso o servidor público deseje contribuir regularmente com alíquota superior a 8,5%, deverá fazê-lo na forma de contribuição facultativa, conforme previsto no regulamento do plano.

§ 3º O Salário de Participação do servidor público classificado na categoria Participante Ativo Normal será equivalente à parcela da sua base de contribuição que exceder o teto do RGPS.

§ 4º O Salário de Participação do servidor público classificado na categoria Participante Ativo Alternativo será definido pelo próprio servidor, observados os seguintes limites:

I - limite mínimo: valor equivalente a dez URPs, conforme previsto no regulamento do plano; e

II - limite máximo: valor equivalente à sua base de contribuição.

§ 5º Se o Participante de que trata o parágrafo anterior não indicar o valor do seu Salário de Participação, este será o valor correspondente a 10 URPs vigentes no mês da sua competência, conforme previsto no regulamento do plano.

Art. 10. O servidor cedido a órgãos e entidades da União, que não esteja inserido no Sistema de Gestão e Governança Estratégica de Pessoal Civil da Administração Federal ou para outros entes da Federação, poderá optar pela inclusão de parcelas remuneratórias percebidas em decorrência do local de trabalho e do exercício de cargo em comissão ou função de confiança, em sua base de contribuição para o plano de benefícios administrado pela Funpresp-Exe, observando-se o seguinte fluxo de recolhimento:

I - o servidor deverá apresentar requerimento à Funpresp-Exe solicitando a inclusão de parcelas remuneratórias na sua base de cálculo da contribuição (disponível no site da Funpresp-Exe);

II - a Funpresp-Exe solicitará ao participante cópia de contracheque referente à parcela remuneratória adicional;

III - a Funpresp-Exe notificará o Órgão Patrocinador sobre o requerimento do participante;

IV - a Funpresp-Exe emitirá boleto ou outro meio de cobrança com valor da contribuição (apenas parte do participante) para pagamento a ser realizado pelo Participante; e

V - no momento da confirmação do pagamento do boleto, a Funpresp-Exe informará o órgão patrocinador, com a documentação pertinente, para que este adote providências de repasse da parte patronal, nos termos do Regulamento do Plano ExecPrev, alertando que a responsabilidade pela ausência deste repasse será tratada conforme preconiza o art. 62 do Decreto nº 4.942, de 30 de dezembro 2003.

Contribuição da União ao Plano Executivo Federal - ExecPrev

Art. 11. A alíquota da contribuição devida pelo órgão ou entidade integrante do Sistema de Pessoal Civil da Administração Federal, em benefício do servidor público classificado na categoria Participante Ativo Normal, será igual à alíquota escolhida pelo servidor e incidirá sobre o seu respectivo Salário de Participação, observado o limite de 8,5%.

Parágrafo único. Não será devida pelos órgãos e entidades integrantes do Sipec qualquer contribuição em benefício do servidor público classificado na categoria Participante Ativo Alternativo e nem ao optante pelo Autopatrocínio.

Regime de Tributação

Art. 12. O servidor público que aderir ao Plano Executivo Federal - ExecPrev deverá escolher o regime de tributação do Imposto de Renda, progressivo ou regressivo:

I - no ato de adesão ao plano, por meio dos Sistemas Estruturantes de Gestão de Pessoal da Administração Pública Federal; ou

II - até o último dia útil do mês subsequente ao da adesão, por meio dos Sistemas Estruturantes de Gestão de Pessoal da Administração Pública Federal ou na Funpresp-Exe.

Parágrafo único. Caso não realize a opção de que trata o caput deste artigo, o servidor público será automaticamente vinculado ao regime de tributação progressivo, conforme previsto no § 6º do art. 1º da Lei nº 11.053, de 29 de dezembro de 2004.

Disposições Finais

Art. 13. Os servidores vinculados ao RPC somente poderão ser aposentados por regras cujo cálculo dos proventos seja realizado pela média aritmética de que trata o art. 1º da Lei nº 10.887, de 2004, ou pelo art. 26 da Emenda Constitucional nº 103, de 12 de novembro de 2019.

Art. 14. A remuneração de contribuição do servidor para o Plano de Seguridade Social do Servidor (PSS) será utilizada tanto no cálculo do benefício especial quanto do benefício no RPPS, não implicando em pagamento em duplicidade.

Art. 15. Para viabilizar o repasse das contribuições devidas à Funpresp-Exe serão disponibilizados mensalmente, no portal dos Sistemas Estruturantes de Gestão de Pessoal da Administração Pública Federal, relatórios sobre a adesão dos servidores públicos ao Plano Executivo Federal - ExecPrev, observado o cronograma da folha de pagamento.

Art. 16. As contribuições devidas pelos servidores públicos e pelos órgãos e entidades integrantes do Sipec à Funpresp-Exe serão repassadas à fundação até o dia dez do mês seguinte ao da sua competência, sob pena de ensejar a aplicação dos acréscimos de mora previstos para os tributos federais e de sujeitar o responsável pelo atraso às sanções penais e administrativas cabíveis, conforme previsto no art. 11 da Lei n° 12.618, de 2012.

Art. 17. As orientações para o registro da adesão dos servidores públicos ao Plano Executivo Federal (ExecPrev) estão disponíveis no portal dos Sistemas Estruturantes de Gestão de Pessoal da Administração Pública Federal.

Art. 18. A adesão ao plano de benefícios poderá ser realizada junto à Funpresp-Exe, inclusive por meio de agentes autorizados pela Fundação, e em caso de questionamentos os servidores deverão entrar em contato diretamente com a Entidade, por meio dos canais de atendimento disponíveis.

Art. 19. O Órgão Central do Sipec disporá, em ato específico, sobre os efeitos do Parecer JL-04, da Advocacia-Geral da União, para os servidores que ingressaram, antes de 13 de novembro de 2019, na Carreira da Polícia Federal, na Carreira de Policial Rodoviário Federal e na Carreira de Agente Federal de Execução Penal.

Art. 20. Ficam revogados os seguintes atos normativos:

I - Orientação Normativa SGP/MP nº 2, de 13 de abril de 2015;

II - Orientação Normativa nº 9, de 19 de novembro de 2015; e

III - Orientação Normativa nº 10, de 2 de dezembro de 2015.

Art. 21. Esta Instrução Normativa entra em vigor em 1° de agosto de 2022".

Ao menos neste ato do MPOG restou conservado o regime jurídico anterior aos servidores do Poder Legislativo e Judiciário da União que migraram sem interrupção ao serviço do Poder Executivo da União a partir do dia 04 de fevereiro de 2013.

O TCU possui o mesmo posicionamento:

> **Acórdão 1204/2015 Plenário** (Recurso Administrativo, Relatora Ministra Ana Arraes)
>
> Pessoal. Regime de Previdência Complementar. Poder Legislativo.
>
> É obrigatória a aplicação do Regime de Previdência Complementar da União, instituído pela Lei 12.618/12, aos servidores do Poder Legislativo que ingressaram no serviço público federal a partir de 07/05/2013, ainda que oriundos, sem quebra de continuidade, do serviço público dos estados, do Distrito Federal e dos municípios.

Entretanto, é indispensável frisar que a Constituição Federal não é clara a respeito. Isso porque o seu artigo 40, §16, aduz que "o disposto nos §§ 14 e 15 poderá ser aplicado ao servidor que tiver ingressado no serviço público até a data da publicação do ato de instituição do correspondente regime de previdência complementar".

Destarte, a Constituição se refere genericamente ao ingresso no "serviço público", não exigindo literalmente a entrada no serviço público da respectiva entidade federativa até a data da publicação do ato de instituição do correspondente regime de previdência complementar.

Ao longo dos anos será necessário acompanhar o entendimento da Administração Pública a respeito, e especialmente do Supremo Tribunal Federal, pois é possível extrair mais de uma interpretação da plurissignificativa normatização constitucional.

Aliás, neste momento, acredita-se que a melhor interpretação do §16 do artigo 40 da Constituição Federal seja garantir o antigo regime jurídico para os servidores estaduais e municipais que ingressarem no serviço público federal do Poder Executivo a partir de 04 de fevereiro de 2013, vez que é regra de hermenêutica jurídica que, se a Lei Maior não distinguiu a espécie de serviço público, não caberá ao intérprete fazê-lo, máxime em prejuízo do novo servidor público federal.

Nesse sentido, o Sindicato Nacional dos Servidores Federais conseguiu liminar na Seção Judiciária do Distrito Federal para manter os novos servidores federais oriundos (sem interrupção de vínculo) de outras esferas de governo no antigo regime previdenciário, desde que empossados em outro ente político antes do funcionamento de regime de previdência complementar.

Esta decisão foi mantida no Tribunal Regional da 1ª Região, cuja principal passagem se transcreve:

> "PODER JUDICIÁRIO TRIBUNAL REGIONAL FEDERAL DA PRIMEIRA REGIÃO **AGRAVO DE INSTRUMENTO N. 0014659-24.2015.4.01.0000/DF** (d) Processo Orig.: 0070641-42.2014.4.01.3400 55 - Nº Lote: 2015050533 - 8_1 - AGRAVO DE INSTRUMENTO N. 0014659-24.2015.4.01.0000/DF (d) RELATOR: DESEMBARGADOR FEDERAL FRANCISCO DE ASSIS BETTI RELATOR CONVOCADO: JUIZ FEDERAL CLEBERSON JOSÉ ROCHA AGRAVANTE: UNIÃO FEDERAL PROCURADOR: JOSÉ ROBERTO MACHADO FARIAS AGRAVADO: SINDICATO NACIONAL DOS SERVIDORES FEDERAIS AUTÁRQUICOS NOS ENTES DE FORMULACÃO PROMOCÃO E FISCALIZACÃO DA POLITICA DA MOEDA ADVOGADO: CARLOS ALBERTO MACEDO CIDADE ADVOGADO: VERA MIRNA SCHMORANTZ ADVOGADO: RAFAEL PEDROSA DINIZ ADVOGADO: FABIANA DE SOUSA LIMA
>
> DECISÃO
>
> ...
>
> **7. A controvérsia central cinge-se sobre a vinculação ao regime próprio de previdência da União decorrente de posse em cargo público federal, sendo o empossado oriundo de outros regimes próprios de previdência na condição de servidor público titular de cargo efetivo.**
>
> 8. A Administração firmou o entendimento de que deve ser considerada a posse no novo cargo o vínculo originário para efeito de enquadramento nas normas da Lei 12.618/2012.
>
> 9. Essa lei prevê nos § 7º e 8º do art. 3º as seguintes regras: a) estará vinculado do regime de previdência complementar e submetido ao teto do Regime Geral de Previdência Social - RGPS: a) aqueles servidores que ingressaram no serviço público a partir da vigência do regime de previdência complementar; e b) aqueles que ingressaram ante a vigência do regime complementar, mas que optarem por vincular ao regime complementar de previdência.
>
> 10. A regra, por exclusão, é que os servidores que ingressaram no serviço público antes da vigência do regime de previdência complementar teriam as garantias até então previstas no art. 40 da Constituição, dentre elas não estar submetido ao teto do RGPS.

11. Pois bem, ao interpretar a norma a Administração entendeu que considera para efeito do direito de opção a vinculação da pessoa ao serviço público atual e não o vínculo anterior, ainda que sem perda da continuidade, se o servidor já ostentava essa condição, mas vinculado a outro regime próprio de previdência.

12. Essa interpretação não encontra amparo na Constituição e no texto expresso da própria norma interpretada. Vejamos.

13. A Constituição estabelece o regime de previdência no serviço público e direitos e deveres decorrentes para todos os entes da Federação e respectivos poderes. Bem assim, estabelece requisitos de permanência no serviço público e no cargo. Confira-se: Art. 40. Aos servidores titulares de cargos efetivos da União, dos Estados, do Distrito Federal e dos Municípios, incluídas suas autarquias e fundações, é assegurado regime de previdência de caráter contributivo e solidário, mediante contribuição do respectivo ente público, dos servidores ativos e inativos e dos pensionistas, observados critérios que preservem o equilíbrio financeiro e atuarial e o disposto neste artigo. (Redação dada pela Emenda Constitucional nº 41, 19.12.2003) § 1º Os servidores abrangidos pelo regime de previdência de que trata este artigo serão aposentados, calculados os seus proventos a partir dos valores fixados na forma dos §§ 3º e 17: (Redação dada pela Emenda Constitucional nº 41, 19.12.2003) I - por invalidez permanente, sendo os proventos proporcionais ao tempo de contribuição, exceto se decorrente de acidente em serviço, moléstia profissional ou doença grave, contagiosa ou incurável, na forma da lei; (Redação dada pela Emenda Constitucional nº 41, 19.12.2003) II - compulsoriamente, aos setenta anos de idade, com proventos proporcionais ao tempo de contribuição; (Redação dada pela Emenda Constitucional nº 20, de 15/12/98) III - voluntariamente, desde que cumprido tempo mínimo de dez anos de efetivo exercício no serviço público e cinco anos no cargo efetivo em que se dará a aposentadoria, observadas as seguintes condições: (Redação dada pela Emenda Constitucional nº 20, de 15/12/98) a) sessenta anos de idade e trinta e cinco de contribuição, se homem, e cinqüenta e cinco anos de idade e trinta de contribuição, se mulher; (Redação dada pela Emenda Constitucional nº 20, de 15/12/98) b) sessenta e cinco anos de idade, se homem, e sessenta anos de idade, se mulher, com proventos proporcionais ao tempo de contribuição. (Redação dada pela Emenda Constitucional nº 20, de 15/12/98) 14. A norma do inciso III é expressa quando exige interstício de dez anos no serviço público e cinco no cargo para a aposentadoria voluntária (dez anos de efetivo exercício no serviço público e cinco anos no cargo efetivo). Tal demonstra que se deve considerar a vinculação

ao serviço público, compreendido as entidades dos diversos entes da federação e respectivos poderes, devendo para se aposentar no cargo o tempo de cinco anos. O que não se pode é haver rompimento do vínculo, mas a mudança é admitida expressamente pelo texto. 15. Para confirmar essa interpretação o § 16 é novamente expresso: § 16 - Somente mediante sua prévia e expressa opção, o disposto nos §§ 14 e 15 poderá ser aplicado ao servidor que tiver ingressado no serviço público até a data da publicação do ato de instituição do correspondente regime de previdência complementar. (Incluído pela Emenda Constitucional nº 20, de 15/12/98)

16. Para afastar qualquer dúvida os §§ 7° e 8° do art. 3° e do art. 22 da Lei n° 12.618/2012, objetivando garantir o direito de opção ou não pelo novo regime de previdência, estabelecem novamente a mesma norma: Art. 3º Aplica-se o limite máximo estabelecido para os benefícios do regime geral de previdência social às aposentadorias e pensões a serem concedidas pelo regime de previdência da União de que trata o art. 40 da Constituição Federal, observado o disposto na Lei nº 10.887, de 18 de junho de 2004, aos servidores e membros referidos no caput do art. 1º desta Lei que tiverem ingressado no serviço público: I - a partir do início da vigência do regime de previdência complementar de que trata o art. 1º desta Lei, independentemente de sua adesão ao plano de benefícios; e II - até a data anterior ao início da vigência do regime de previdência complementar de que trata o art. 1º desta Lei, e nele tenham permanecido sem perda do vínculo efetivo, e que exerçam a opção prevista no § 16 do art. 40 da Constituição Federal. (....) § 7º O prazo para a opção de que trata o inciso II do caput deste artigo será de 24 (vinte e quatro) meses, contados a partir do início da vigência do regime de previdência complementar instituído no caput do art. 1º desta Lei. § 8º O exercício da opção a que se refere o inciso II do caput é irrevogável e irretratável, não sendo devida pela União e suas autarquias e fundações públicas qualquer contrapartida referente ao valor dos descontos já efetuados sobre a base de contribuição acima do limite previsto no caput deste artigo.

17. Finalmente, para deixar indene de dúvida a legislação é clara no direito de o servidor contar o tempo de contribuição aos diversos regimes previdenciários para o benefício. 18. Sobre o tema, relevante trazer à colação o § 9º do art. 201 da Constituição Federal, nestes termos: Art. 201. A previdência social será organizada sob a forma de regime geral, de caráter contributivo e de filiação obrigatória, observados critérios que preservem o equilíbrio financeiro e atuarial, e atenderá, nos termos da lei, a: (Redação dada pela Emenda Constitucional nº 20, de 1998) (Vide Emenda Constitucional nº

20, de 1998) (...) § 9º Para efeito de aposentadoria, é assegurada a contagem recíproca do tempo de contribuição na administração pública e na atividade privada, rural e urbana, hipótese em que os diversos regimes de previdência social se compensarão financeiramente, segundo critérios estabelecidos em lei. (Incluído dada pela Emenda Constitucional nº 20, de 1998) (grifos do relator) 19. A Lei 12.618/2012 estabelece: Art. 22. Aplica-se o benefício especial de que tratam os §§ 1º a 8º do art. 3º ao servidor público titular de cargo efetivo da União, inclusive ao membro do Poder Judiciário, do Ministério Público e do Tribunal de Contas da União, oriundo, sem quebra de continuidade, de cargo público estatutário de outro ente da federação que não tenha instituído o respectivo regime de previdência complementar e que ingresse em cargo público efetivo federal a partir da instituição do regime de previdência complementar de que trata esta Lei, considerando-se, para esse fim, o tempo de contribuição estadual, distrital ou municipal, assegurada a compensação financeira de que trata o § 9º do art. 201 da Constituição Federal. 20. Ressalte-se que o servidor público federal, ao tomar posse em novo cargo público, não será compelido a aderir ao novo regime de previdência complementar, principalmente pelo fato de não ter havido ruptura com o serviço público. 21. **Dessa forma, os servidores oriundos de outras entidades e órgãos da Administração que ingressaram antes da instituição do regime de previdência complementar de que cuida a Lei 12.618/2012, que não tiveram ruptura de vínculo somente estarão vinculados a esse regime complementar se fizerem expressa opção. 22. Em face do exposto, nego seguimento ao recurso. Publique-se. Intimem-se. Arquive-se.** Brasília, 26 de junho de 2015.

JUIZ FEDERAL CLEBERSON JOSÉ ROCHA

RELATOR CONVOCADO"

No final do ano de 2017, em sessão administrativa, o STF se posicionou pela mesma linha de raciocínio desta obra, conforme publicado no site oficial:

Quarta-feira, 29 de novembro de 2017

Funpresp: servidores do STF oriundos de estados e municípios têm direito ao regime próprio de previdência

O Supremo Tribunal Federal (STF) decidiu, na sessão administrativa realizada nesta quarta-feira (29), que os servidores oriundos de estados, do Distrito Federal e dos municípios que ingressaram no STF depois da criação do regime complementar de previdência dos servidores públicos e da instituição do Fundo de Previdência dos Servidores do Judiciário da União (Funpresp-Jud) têm direito ao regime previdenciário próprio anterior, sem limitação ao teto do Regime Geral de Previdência Social. A exigência é que tenham sido ocupantes titulares de cargos efetivos nos entes federativos e que não tenha havido descontinuidade no serviço público - ou seja, desde que o servidor tenha saído do poder público local e entrado imediatamente no STF.

O relator do processo administrativo, ministro Dias Toffoli, explicou que o artigo 40 da Constituição da República, ao instituir, para os servidores titulares de cargos efetivos, um regime de previdência de caráter contributivo e solidário mediante contribuição do ente público, dos servidores ativos e inativos e dos pensionistas, o faz, de maneira indistinta, para os integrantes da União, dos estados, do Distrito Federal e dos municípios. "Em nenhum de seus vinte e um parágrafos, se indica, de forma veemente, que esses servidores deverão ser tratados diferenciadamente a depender do ente federativo a que se encontrem vinculados", afirmou. "Pelo contrário: após indicar, na cabeça do artigo 40, que estava a se referir aos servidores da União, dos estados, do Distrito Federal e dos municípios, o texto constitucional somente volta a se referir aos indivíduos atingidos pela norma como 'servidores públicos', o que permite compreender que em momento algum o legislador pretendeu fazer distinção entre entes da Federação para esse fim".

O ministro observou ainda que, conforme o STF já reconheceu em precedente no qual declarou a inconstitucionalidade de lei que exigia tempo mínimo de serviço público para admissão da compensação entre regimes previdenciários distintos, a contagem recíproca do tempo de contribuição entre entes da Federação não pode ser afastada. "O tempo de contribuição federal, estadual, distrital ou municipal será contabilizado indistintamente para fins de aposentadoria e tempo de serviço correspondente para efeito de disponibilidade", assinalou.

Outro ponto destacado foi o prejuízo à segurança jurídica, à previsibilidade, à certeza e à legítima confiança na Administração. "Não se afigura nada razoável que, após diversos recolhimentos em porcentagem sobre seu vencimento para o regime próprio do ente de origem, o servidor dos estados, do Distrito Federal ou dos municípios que venha a tomar posse em cargo público no Supremo Tribunal Federal, em que pese o regramento previsto na Constituição, veja seus proventos de aposentadoria limitados ao teto do regime geral", explicou.

A decisão foi por maioria. O ministro Marco Aurélio ficou vencido, por considerar que há, de qualquer forma, uma descontinuidade, uma vez que houve o desligamento do servidor do poder local antes de seu exercício no STF.

No mesmo sentido, o STJ:

Processo

REsp **1671390**/PE

RECURSO ESPECIAL

2017/0110037-8

Relator(a)

Ministro HERMAN BENJAMIN (1132)

Órgão Julgador

T2 - SEGUNDA TURMA

Data do Julgamento

08/08/2017

Data da Publicação/Fonte

DJe 12/09/2017

Ementa

RECURSO ESPECIAL. LEI 12.618/2012. NOMEAÇÃO EM CARGO DO PODER JUDICIÁRIO FEDERAL. VÍNCULO ANTERIOR COM O SERVIÇO PÚBLICO ESTADUAL. DIREITO À OPÇÃO DE REGIME PREVIDENCIÁRIO. POSSIBILIDADE. 1. A controvérsia consiste em saber se os servidores egressos de outros entes da federação que, sem solução de continuidade, ingressaram no serviço público federal, tem ou não direito de optar pelo regime previdenciário próprio da União anterior ao regime de previdência complementar estabelecido por esse último ente e sujeito ao teto do RGPS. **2. O art. 40, § 16, da CF e o art. 1º , § 1º, da Lei 12.618/2012, ao tratar da obrigatoriedade do regime de previdência complementar, utilizaram-se do ingresso no serviço público como critério diferenciador, sem fazer referência expressa a qualquer ente federado. Não há, portanto, nenhuma restrição ao ente federado em que houve o ingresso no serviço público**. 3. Recurso Especial não provido.

Processo

AgInt no REsp 1889240/SP

AGRAVO INTERNO NO RECURSO ESPECIAL

2020/0180695-0

Relator(a)

Ministro BENEDITO GONÇALVES (1142)

Órgão Julgador

T1 - PRIMEIRA TURMA

Data do Julgamento

31/05/2021

Data da Publicação/Fonte

DJe 02/06/2021

Ementa

PROCESSUAL CIVIL E ADMINISTRATIVO. AGRAVO INTERNO NO RECURSO ESPECIAL. SERVIDOR EGRESSO DE OUTRO ENTE FEDERATIVO. DIREITO À OPÇÃO DE REGIME PREVIDENCIÁRIO. POSSIBILIDADE. PRECEDENTES.

1. A orientação desta Corte é que os servidores egressos de outros regimes previdenciários, desde que sem solução de continuidade no serviço público, são abrangidos pela regra de transição do artigo 1º, § 1º, da Lei 12.618/2012 e, como consequência, podem optar pela permanência no regime anterior à instituição da Previdência Complementar. Precedentes.

2. Agravo interno não provido.

Desta forma, servidores estaduais, distritais e municipais que ingressaram sem interrupção no serviço público federal após o início da vigência do novo regime de previdência complementar, terão conservado o regime anterior (sem limitação de aposentadoria e pensão por morte ao teto do Regime Geral), desde que, no ente federativo anterior, já estivessem no regime jurídico antigo, situação que deve ser investigada pela Administração Pública Federal.

O tema será julgado pelo STF em repercussão geral:

STF vai decidir sobre regime previdenciário de servidor federal que ocupava anteriormente cargo público de outro ente federado

O recurso, com repercussão geral reconhecida, discute se servidores municipais, estaduais e distritais que ingressaram no serviço público federal após a instituição da previdência complementar podem optar pelo regime anterior.

O Supremo Tribunal Federal (STF) vai decidir se servidor que ingressou no serviço público federal após a instituição do regime complementar de previdência, mas que ocupava cargo público de outro ente federado, pode ser vinculado ao regime previdenciário próprio anterior. A matéria, objeto do Recurso Extraordinário (RE) 1050597, teve repercussão geral reconhecida em deliberação no Plenário Virtual.

Funpresp

O recurso foi interposto por um servidor federal oriundo do serviço público municipal contra decisão da Justiça Federal do Rio Grande do Sul que havia negado o direito ao enquadramento na sistemática previdenciária anterior ao regime complementar. Segundo a 5ª Turma Recursal dos Juizados Especiais Federais do RS, o servidor que tenha pertencido à esfera estadual, distrital ou municipal e se tornado servidor da União depois de 4/2/2013 não poderia permanecer no regime anterior. A data diz respeito ao início da gestão do plano de previdência pela Fundação de Previdência Complementar do Servidor Público Federal do Poder Executivo (FunprespExe).

Ainda de acordo com a Turma Recursal, a regra da Constituição Federal que garante o direito de opção do servidor que tiver ingressado no serviço público até a data de instituição do regime de previdência complementar (parágrafo 16 do artigo 40) alcança somente o serviço público prestado ao mesmo ente federativo e à mesma pessoa jurídica da administração pública indireta.

Direito de opção

No STF, o servidor sustenta que seu direito de opção deve ser reconhecido, pois não houve quebra da continuidade na prestação do serviço público. Ele argumenta ainda que a Constituição não faz distinção entre servidores públicos federais, municipais e estaduais e que a expressão "serviço público" abrange todos os entes da federação e suas respectivas autarquias e fundações.

Interpretação controvertida

O relator do recurso, ministro Edson Fachin, explicou que a controvérsia trata da definição do alcance da expressão "ingressado no serviço público" do artigo 40, parágrafo 16, da Constituição para fins de opção sobre o regime de previdência a ser adotado, considerando-se o vínculo anterior com o serviço público distrital, estadual ou municipal.

O ministro lembrou que o STF, em sessão administrativa, já reconheceu a possibilidade de manutenção, sem interrupção, do regime previdenciário dos servidores oriundos de outro ente federativo que ingressaram na Corte após a instituição da Fundação de Previdência Complementar do Servidor Público Federal do Poder Judiciário (Funpresp-Jud). Observou, no entanto, que não há precedente específico do Plenário a respeito da questão.

Segundo Fachin, a matéria veiculada no recurso ultrapassa os limites individuais do caso e envolve interesse de toda a categoria de servidores públicos federais na mesma situação. O relator destacou ainda a relevância jurídica do tema, pois se trata de juízo de constitucionalidade de legislação federal cuja interpretação é controvertida.

A manifestação do relator foi seguida por unanimidade. O mérito do recurso será submetido a posterior julgamento do Plenário.

SP/AD/CF

Uma questão controvertida é se o direito de opção ao novo regime perpetrado pelo servidor público que ingressou antes do funcionamento da previdência complementar deve gerar uma compensação financeira para aqueles que contribuíram acima do teto do RGPS.

No modelo da União, instituído pela Lei 12.618/2012, há previsão de um benefício especial pela migração previdenciária em favor do servidor federal. No entanto, há leis estaduais e municipais que não previram um benefício pela migração, a exemplo do Estado da Bahia na sua legislação originária.

Vários estados e municípios não instituíram o benefício especial, o que desestimula a migração dos servidores antigos ao novo regime. Já outros, como Piauí e Rondônia, possuem o benefício especial.

Há um precedente do Tribunal de Justiça do Rio Grande do Sul, no julgamento da ADI n. 0164608-49.2016.8.21.7000, no sentido de que o Benefício Especial é um direito do servidor. Dessa maneira, o Tribunal determinou ao Governador a obrigação de encaminhar o respectivo projeto de lei, criando o benefício especial.

Assim, há quem defenda a obrigatoriedade do benefício, sob o argumento de que a inexistência do benefício especial criaria uma situação manifestamente desvantajosa para os servidores antigos, pois o período em que houve pagamento de contribuição previdenciária superior ao teto não seria aproveitado pra qualquer fim.

Por outro lado, há quem assevere que a Previdência Social Brasileira opera no modelo de fundo único, e que as contribuições realizadas pelos servidores não necessariamente refletem os benefícios futuros.

O argumento mais forte no sentido de que existe direito subjetivo do servidor antigo ao Benefício Especial é o artigo 34, II da Emenda Constitucional 103, que prevê um mecanismo de ressarcimento ou complementação de benefícios aos servidores que pagaram acima do teto caso haja extinção do RPPS.

Logo, se a extinção do RPPS implica na obrigação de pagamento de uma vantagem pecuniária aos servidores antigos, há o reconhecimento de que estes devem ser recompensados pelo período pago acima do teto:

Esta, inclusive, é a posição do ilustre jurista baiano Paulo Modesto, em artigo publicado no CONJUR[3] denominado "Ingratidão Previdenciária", em 10 de setembro de 2020:

> "Ora se a extinção do regime próprio estadual ou municipal foi disciplinada em termos a exigir, sempre e obrigatoriamente, a previsão de *"mecanismo de ressarcimento ou de complementação de benefícios aos que tenham contribuído acima do limite máximo do Regime Geral de Previdência Social",* modo de evitar o enriquecimento sem causa do poder público, *a fortiori* não parece legítimo que esse mesmo poder público, ao instituir a previdência complementar, absorva sem restituição as contribuições realizadas acima do limite máximo do regime geral de previdência social, recusando ao agente público optante a previsão do "benefício especial" (ou benefício ressarcitório). *Seria arrematada contradição que o servidor estivesse mais bem protegido com a extinção do regime próprio de previdência social do que com a continuidade do regime que ajudou a financiar.*
>
> A ausência de previsão expressa do benefício ressarcitório, presente a compulsoriedade da instituição de previdência complementar em todo o país, diante das previsões destacadas, traduz *situação de verdadeira negligência em face de direitos fundamentais*

3. https://www.conjur.com.br/2020-set-10/interesse-publico-ingratidao-previdenciaria-beneficio-especial.

> *dos agentes públicos locais.* Não deixa de ser paradoxal que esse servidor estadual ou municipal lesado, acaso migre para outro Estado ou para a União, e nessa nova unidade opte pela previdência complementar, tenha ressarcido sob forma de benefício especial todo o período contribuído na previdência de sua administração de origem, e o Estado de origem a obrigação de compensar o estado de destino por todas as contribuições vertidas. Será preciso sair do Estado, migrar para outro cargo público, ou esperar a extinção do regime de origem, para receber o ressarcimento dos valores pagos acima do patamar do regime geral da previdência social no regime próprio? *A teratologia das situações descritas demonstra a iniquidade manifesta da omissão normativa lesiva.*
>
> No cenário normativo atual, diante do exposto, incide em *inconstitucionalidade por omissão parcial o Estado ou o município* que institua regime de previdência complementar sem a previsão de benefício ressarcitório (benefício especial) para compensação dos servidores efetivos optantes. Tal omissão traduz verdadeira "ingratidão previdenciária", lacuna imoral e antijurídica estatal frente aos que reservaram parte de seu patrimônio atual para um seguro previdenciário, restringindo o consumo presente em favor de um benefício futuro, em patamar contributivo elevado para manter o sistema em atividade e assegurar a solvabilidade do plano de custeio.
>
> Trata-se de *ingratidão previdenciária* que não deve ser tolerada ou admitida, sob pena do servidor público sentir-se como o personagem anônimo inserido nas teias iniciais dos "Versos Íntimos", herança imortal de Augusto dos Anjos:
>
> "Vês! Ninguém assistiu ao formidável Enterro de sua última quimera.
>
> Somente a Ingratidão — esta pantera — Foi tua companheira inseparável!".

Entrementes, faz-se necessário lembrar que a migração dos servidores antigos ao novo regime é facultativa, por opção do próprio servidor, com base em seu planejamento previdenciário.

Há uma ADI em curso no âmbito do Tribunal de Justiça do Estado da Bahia, proposta pela Associação dos Defensores Públicos da Bahia, n. 8011990-65.2022.8.05.0000, solicitando a aplicação das regras do modelo federal quanto ao benefício especial, ante a inércia do legislativo estadual.

E o pedido foi acolhido:

PODER JUDICIÁRIO TRIBUNAL DE JUSTIÇA DO ESTADO DA BAHIA Tribunal Pleno Processo: DIRETA DE INCONSTITUCIONALIDADE n. 8011990-65.2022.8.05.0000 Órgão Julgador: Tribunal Pleno AUTOR: INSTITUTO DOS AUDITORES FISCAIS DO ESTADO DA BAHIA - IAF e outros (4) Advogado(s): JOSE CARLOS TEIXEIRA TORRES JUNIOR REU: GOVERNADOR DO ESTADO DA BAHIA e outros Advogado(s): ACORDÃO AÇÃO DIRETA DE INCONSTITUCIONALIDADE POR OMISSÃO DO CHEFE DO PODER EXECUTIVO ESTADUAL. PROMOÇÃO DA INICIATIVA LEGISLATIVA DIRIGIDA A CRIAÇÃO DE COMANDO NORMATIVO INSTITUIDOR/REGULAMENTADOR DO MECANISMO DE RESSARCIMENTO AOS SERVIDORES PÚBLICOS ELEGÍVEIS OPTANTES DA MIGRAÇÃO DO REGIME PRÓPRIO DE PREVIDÊNCIA PARA O REGIME GERAL DE PREVIDENCIA SOCIAL COM ADESÃO AO REGIME DE PREVIDÊNCIA COMPLEMENTAR ESTADUAL, CONSOANTE DICÇÃO DO ART. 40, §§14, 15 E 16 DA CONSTITUIÇÃO FEDERAL, COMBINADO COM ART. ART. 34, II DA EMENDA CONSTITUCIONAL N.º 103/19. PRELIMINAR DE INCOMPETÊNCIA ABSOLUTA DA JUSTIÇA ESTADUAL. NORMA CONSTITUCIONAL DE REPETIÇÃO OBRIGATÓRIA, AINDA QUE IMPLÍCITA, NA CARTA CONSTITUCIONAL ESTADUAL. COMPETÊNCIA DAS CORTES ESTADUAIS. PRECEDENTES. PRELIMINAR REJEITADA. PRELIMINAR DE ILEGITIMIDADE ATIVA. NECESSIDADE DE ATENDIMENTO DOS REQUISITOS LEGAIS DO ART. 134 DA CONSTITUIÇÃO ESTADUAL, NOTADAMENTE, IN CASU, DO SEU INCISO VI (FEDERAÇÃO SINDICAL E ENTIDADE DE CLASSE DE ÂMBITO ESTADUAL). RECONHECIMENTO POR ESTE ORGÃO PLENÁRIO QUANTO AO SUBJETIVO ATIVO DE ENQUADRAMENTO EM RELAÇÃO AO INSTITUTO DOS AUDITORES FISCAIS DO ESTADO DA BAHIA - IAF E A ASSOCIACÃO DOS DEFENSORES PÚBLICOS DA BAHIA-ADEP. PRECEDENTES DESTA EGRÉGIA CORTE. PRELIMINAR REJEITADA. PRELIMINAR DE IRREGULARIDADE DE REPRESENTAÇÃO. PREJUDICADA. APRESENTAÇÃO DE DOCUMENTAÇÃO ESPECÍFICA EM ATENDIMENTO SUPERVENIENTE DOS REQUISITOS LEGAIS NOS TERMOS DA LEI PROCESSUAL DE REGÊNCIA. MÉRITO. NORMA ESTADUAL, LEI ESTADUAL Nº 13.222/2015, INSTITUIDORA DO REGIME DE PREVIDÊNCIA COMPLEMENTAR, QUE ESTABELECE, NO SEU § 5º, ART. 1º, AS CONDIÇÕES E O PRAZO PARA EVENTUAL OPÇÃO PELA MIGRAÇÃO DOS SERVIDORES PÚBLICOS ESTADUAIS ELEGÍVEIS A TAL REGIME, BEM COMO, NO § 6º, ART. 1º E NO § 2º DO ART. 2º, AFASTAM O DIREITO À QUALQUER CONTRAPARTIDA OU DEVOLUÇÃO DE VALORES DE CONTRIBUIÇÕES REALIZADAS ANTERIORMENTE, DURANTE O PERÍODO DE VINCULAÇÃO ÀS REGRAS DO REGIME PRÓPRIO DE PREVIDÊNCIA DOS SERVIDORES

DO ESTADO DA BAHIA, ACIMA DO LIMITE MÁXIMO DE CONTRIBUIÇÃO PARA O REGIME GERAL DE PREVIDÊNCIA SOCIAL SOB O QUAL PASSARÁ A SE SUBMETER. INOBSERVÂNCIA DA NORMA CONSTITUCIONAL QUE DETERMINA, DIANTE DA CRIAÇÃO DO REGIME DE PREVIDÊNCIA COMPLEMENTAR, A NECESSIDADE DE INSTITUIÇÃO DE MECANISMO DE RESSARCIMENTO OU DE COMPLEMENTAÇÃO DE BENEFÍCIOS AOS QUE TENHAM CONTRIBUÍDO ACIMA DO LIMITE MÁXIMO DO REGIME GERAL DE PREVIDÊNCIA SOCIAL (INCISO II, DO ART. 34 DA EC103/2019). OMISSÃO VERIFICADA. FLAGRANTE INOBSERVÂNCIA DA NORMA CONSTITUCIONAL, ALÉM DE MANIFESTO CONFRONTO COM OS PRINCÍPIOS DA EQUIDADE NO FINANCIAMENTO DO CUSTEIO E DA CONTRAPARTIDA (INCISO V, ART. 194 E §5º ART, 195, AMBOS DA CARTA CONSTITUIÇÃO FEDERAL) DE REPETIÇÃO OBRIGATÓRIA NAS CONSTITUIÇÕES ESTADUAIS. PRECEDENTES DO STF E DE CORTES ESTADUAIS. AÇÃO DECLARATÓRIA DE INCONSTITUCIONALIDADE JULGADA PROCEDENTE. DECLARAÇÃO DE INCONSTITUCIONALIDADE POR ARRASTAMENTO QUE SE IMPÕE EM RELAÇÃO AOS DISPOSITIVOS LEGAIS CONFLITANTES A IMPLEMENTAÇÃO DO COMANDO NORMATIVO CONSTITUCIONAL INOBSERVADO. AÇÃO DECLARATÓRIA DE INCONSTITUCIONALIDADE POR OMISSÃO JULGADA PROCEDENTE, PARA: 1.) DETERMINAR A ATUAÇÃO DO CHEFE DO EXECUTIVO, NO PRAZO DE 180 (CENTO E OITENTA) DIAS, NO SENTIDO DE DEFLAGRAR O COMPETENTE PROCESSO LEGISLATIVO, DIRIGIDO A INSTITUIR/ REGULAMENTAR O BENEFÍCIO ESPECIAL OU OUTRO MECANISMO DE RESSARCIMENTO OU DE COMPLEMENTAÇÃO DE BENEFÍCIOS EM FAVOR DOS SERVIDORES PÚBLICOS MIGRANTES PARA O REGIME DE PREVIDÊNCIA COMPLEMENTAR QUE LOGRARAM VERTER CONTRIBUIÇÕES PREVIDENCIÁRIAS ACIMA DO TETO DO RGPS. 2.) DECLARAR A INCONSTITUCIONALIDADE POR ARRASTAMENTO DO §5º, ART. 1º E DO §6º, ART. 1º E DO §2º DO ART. 2º, TODOS DA LEI ESTADUAL N.º 13222/2015. Vistos, relatados e discutidos estes autos de Ação Direta de Inconstitucionalidade nº. 8011990-65.2022.8.05.0000 tendo, como autores, INSTITUTO DOS AUDITORES FISCAIS DO ESTADO DA BAHIA e OUTROS e como réu, o GOVERNADOR DO ESTADO DA BAHIA. A C O R D A M os Desembargadores integrantes deste egrégio Tribunal de Justiça do Estado da Bahia, à unanimidade, em rejeitar as preliminares de incompetência absoluta e de ilegitimidade ativa, julgar prejudicada a preliminar de irregularidade por defeito de representação, **e no mérito, JULGAR PROCEDENTE O PEDIDO, para declarar a inconstitucionalidade por omissão do Chefe do Poder Executivo do Estado da Bahia, determinando o suprimento da**

> **omissão no prazo de 180 (cento e oitenta) dias, bem como declarar, por arrastamento, a inconstitucionalidade do §5º, art. 1º e do §6º, art. 1º e do §2º do art. 2º, todos da Lei Estadual n.º 13222/2015, nos termos e pelos motivos adiante expendidos no voto da Relatora**. Sala das Sessões, de de 2023. Des. Presidente Desª. CYNTHIA MARIA PINA RESENDE Relatora Procurador(a) Geral de Justiça (Classe: Direta de Inconstitucionalidade,Número do Processo: 8011990-65.2022.8.05.0000,Relator(a): CYNTHIA MARIA PINA RESENDE, Publicado em: 28/09/2023).

No âmbito do RPPS da União, há um déficit maior do que no Regime Geral de Previdência Social, sendo o ente central responsável pelo complemento dos recursos faltantes no fundo previdenciário.

Estima-se em 2010 um rombo superior a 50 bilhões de reais no RPPS da União, equivalente a aproximadamente 1,5% do PIB nacional, o que favorece a intenção política de instituir rapidamente o regime público complementar, a fim de limitar as aposentadorias e pensões dos novos servidores ao teto do RGPS, conquanto a União tenha cometido erros históricos na gestão do seu RPPS.

Com esse argumento, **a União instituiu o regime de previdência complementar para os servidores detentores de cargo efetivo por intermédio da Lei 12.618, de 30 de abril de 2012**, que será estudado no Capítulo III deste Título IV.

Após a iniciativa federal, as demais entidades federativas estão cada vez mais encorajadas a criar os regimes complementares para os seus servidores efetivos. O **Estado de São Paulo**, por exemplo, promoveu a aprovação mesmo antes da União, através da Lei estadual 14.653, de 22 de dezembro de 2011, que criou a Fundação de Previdência Complementar do Estado de São Paulo – **SP-PREVCOM**.

De seu turno, o **Estado do Rio de Janeiro** também aprovou o regime de previdência complementar para os seus servidores efetivos, por intermédio da Lei estadual 6.243, de 21 de maio de 2012, que criou a Fundação de Previdência Complementar do Estado do Rio de Janeiro – **RJPREV**.

Tem-se notícia que o Estado do Ceará também constituiu regime de previdência complementar para os seus servidores efetivos, assim como Minas Gerais, Espírito Santo, Rondônia, Bahia e Pernambuco.

Vale registar que o Estado de São Paulo, por intermédio da Lei estadual 16.391/2017, permitiu que possam figurar como patrocinadores **os demais entes da Federação, suas autarquias e fundações, mediante prévia autorização do Conselho Deliberativo da SP-PREVCOM, por maioria absoluta, e desde que firmem convênio de adesão e venham a aderir ao plano de benefícios previdenciários complementares administrado pela referida entidade.**

Assim, estados e municípios poderão criar um regime de previdência complementar para os servidores públicos por lei local sem a necessidade da constituição de entidade fechada, firmando convênio de adesão com a **SP-PREVCOM, que irá gerir o plano, o que está sendo avençado com o Estado de Rondônia.**

Esperava-se que essa abertura se desse no modelo federal, mas o Projeto de Lei 6.088/2016 ainda não foi aprovado. Ele permite que os planos de benefícios estaduais, distritais e municipais possam ser administrados pela Funpresp-Exe.

Registre-se que há casos de entes públicos patrocinado entidades fechadas de previdência complementar nas entidades federativas ao arrepio da legislação atual. Tal situação se deu com a FUNASA, Autarquia Federal, que indevidamente patrocinou a CAPESESP. Essa situação foi apreciada pelo E. STJ:

> **PROCESSO**
>
> AREsp **1325652**/RJ
>
> AGRAVO EM RECURSO ESPECIAL
>
> 2018/0172804-1
>
> **RELATOR**
>
> Ministro GURGEL DE FARIA (1160)
>
> **ÓRGÃO JULGADOR**
>
> T1 - PRIMEIRA TURMA
>
> **DATA DO JULGAMENTO**
>
> 04/10/2022
>
> **DATA DA PUBLICAÇÃO/FONTE**
>
> DJe 11/11/2022

EMENTA

PROCESSUAL CIVIL E ADMINISTRATIVO. NEGATIVA DE PRESTAÇÃO JURISDICIONAL. INEXISTÊNCIA. AÇÃO CIVIL PÚBLICA. MINISTÉRIO PÚBLICO FEDERAL. LEGITIMIDADE. ENTIDADE DE PREVIDÊNCIA COMPLEMENTAR. INSTITUIÇÃO DO REGIME JURÍDICO ÚNICO. COPARTICIPAÇÃO DA FUNASA. IMPOSSIBILIDADE. DEVOLUÇÃO DE VALORES. NECESSIDADE. PARCELA DA PRETENSÃO. PRESCRIÇÃO. CANCELAMENTO DE BENEFÍCIOS. DESCABIMENTO.

1. É entendimento pacífico nesta Corte Superior que o julgador não está obrigado a rebater, um a um, todos os argumentos invocados pelas partes quando, por outros meios que lhes sirvam de convicção, tenha encontrado motivação satisfatória para dirimir o litígio.

2. O Ministério Público detém legitimidade ativa para a propositura de ações civis públicas, visando à tutela de direitos individuais homogêneos, mesmo que disponíveis e divisíveis, quando socialmente relevante o bem jurídico cuja proteção é intentada.

3. Hipótese em que a pretensão da inicial tem o desígnio de promover a reparação de danos ao erário, tratando-se, portanto, de tutela difusa, e impedir a concessão de novos benefícios, além de cancelar os concedidos nos últimos 5 (cinco) anos, o que, ao menos em tese, poderia manter a higidez dos pagamentos realizados àqueles que já recebem benefícios, protegendo, portanto, direito individual homogêneo.

4. Quanto à reparação do dano, não haveria nenhuma margem de dúvida em relação à pertinência subjetiva do MPF, decorrente dos arts. 127 e 129 da CF, e, mesmo com relação à parcela do pedido referente aos direitos individuais homogêneos, também se extrai a legitimidade em abstrato, porque a discussão é socialmente relevante, já que da saúde financeira da CAPESESP dependem milhares de associados indeterminados.

5. Esta Corte Superior entende que a pretensão de ressarcimento de danos ao erário não decorrente de ato de improbidade, como é o caso dos autos, prescreve em 5 (cinco) anos.

6. Não há, no particular, nenhuma informação em concreto, nem mesmo alegação da parte interessada (MPF), no sentido de que a recorrente tenha respondido à ação de improbidade, não existindo, muito menos, notícia de que tenha sido reconhecida, judicialmente, a prática de ato ímprobo doloso, pelo que deve ser reconhecida a prescrição de parte da pretensão.

7. As conclusões adotadas pelo Tribunal de Contas da União não vinculam o Poder Judiciário, em razão da consagrada independência de instâncias. Precedentes.

8. Não obstante o tempo decorrido entre a criação do Regime Jurídico Único dos servidores públicos federais (1990) e a efetiva instituição do regime de previdência complementar destes servidores (2012), o fato é que, exatamente por essa razão, inexistia autorização para que o gestor público continuasse a repassar valores para manter a entidade fechada de previdência complementar que existia antes da Lei n. 8.112/1990.

9. Os valores pagos de maneira irregular pela FUNASA à entidade de previdência privada devem ser por esta última devolvidos, respeitada a prescrição quinquenal.

10. No caso, as demais obrigações impostas à parte recorrente (de cancelamento de benefícios e abstenção de novas concessões), por sua vez, estão muito mais ligadas à relação estabelecida entre a entidade de previdência complementar e seus filiados, que ostenta outra natureza para além do interesse público, e devem ser revistas.

11. A ingerência judicial no liame entre os assistidos e a entidade de previdência complementar, notadamente na profundidade com que foi imposta na origem, pressuporia estar muito mais claro, agora no plano concreto, que os impactos da manutenção dos benefícios poderiam violar gravemente a esfera jurídica de número indeterminado de múltiplos sujeitos de direito, de maneira que revelar-se-ia a relevância social da intervenção. Só assim se justificaria cogitar que não deveriam prevalecer, no particular, a boa-fé dos assistidos e a confiança legítima de que receberiam o retorno das suas contribuições em forma de benefícios.

12. Na espécie, esse potencial impacto geral, transindividual e de efeitos coletivos deletérios não foi o fio condutor da fundamentação externada no juízo a quo, não havendo sequer menção se a recorrente, só com seu próprio caixa ou com as contribuições já recolhidas dos associados, seria capaz de honrar com o pagamento dos benefícios.

13. Não se justifica determinar a abstenção da concessão de novos benefícios, porque isso (a abstenção) vulnera diretamente o princípio da confiança legítima que os assistidos tinham de que, após meses/anos de contribuição, receberiam contrapartida futura, menos ainda se justifica a determinação de cancelamento de benefícios de assistidos que já estavam experimentando a fruição de acréscimo patrimonial e, de repente, sem direito de defesa, talvez até desconhecendo o

motivo para tanto, teriam ceifada parcela da renda, pois, nesse último caso, a ofensa à segurança jurídica seria até mais evidente.

14. Se as consequências desta ação comprometer a própria existência da CAPESESP, poderá a Superintendência Nacional de Previdência Complementar atuar para dirimir todas essas questões de maneira holística e estrutural, nos termos da Lei n. 12.154/2009.

15. Agravo conhecido para dar parcial provimento ao recurso especial.

3.2. PREVIDÊNCIA COMPLEMENTAR NO SERVIÇO PÚBLICO FEDERAL

3.2.1. Introdução

Com a justificativa de equacionar os débitos do Regime Próprio de Previdência Social dos servidores públicos federais, a União aprovou a **Lei 12.618, de 30 de abril de 2012**, publicada em 02 de maio de 2012, que instituiu o regime de previdência complementar para os servidores públicos federais titulares de cargos efetivos.

A Lei 12.618/2012 apenas definiu a normatização básica do citado regime complementar, haja vista existirem inúmeros temas que demandam de regulamentação a ser estatuída nos planos de benefícios.

Registre-se que o citado regime de previdência complementar também se aplica aos servidores efetivos das autarquias e fundações públicas federais e aos membros do Ministério Público, do Poder Judiciário e do Tribunal de Contas da União.

Portanto, apenas os servidores ocupantes de **cargo de provimento efetivo** poderão aderir aos planos da previdência complementar no serviço público federal, não podendo figurar como participantes os servidores que exclusivamente ocupam cargo em comissão (não são efetivos), os empregados públicos (são celetistas) ou qualquer outro cargo temporário.

Por sua vez, **também foi limitado ao teto do salário de contribuição no Regime Geral de Previdência Social o valor das pensões e aposentadorias para os servidores públicos federais que ingressarem após o ato de criação da previdência complementar**.

Trata-se de mais um duro golpe nos servidores públicos federais, que cada vez mais perdem direitos. Não bastasse a extinção da paridade e integralidade remuneratória entre ativos e inativos, suprimida pela Emenda 41/2003 para os novos servidores, agora as aposentadorias e pensões instituídas por novos servidores não irão ultrapassar o teto do RGPS.

Vale relembrar que, por força do artigo 40, §16, da Constituição, somente mediante sua prévia e expressa opção, o regime de previdência complementar poderá ser aplicado ao servidor que tiver ingressado no serviço público até a data da publicação do ato de instituição do correspondente regime de previdência complementar.

Logo, somente os servidores públicos efetivos federais que ingressarem após a publicação do ato de instituição do correspondente regime de previdência complementar terão aposentadorias e instituirão pensões limitadas ao teto do RGPS, **salvo se algum antigo servidor fizer uma expressa opção pelo regime complementar**, o que será improvável.

Será necessário verificar a data da posse do novo servidor público federal, se até o dia da publicação do ato de instituição do correspondente regime de previdência complementar, ou posterior, para identificar o regime jurídico previdenciário que se sujeitará o servidor.

Na visão da Advocacia-Geral da União (AGU) e do extinto Ministério do Planejamento, Orçamento e Gestão (MPOG), entende-se que a mudança de cargo público entre entidades políticas diversas não conserva o regime jurídico previdenciário anterior, mesmo que não haja solução de continuidade.

Nesse sentido, a AGU editou o Parecer nº 009/2013/JCBM/CGU/AGU, de 30 de outubro de 2013, aprovado pelo Despacho do Advogado-Geral da União, em 31 de outubro de 2013, que ensejou a Orientação Normativa 17, de 23 de dezembro de 2013, da lavra da Secretaria de Gestão Pública do extinto Ministério do Orçamento, Planejamento e Gestão.

Considerando que o regime de previdência complementar dos servidores efetivos do Poder Executivo da União iniciou o seu funcionamento em 04 de fevereiro de 2013, a posição oficial é que os novos servidores federais empossados a partir desta data devem ingressar no novo regime jurídico, mesmo que egressos do serviço público estadual ou municipal sem interrupção.

Ao menos neste ato do MPOG restou conservado o regime jurídico anterior aos servidores do Poder Legislativo e Judiciário da União que migraram sem interrupção ao serviço do Poder Executivo da União a partir do dia 04 de fevereiro de 2013.

Entretanto, é indispensável frisar que a Constituição Federal não é clara a respeito. Isso porque o seu artigo 40, §16, aduz que "o disposto nos §§ 14 e 15 poderá ser aplicado ao servidor que tiver ingressado no serviço público até a data da publicação do ato de instituição do correspondente regime de previdência complementar".

Destarte, a Constituição se refere genericamente ao ingresso no "serviço público", não exigindo literalmente a entrada no serviço público da respectiva entidade federativa até a data da publicação do ato de instituição do correspondente regime de previdência complementar.

Ao longo dos anos será necessário acompanhar o entendimento da Administração Pública a respeito, e especialmente do Supremo Tribunal Federal, pois é possível extrair mais de uma interpretação da plurissignificativa normatização constitucional.

Aliás, neste momento, acredita-se que a melhor interpretação do §16 do artigo 40 da Constituição Federal seja garantir o antigo regime jurídico para os servidores estaduais e municipais que ingressarem no serviço público federal do Poder Executivo a partir de 04 de fevereiro de 2013, vez que é regra de hermenêutica jurídica que, se a Lei Maior não distinguiu a espécie de serviço público, não caberá ao intérprete fazê-lo, máxime em prejuízo do novo servidor público federal.

O **prazo para a opção** que os antigos servidores federais poderão fazer pelo regime complementar será de **24 meses**, contados a partir do início da vigência do regime de previdência complementar[4], tendo cunho **irrevogável e irretratável**, não sendo devida pela União, suas autarquias e fundações públicas federais qualquer contrapartida referente ao valor dos descontos já efetuados sobre a base de contribuição acima do limite do salário de contribuição do RGPS.

4. Art. 30. Para os fins do exercício do direito de opção de que trata o parágrafo único do art. 1º, considera-se instituído o regime de previdência complementar de que trata esta Lei a partir da data da publicação pelo órgão fiscalizador da autorização de aplicação dos regulamentos dos planos de benefícios de qualquer das entidades de que trata o art. 4º desta Lei.

Esse prazo de opção para os antigos servidores efetivos federais aderirem ao novo regime foi reaberto por 24 meses, expirando em 29 de julho de 2018, a teor do artigo 92 da Lei 13.328/2016:

> CAPÍTULO XIV – DA REABERTURA DE PRAZO PARA ADESÃO AO REGIME DE PREVIDÊNCIA COMPLEMENTAR
>
> Art. 92. É reaberto o prazo para opção pelo regime de previdência complementar de que trata o § 7º do art. 3C da Lei no 12.618, de 30 de abril de 2012, por 24 (vinte e quatro) meses, contados a partir da data de entrada em vigor desta Lei.
>
> Parágrafo único. O exercício da opção a que se refere o *caput* deste artigo é irrevogável e irretratável, não sendo devida pela União e por suas autarquias e fundações públicas qualquer contrapartida referente ao valor dos descontos já efetuados sobre a base de contribuição acima do limite máximo estabelecido para os benefícios do Regime Geral de Previdência Social (RGPS).

Posteriormente, uma nova janela de migração foi aberta pela MP 1.119/2022:

> ***"Art. 1º Fica reaberto, até 30 de novembro de 2022, o prazo para opção pelo regime de previdência complementar de que trata o § 7º do art. 3º da Lei nº 12.618, de 30 de abril de 2012.***
>
> *Parágrafo único. O exercício da opção de que trata o caput é irrevogável e irretratável, e não será devida pela União, nem por suas autarquias e fundações públicas, qualquer contrapartida referente ao valor dos descontos já efetuados sobre a base de contribuição acima do limite máximo estabelecido para os benefícios do Regime Geral de Previdência Social".*

Tais prazos legais para migração de regime são válidos na linha do STF:

> Informativo 908 -
>
> **"ADI MC: Funpresp e data limite para adesão ao regime de previdência complementar**
>
> **O Plenário, em conclusão de julgamento e por maioria, indeferiu pedido de medida cautelar em ação direta de inconstitucionalidade que pretendia suspender a eficácia dos artigos 3º, § 7º, da Lei 12.618/2012 e 92 da Lei 13.328/2016, com vistas a afastar qualquer restrição temporal à opção pelo regime de previdência complementar.**

A teor do disposto no § 16 do art. 40 da Constituição Federal (CF), o servidor que houver ingressado nos quadros da Administração até o dia da publicação do ato de criação do correspondente regime de previdência complementar somente será a ele vinculado por meio de prévia e expressa opção.

Com a instituição do regime de previdência da União, o legislador assinou o prazo de 24 meses a partir do início da sua vigência para que o servidor exerça o direito de escolha (Lei 12.618/2012, art. 3º, § 7º). Em 2016, o prazo foi postergado, sendo o término em 29.7.2018 (Lei 13.328/2016, art. 92).

O Colegiado observou que o Poder Executivo justificou a reabertura do período para a opção pelo novo regime, com adesão à Fundação de Previdência Complementar do Servidor Público Federal (Funpresp), diante do contexto trazido pela Medida Provisória 664, de 30.12.2014, convertida na Lei 13.135/2015. A legislação promoveu importantes mudanças tanto no Regime Geral de Previdência Social quanto no Plano de Seguridade Social dos Servidores Públicos Federais, com alterações na Lei 8.112/1990.

O deferimento da liminar representaria indevida manipulação de opção político-normativa do Parlamento. Ao Supremo Tribunal Federal (STF), à semelhança do que ocorre com as demais Cortes Constitucionais, cabe exercer o papel de legislador negativo. É sua a relevante função de extirpar do ordenamento jurídico normas incompatíveis com a Lei Maior, devendo, exatamente por esse motivo, atuar com parcimônia.

Não há, sob o ângulo material ou formal, qualquer traço de incompatibilidade direta com a Constituição Federal. Quanto ao prazo, o conteúdo dos dispositivos revela legítima atuação parlamentar por meio da fixação de razoáveis balizas temporais ao exercício da opção franqueada aos servidores públicos.

Também foi rejeitada a argumentação de que se mantém o quadro de insegurança jurídica derivado da imposição de escolha, em caráter irrevogável e irretratável, pelo ingresso em regime de previdência que poderá vir a ser invalidado pelo STF. Acolher essa alegação subverteria o princípio da presunção de constitucionalidade dos atos normativos.

Além da ausência de plausibilidade jurídica da pretensão, não se vislumbrou prejuízo decorrente do retardamento da decisão para os servidores que, tempestivamente, fizerem opção pelo ingresso em regime de previdência complementar, caso o

> Tribunal, no julgamento do mérito da ação direta, declare a inconstitucionalidade dos preceitos nela impugnados.
>
> Na hipótese de vir a ser assentada a inconstitucionalidade da instituição de entidade fechada de previdência complementar de natureza pública, o cenário anterior deverá ser restaurado, com a devida reparação dos danos causados aos servidores públicos atingidos pelas normas eventualmente glosadas pelo STF.
>
> Vencidos os ministros Luiz Fux e Ricardo Lewandowski, que deferiram a cautelar. Consideraram presente o "fumus boni iuris", porque o art. 93, VI (1), da CF remete a disciplina da previdência dos magistrados à lei complementar de iniciativa do STF. O ministro Ricardo Lewandowski entendeu demonstrado, também, o "periculum in mora", em razão da proximidade do prazo de opção. **ADI 4885 MC/DF, rel. Min. Marco Aurélio, julgamento em 27.6.2018. (ADI-4885)**".

Posteriormente, foi reaberto até 29/3/2018 pela Medida Provisória 853, de 25 de setembro de 2018 (convertida posteriormente na Lei 13.809/2019), que foi convertida na Lei 13.809, de caráter irrevogável e irretratável e não sendo devida pela União e por suas autarquias e suas fundações públicas qualquer contrapartida referente ao valor dos descontos já efetuados sobre a base de contribuição acima do limite máximo estabelecido para os benefícios do Regime Geral de Previdência Social – RGPS, assegurado o direito ao benefício especial.

De acordo com o TCU "o direito de optar pelo Regime de Previdência Complementar da União, instituído pela Lei 12.618/12, ou permanecer vinculado ao regime anterior cabe apenas àqueles que tenham ingressado no serviço público federal antes do início da vigência do novo regime (art. 3º, inciso II, c/c art. 33, inciso I, daquele diploma legal)"[5].

A Lei 13.183/2015 modificou o artigo 1º da Lei 12.618/2012 para prever a filiação automática ao regime de previdência complementar pelos novos servidores federais efetivos que receberam remuneração acima do teto do salário de contribuição do RGPS.

De efeito, os servidores efetivos e os membros de Poder no âmbito federal com remuneração superior ao limite máximo estabelecido para os benefícios do Regime Geral de Previdência Social, que venham a ingressar no serviço público a partir do início da vigência do regime

5. Acórdão 1204/2015 Plenário (Recurso Administrativo, Relatora Ministra Ana Arraes).

de previdência complementar federal, serão automaticamente inscritos no respectivo plano de previdência complementar desde a data de entrada em exercício.

No entanto, assegurou-se o cancelamento da inscrição a qualquer tempo, nos termos do regulamento do plano de benefícios. Por outro lado, para que o cancelamento da inscrição tenha eficácia retroativa, é necessário que seja feita em até noventa dias.

Isso porque na hipótese de o cancelamento ser requerido no prazo de até noventa dias da data da inscrição, fica assegurado o direito à restituição integral das contribuições vertidas, a ser paga em até sessenta dias do pedido de cancelamento, corrigidas monetariamente, não configurando resgate.

Ademais, a contribuição aportada pelo patrocinador será devolvida à respectiva fonte pagadora no mesmo prazo da devolução da contribuição aportada pelo participante.

Este novel dispositivo que instituiu uma filiação automática à previdência complementar dos servidores federais, embora possa ser cancelada (com efeitos retroativos em até 90 dias), é aparentemente violadora da Constituição de 1988, que assegura a natureza facultativa da adesão à previdência complementar, decorrendo da ânsia da União de obter novos participantes atropelando a Lei Maior.

Similarmente ao que ocorre no âmbito do regime de previdência complementar dos servidores federais por determinação da Lei 12.618/2012, que prevê a inscrição automática de servidores federais ao regime, a **Resolução CNPC/MPS 60, de 7 de fevereiro de 2024**, adotou o mesmo modelo com condicionantes para as demais entidades fechadas de previdência complementar, em que pese a ausência de previsão na LC 108 ou 109/2001, o que aparentemente deixa exposto vício de legalidade estrita.

De efeito, por força da Resolução CNPC/MPS 60, de 7 de fevereiro de 2024, a inscrição de participante em plano de benefícios, pela entidade fechada de previdência complementar, pode ocorrer nas seguintes modalidades:

> I - convencional, aquela realizada por iniciativa do participante, a partir da oferta pela entidade ou pelo patrocinador ou instituidor, formalizada por meio de documento impresso, transação remota ou pagamento voluntário da primeira contribuição; ou

> **II - automática, aquela realizada por iniciativa do patrocinador, no momento do estabelecimento da relação de trabalho.**

No entanto, a inscrição automática somente pode ser realizada nos casos em que o plano de benefícios:

> I - assegure que o valor da contrapartida do patrocinador seja no mínimo equivalente a vinte por cento do montante para o custeio do plano, ou seja, em proporção não inferior a um para quatro da contribuição normal do participante; ou
>
> II - seja custeado exclusivamente pelo patrocinador, sem exigência de contribuição do participante.

A situação do inciso II é rara, pois na maioria dos casos há contribuição do patrocinador, do participante e do assistido.

Ademais, quando se tratar de servidor público sujeito ao limite máximo dos benefícios do Regime Geral de Previdência Social, na forma do § 14 do art. 40 da Constituição, a inscrição automática pode ocorrer em momento posterior ao estabelecimento da relação de trabalho por meio do ingresso no serviço público, sempre que o referido limite for ultrapassado ou quando exercida a opção de que trata o § 16 do art. 40 da Constituição.

Na hipótese de inscrição na modalidade automática, o regulamento do plano de benefícios deve dispor expressamente sobre suas condições, procedimentos, prazos e forma de desistência ou cancelamento.

A entidade fechada de previdência complementar deve:

> I - na inscrição, quando se tratar da modalidade convencional, disponibilizar ao participante, em meio físico ou digital, certificado de inscrição, estatuto da entidade, regulamento do plano de benefícios e material explicativo; e
>
> II - no prazo de até sessenta dias, a contar da data da inscrição por iniciativa do patrocinador, quando se tratar de inscrição na modalidade automática:
>
> a) cumprir a obrigação de disponibilizar o certificado de inscrição, estatuto da entidade, regulamento do plano de benefícios e material explicativo; e
>
> b) comunicar ao participante, por qualquer meio, inclusive digital, que assegure sua ciência que a inscrição no plano de benefícios implica autorização para o desconto periódico da contribuição devida pelo participante e aporte da contrapartida do patrocinador,

a contar da data da inscrição por iniciativa do patrocinador, nos termos do regulamento e do plano de custeio do plano de benefícios; e que poderá manifestar em até cento e vinte dias, a contar da data da inscrição por iniciativa do patrocinador, o desejo de que esta seja tornada sem efeito, implicando seu silêncio ou inércia nesse período a anuência à inscrição no plano de benefícios.

A **inscrição automática do participante será tornada sem efeito caso o participante manifeste sua desistência no prazo de até cento e vinte dias, a contar da data da inscrição por iniciativa do patrocinador,** ficando assegurado o direito:

> I - ao participante, à restituição integral das contribuições por ele aportadas, a ser paga em até sessenta dias de sua desistência, atualizadas na forma do regulamento; e
>
> II - ao patrocinador, à restituição das contribuições por ele aportadas, a ser paga em até sessenta dias da desistência do participante.

A restituição não constitui resgate do participante. É assegurado ao participante o direito de requerer a qualquer tempo, antes de entrar em gozo de benefício, o cancelamento de sua inscrição convencional ou automática no plano de benefícios, nos termos do regulamento.

Fica autorizado que os regulamentos dos planos de benefícios relativos ao regime de previdência complementar do servidor público, de que trata o § 14 do art. 40 da Constituição que mantenham prazos diferenciados em relação aos referidos anteriormente, desde que já estabelecidos em lei do ente federativo publicada antes da vigência da Resolução CNPC 60/2024, bem como em três anos cumpram a exigência de o regulamento do plano de benefícios deve dispor expressamente sobre suas condições (da inscrição automática), procedimentos, prazos e forma de desistência ou cancelamento.

Certamente serão raros os casos em que os antigos servidores federais irão optar pelo regime complementar, especialmente os que ingressaram no serviço público até 31 de dezembro de 2003, pois ainda terão direito à paridade e integralidade remuneratória em regra de transição da Emenda 47/2005.

O modelo adotado para o regime público complementar dos servidores federais efetivos é fundamentado no regime de previdência privada, tanto que em vários momentos a Lei 12.618/2012 expressamente faz remissão às Leis Complementares 108 e 109/2001.

Nesse sentido, o seu artigo 27 da Lei 12.618/2012 pontifica que **"aplicam-se ao regime de previdência complementar a que se referem os §§ 14, 15 e 16 do art. 40 da Constituição Federal as disposições das Leis Complementares 108 e 109, de 29 de maio de 2001"**.

Por tudo isso, não é possível estudar o regime de previdência complementar dos servidores efetivos federais apenas com o manejo da Lei 12.618/2012, que deve ser interpretada conjuntamente com as Leis Complementares 108 e 109/2001, razão pela qual as disposições do Capítulo II desde Título IV constitui um pré-requisito de estudo deste Capítulo III.

Apenas no que for incompatível, por aplicação do Princípio da Especialidade, é que não serão aplicados dispositivos contidos nas referidas Leis Complementares.

São adotadas as seguintes nomenclaturas:

Patrocinador	A União, suas autarquias e fundações.
Participante	O servidor público titular de cargo efetivo da União, inclusive o membro do Poder Judiciário, do Ministério Público e do Tribunal de Contas da União, que aderir aos planos de benefícios administrados pelas entidades de previdência fechada dos servidores públicos federais.
Assistido	O participante ou o seu beneficiário em gozo de benefício de prestação continuada.

Será aprovado **código de ética e de conduta**, inclusive com regras para prevenir conflito de interesses e proibir operações dos dirigentes com partes relacionadas, que terá ampla divulgação, especialmente entre os participantes e assistidos e as partes relacionadas, cabendo aos conselhos fiscais das entidades fechadas de previdência complementar assegurar o seu cumprimento, cabendo ao órgão regulador definir as partes relacionadas ao código.

3.2.2. Entidades fechadas – FUNPRESPs

A Constituição previa a criação de **entidades fechadas de previdência complementar, de natureza pública**, que ofereceriam aos respectivos participantes planos de benefícios somente na modalidade de **contribuição definida**, sendo a **adesão facultativa**.

Mas os dispositivos constitucionais foram alterados pela **Emenda 103/2019**:

> "§ 14. A União, os Estados, o Distrito Federal e os Municípios **instituirão**, por lei de iniciativa do respectivo Poder Executivo, regime de previdência complementar para servidores públicos ocupantes de cargo efetivo, **observado o limite máximo dos benefícios do Regime Geral de Previdência Social** para o valor das aposentadorias e das pensões em regime próprio de previdência social, ressalvado o disposto no § 16".

Há uma enorme modificação constitucional neste dispositivo, a saber:

A) Passa a ser obrigatória a criação do regime de previdência complementar pelas entidades federativas que possuam RPPS (era facultativo);

B) Passa a ser obrigatória a adoção do teto do RGPS no RPPS após a criação da previdência complementar (era facultativo), respeitado o regime dos antigos servidores, na forma do §16, salvo opção expressa.

Nos termos da art. 9º, §6º, da Emenda 103/2019, a instituição do regime de previdência complementar na forma dos §§ 14 a 16[6] do art. 40 da Constituição Federal e a adequação do órgão ou entidade gestora do regime próprio de previdência social ao § 20 do art. 40 da Constituição Federal **deverão ocorrer no prazo máximo de dois anos da data de entrada em vigor da Emenda Constitucional**.

O que a Emenda não diz são os efeitos jurídicos previdenciários da mora do Poder Executivo e/ou Legislativo, na hipótese de não criação do regime complementar no aludido biênio.

> "§ 15. O regime de previdência complementar de que trata o § 14 oferecerá plano de benefícios somente na modalidade contribuição definida, observará o disposto no art. 202 e será efetivado por intermédio de entidade fechada de previdência complementar **ou de entidade aberta de previdência complementar**".

6. § 16 – Somente mediante sua prévia e expressa opção, o disposto nos §§ 14 e 15 poderá ser aplicado ao servidor que tiver ingressado no serviço público até a data da publicação do ato de instituição do correspondente regime de previdência complementar. (Incluído pela Emenda Constitucional nº 20, de 15/12/98)

Retirou-se a necessidade de que as entidades fechadas de previdência complementar possuam natureza pública, que no caso do modelo federal (Lei 12.612/2012, art. 4º[7]) adotaram a posição de fundações de direito privado, mas integrantes da Administração Pública Indireta.

- **IMPORTANTE!**

> Dessa forma, coloca-se em dúvida a recepção constitucional da Lei 12.618/2012 nos artigos que enquadram as Funpresps como fundações privadas pertencentes à Administração Pública Indireta, haja vista que a intenção da reforma constitucional foi excluir a natureza pública dessas fundações, em especial a exigência de concursos públicos, licitação e princípios administrativos.

No entanto, como alteração, a MP 1.119/2022 convertida na Lei 14.463/2022 apenas determinou a aplicação do **regime licitatório das estatais**:

> *"Art. 8º As entidades fechadas de que trata o art. 4º, observado o disposto na Lei Complementar nº 108, de 29 de maio de 2001, na Lei Complementar nº 109, de 29 de maio de 2001, e nesta Lei, submetem-se às demais normas de direito público exclusivamente no que se refere à: (Redação dada pela Lei nº 14.463/2022)*
>
> *I - submissão à legislação federal sobre licitação e contratos administrativos **aplicável às empresas públicas e sociedades de economia mista;** (Redação dada pela Lei nº 14.463/2022)"*

Abriu-se em favor das entidades abertas de previdência complementar (EAPCs) a possibilidade de gerir planos de previdência complementar dos servidores públicos, atendendo a um antigo desejo do mercado financeiro, cuja atividade visa ao lucro que deverá ser suportado pelos participantes e assistidos, ao passo em que o regime fechado não possui finalidade lucrativa.

Mas é necessário que saia a regulamentação do setor. Isso porque dispõe o **artigo 33 da Emenda** 103/2019 que, "até que seja disciplinada a relação entre a União, os Estados, o Distrito Federal e os Municípios

7. § 1º A Funpresp-Exe, a Funpresp-Leg e a Funpresp-Jud serão estruturadas na forma de fundação, de natureza pública, com personalidade jurídica de direito privado, gozarão de autonomia administrativa, financeira e gerencial e terão sede e foro no Distrito Federal.

e entidades abertas de previdência complementar na forma do disposto nos §§ 4º e 5º do art. 202 da Constituição Federal, somente entidades fechadas de previdência complementar estão autorizadas a administrar planos de benefícios patrocinados pela União, Estados, Distrito Federal ou Municípios, inclusive suas autarquias, fundações, sociedades de economia mista e empresas controladas direta ou indiretamente".

Logo, este dispositivo nesta parte possui eficácia limitada, dependendo previamente da regulamentação de que tratam os §§ 4º e 5º do artigo 202 da Constituição.

Nessa linha, antes da EC 103/2019, a Lei 12.618/2012 autorizou a União a instituir três entidades de previdência fechada de acordo com os Poderes da República para administrar e executar planos de benefícios de caráter previdenciário:

Fundação de Previdência Complementar do Servidor Público Federal do Poder Executivo (FUNPRESP-EXE)	para os servidores públicos titulares de cargo efetivo do Poder Executivo, por meio de ato do Presidente da República.
Fundação de Previdência Complementar do Servidor Público Federal do Poder Legislativo (FUNPRESP-LEG)	para os servidores públicos titulares de cargo efetivo do Poder Legislativo e do Tribunal de Contas da União e para os membros deste Tribunal[6], por meio de ato conjunto dos Presidentes da Câmara dos Deputados e do Senado Federal.
Fundação de Previdência Complementar do Servidor Público Federal do Poder Judiciário (FUNPRESP-JUD)	para os servidores públicos titulares de cargo efetivo e para os membros do Poder Judiciário, por meio de ato do Presidente do Supremo Tribunal Federal.

Interessante notar que não há clareza sobre o enquadramento dos membros do Ministério Público da União, que expressamente não foram enquadrados em nenhuma das três fundações, mas que certamente ingressarão na FUNPRESP-JUD, em razão da equivalência institucional com os membros do Poder Judiciário.[8]

Contudo, **será possível a criação de duas ou mesmo de apenas uma entidade de previdência**, se houver consenso entre o Presidente

8. Consideram-se membros do Tribunal de Contas da União, para os efeitos da Lei 12.618/2012, os Ministros, os Auditores de que trata o § 4º do art. 73 da Constituição Federal e os Subprocuradores-Gerais e Procuradores do Ministério Público junto ao Tribunal de Contas da União.

da República, os Presidentes da Câmara dos Deputados e do Senado Federal e o Presidente do Supremo Tribunal Federal.

Foram instituídas a fundação do Poder Executivo e a do Judiciário apenas. Os servidores do Legislativo poderão aderir à FUNPRESP/EXE (não foi criada a FUNPRESP/LEG) ao passo que os servidores do Ministério Público da União à FUNPRESP/JUD.

Serão estruturadas, nos termos do artigo 4º, §1º, da Lei 12.618/2012, "na forma de **fundação, de natureza pública com personalidade jurídica de direito privado**, gozarão de autonomia administrativa, financeira e gerencial e terão sede e foro no Distrito Federal".

Assim, serão **entidades integrantes da Administração Indireta da União**, mas com **personalidade jurídica de direito privado**. A questão aqui é saber se há inconstitucionalidade neste dispositivo da Lei 12.618/2012, pois ao prever uma entidade de natureza pública certamente o artigo 40, §15, da Constituição, teve a intenção de serem criadas pessoas jurídicas de direito público, e não de direito privado, embora integrantes da Administração Pública Indireta.

Por conseguinte, o regime público complementar dos servidores efetivos federais foi em certa medida "privatizado" e provavelmente não demorará de ser proposta no STF uma ação direta de inconstitucionalidade suscitando a questão, muito embora não se acredite que a Suprema Corte pronuncie a inconstitucionalidade do artigo 4º, §1º, da Lei 12.618/2012.

Por se tratar de um ente da Administração Pública Indireta, as fundações estarão sujeitas à **licitação** como condição para a contratação, se submetendo aos ditames da Lei 14.133/2021, devendo se curvar às sujeições decorrentes do Princípio da Indisponibilidade do Interesse Público e aos princípios informadores da atuação do Poder Público, com destaque aos Princípios da Economicidade e da Eficiência.

Demais disso, anualmente, deverão promover publicação na imprensa oficial ou em sítio oficial da administração pública certificado digitalmente por autoridade para esse fim credenciada no âmbito da Infraestrutura de Chaves Públicas Brasileira (ICP Brasil), de seus demonstrativos contábeis, atuariais, financeiros e de benefícios, sem prejuízo do fornecimento de informações aos participantes e assistidos dos planos de benefícios e ao órgão fiscalizador das entidades fechadas de previdência complementar, na forma das Leis Complementares 108 e 109/2001.

As FUNPRESPs contarão com os seguintes órgãos:

a) CONSELHO DELIBERATIVO – é o órgão máximo da estrutura organizacional, sendo responsável pela definição da política geral de administração da entidade e de seus planos de benefícios, tendo composição paritária e cada um será integrado por seis membros[9] remunerados;

b) CONSELHO FISCAL – é órgão de controle interno da entidade, tendo a composição paritária e cada um deles será integrado por quatro membros[10] remunerados[11];

c) DIRETORIA EXECUTIVA – é o órgão responsável pela administração da entidade, em conformidade com a política de administração traçada pelo conselho deliberativo, sendo composta, no máximo, por quatro membros[12], nomeados pelos conselhos deliberativos das entidades fechadas de previdência complementar.

A designação dos membros dos conselhos deliberativos e fiscais caberá ao Presidente da República (FUNPRESP-EXE), aos Presidentes da Câmara e do Senado (FUNPRESP-LEG) e do Supremo Tribunal Federal (FUNPRESP-JUD).

Os membros do Conselho Deliberativo, Fiscal e da Diretoria Executiva deverão possuir comprovada experiência no exercício de atividade na área financeira, administrativa, contábil, jurídica, de fiscalização, atuarial ou de auditoria; não ter sofrido condenação criminal transitada em julgado; não ter sofrido penalidade administrativa por infração da legislação da seguridade social, inclusive da previdência complementar ou como servidor público; e ter formação de nível superior.

9. A presidência dos conselhos deliberativos será exercida pelos membros indicados pelos patrocinadores, na forma prevista no estatuto das entidades fechadas de previdência complementar.

10. A presidência dos conselhos fiscais será exercida pelos membros indicados pelos participantes e assistidos, na forma prevista no estatuto das entidades fechadas de previdência complementar.

11. A remuneração dos membros dos conselhos deliberativo e fiscal é limitada a 10% (dez por cento) do valor da remuneração dos membros da diretoria executiva.

12. § 8º A remuneração e as vantagens de qualquer natureza dos membros das diretorias-executivas das entidades fechadas de previdência complementar serão estabelecidas pelos seus conselhos deliberativos, em valores compatíveis com os níveis prevalecentes no mercado de trabalho para profissionais de graus equivalentes de formação profissional e de especialização. (Redação dada pela Lei nº 14.463, de 2022)

As FUNPRESPs poderão instituir **comitês de assessoramento técnico**, de caráter consultivo, com as atribuições de apresentar propostas e sugestões quanto à gestão da entidade e sua política de investimentos e à situação financeira e atuarial dos respectivos planos de benefícios e de formular recomendações prudenciais a elas relacionadas, com representação paritária entre os patrocinadores e os participantes e assistidos.

Os funcionários das fundações serão contratados sob o **regime celetista**, após realização de **concurso público**, podendo ser feito processo simplificado para a contratação por tempo determinado para atender a necessidade temporária de excepcional interesse público[13].

A FUNPRESP-EXE foi instituída pelo Decreto 7.808, de 20 de setembro de 2012, sendo vinculada ao extinto Ministério do Planejamento, Orçamento e Gestão, com a finalidade de administrar e executar planos de benefícios de caráter previdenciário.

Caberá atualmente ao Ministério da Economia elaborar a proposta de estatuto da FUNPRESP-EXE, celebrar convênio de adesão com a Funpresp-Exe em nome dos órgãos da administração direta, das autarquias e das fundações do Poder Executivo federal e promover aporte inicial, a título de adiantamento de contribuições futuras, de até 50 milhões de reais.

O Decreto 7.808/2012 permitiu que o Ministério Público da União, o Conselho Nacional do Ministério Público, a Câmara dos Deputados, o Senado Federal e o Tribunal de Contas da União celebrem convênios de adesão com a FUNPRESP-EXE, na qualidade de patrocinadores de planos de benefícios próprios administrados pela entidade.

---

13. Art. 24. Para fins de implantação, ficam a Funpresp-Exe, a Funpresp-Leg e a Funpresp-Jud equiparadas às pessoas jurídicas a que se refere o art. 1º da Lei no 8.745, de 9 de dezembro de 1993, com vistas à contratação de pessoal técnico e administrativo por tempo determinado.

    § 1º Considera-se como necessidade temporária de excepcional interesse público, para os efeitos da Lei no 8.745, de 9 de dezembro de 1993, a contratação de pessoal técnico e administrativo, por tempo determinado, imprescindível ao funcionamento inicial da Funpresp-Exe, da Funpresp-Leg e da Funpresp-Jud.

    § 2º As contratações observarão o disposto no caput do art. 3º, no art. 6º, no inciso II do art. 7º e nos arts. 9º e 12 da Lei nº 8.745, de 9 de dezembro de 1993, e não poderão exceder o prazo de 24 (vinte e quatro) meses.

3.2.3. Plano de benefícios

Por determinação constitucional, os **planos de benefícios** ofertados no regime de previdência complementar dos servidores públicos efetivos serão estruturados na modalidade **contribuição definida**[14], assim considerados aquele cujos benefícios programados têm seu valor permanentemente ajustado ao saldo de conta mantido em favor do participante, inclusive na fase de percepção de benefícios, considerando o resultado líquido de sua aplicação, os valores aportados e os benefícios pagos.

Em uma linguagem mais simples e clara, o valor contribuição é previamente definido, mas a renda dos benefícios a conceder não, pois irá decorrer do rendimento líquido da sua aplicação, o que acaba trazendo uma insegurança previdenciária aos servidores que recebem muito acima do teto do salário de contribuição do RGPS e terão as suas aposentadorias pelo RPPS limitadas a esse valor, sem saber previamente qual será o *quantum* do benefício a ser pago pelo regime complementar.

Não é preciso ser a "Madame Beatriz" ou "o Astro" para saber que essa limitação das aposentadorias ao teto do RGPS fará com que os novos servidores prolonguem a sua permanência no serviço público até a aposentadoria compulsória aos setenta e cinco anos de idade, com o objetivo de não perder padrão de vida com uma aposentadoria voluntária aos 60 anos de idade (homens) ou 55 anos de idade (mulheres) no teto do RGPS e um benefício complementar que somado com a aposentadoria do RPPS não alcance nem de perto à remuneração percebida.

Ademais, permanecendo no serviço público até os setenta e cinco anos de idade, haverá o aumento do benefício a ser pago pelo regime complementar, pois serão mais anos contributivos do participante e do patrocinador, o que acentuará o envelhecimento dos servidores ativos, tendência já verificada desde a criação do abono de permanência em serviço.

De efeito, o valor do **benefício programado** será calculado de acordo com o montante do saldo da conta acumulado pelo participante,

14. De acordo com o artigo 40, §15, da Constituição, o regime de previdência complementar de que trata o § 14 oferecerá plano de benefícios somente na modalidade contribuição definida, observará o disposto no art. 202 e será efetivado por intermédio de entidade fechada de previdência complementar ou de entidade aberta de previdência complementar. (Redação dada pela Emenda Constitucional nº 103, de 2019)

devendo **o valor do benefício estar permanentemente ajustado ao referido saldo**.

Caberá ao Regulamento prever os **benefícios não programados**[15] decorrentes dos eventos **invalidez e morte** e, se for o caso, a cobertura de outros riscos atuariais, que deverão ter um custeio específico.

Nos termos da MP 1.119/2022 convertida na Lei 14.463/2022, os repasses da União como patrocinadora e das autarquias e fundações federais incluirão aquelas contratadas pelo servidor para cobertura de riscos de invalidez ou morte.

Os benefícios não programados poderão ser administrados nos planos de benefícios das FUNPRESPs ou serem contratados externamente. Portanto, existe autorização legal para a "terceirização" dos benefícios não programados em favor das seguradoras privadas.

Entrementes, para que haja a concessão de um benefício não programado pelo regime complementar, a exemplo de benefício decorrente da morte ou da invalidez do participante, é necessário que o RPPS previamente conceda a pensão por morte ou a aposentadoria por invalidez.

Logo, **a concessão do benefício não programado pelo RPPS é condição para a concessão do benefício não programado pelo regime de previdência complementar dos servidores públicos federais.**

É possível que o servidor participante **permaneça filiado** ao regime complementar mesmo na hipótese de **cessão a outro órgão público**, mesmo que no âmbito estadual, do Distrito Federal ou dos municípios.

Neste caso, a União, suas autarquias ou fundações públicas apenas arcarão com as contribuições ao regime complementar se a cessão se deu com ônus para as referidas entidades federais. Caso a cessão se opere com ônus para o cessionário, este é que deverá arcar com as contribuições, em substituição temporária ao patrocinador.

15. Os benefícios não programados são prestações previdenciárias devidas quando ocorre um infortúnio que enseja a sua concessão que, apesar de possível, não integra uma programação específica do regime.

Outrossim, o servidor participante **poderá permanecer filiado** ao regime complementar na hipótese de **afastamento ou licenciamento do cargo efetivo temporariamente**, com ou sem recebimento de remuneração, assim como quando optar pelo benefício proporcional diferido[16] ou autopatrocínio[17], na forma do regulamento do plano de benefícios.

Os requisitos para aquisição, manutenção e perda da qualidade de participante, assim como os requisitos de elegibilidade e a forma de concessão, cálculo e pagamento dos benefícios, deverão constar dos regulamentos dos planos de benefícios, observadas as disposições das Leis Complementares 108 e 109/2001, e a regulamentação do órgão regulador das entidades fechadas de previdência complementar, pois a Lei 12.618/2012 apenas trouxe a normatização geral do regime de previdência complementar dos servidores públicos federais.

Cada FUNPRESP possui um Plano de Benefícios aprovado pela PREVIC **(os três planos – Executivo, Legislativo e Judiciário/Ministério Público estão disponibilizados ao final desta obra como anexos)**, não possuindo regras idênticas.

Assim, cada Plano terá regras distintas tanto em relação ao custeio quanto aos benefícios previdenciários e seus requisitos de concessão. No entanto, nos três Planos foram previstos os seguintes benefícios previdenciários:

a) aposentadoria normal;

b) aposentadoria por invalidez;

c) pensão por morte do participante ativo normal e do participante autopatrocinado;

d) pensão por morte do participante assistido;

e) benefício por sobrevivência do assistido.

---

16. É o instituto que faculta ao participante, em razão da cessação do vínculo com o patrocinador e antes da aquisição do direito ao benefício pleno programado, optar por receber, em tempo futuro, benefício de renda programada, calculado de acordo com as normas do plano de benefícios.

17. É a faculdade de o participante manter o valor de sua contribuição e a do patrocinador, no caso de perda parcial ou total da remuneração recebida.

3.2.4. Benefício especial pela migração previdenciária

Para os servidores efetivos federais que tenham ingressado no serviço público até a data anterior ao início da vigência do regime de previdência complementar e nele tenham permanecido sem perda do vínculo efetivo, **e que tenham feito a opção** pelo regime de previdência complementar dos servidores federais, assegurou-se o pagamento de um **benefício especial a ser pago pela União no RPPS.**

Isso porque esses antigos servidores promoveram o recolhimento da sua contribuição previdenciária ao RPPS sobre o valor total da sua remuneração, não limitado ao teto do salário de contribuição no RGPS.

Para os servidores que migraram até o ano de 2021, o benefício especial será equivalente à diferença entre a média aritmética simples das maiores remunerações anteriores à data de mudança do regime, utilizadas como base para as contribuições do servidor ao regime de previdência da União, dos Estados, do Distrito Federal ou dos Municípios, atualizadas pelo Índice Nacional de Preços ao Consumidor Amplo - IPCA, divulgado pela Fundação IBGE, ou outro índice que venha a substituí-lo, correspondentes a 80% de todo o período contributivo desde a competência julho de 1994 ou desde a do início da contribuição, se posterior àquela competência, e o limite máximo do salário de contribuição do RGPS, na forma regulamentada pelo Poder Executivo, **multiplicada pelo fator de conversão.**

O fator de conversão é calculado com base na seguinte equação:

$$FC = \frac{Tc}{Tt}$$

O **"Tc – Tempo de contribuição"** é a quantidade de contribuições mensais efetuadas para o regime de previdência da União de que trata o artigo 40 da Constituição Federal (RPPS), efetivamente pagas pelo servidor titular de cargo efetivo da União ou por membro do Poder Judiciário, do Tribunal de Contas e do Ministério Público da União até a data da opção.

O **"Tt"** é um **divisor** utilizado pelo legislador que variará de acordo com o sexo do servidor e também para os professores:

Tt 455	Servidor titular de cargo efetivo da União ou membro do Poder Judiciário, do Tribunal de Contas e do Ministério Público da União, **se homem.** (35 anos geram 455 contribuições, incluindo a gratificação de natal)
Tt 390	Servidor titular de cargo efetivo da União ou membro do Poder Judiciário, do Tribunal de Contas e do Ministério Público da União, **se mulher, ou professor de educação infantil e do ensino fundamental.** (30 anos geram 390 contribuições, incluindo a gratificação de natal)
Tt 325	Servidor titular de cargo efetivo da União de **professor** de educação infantil e do ensino fundamental. (25 anos geram 325 contribuições, incluindo a gratificação de natal)

Já para os **termos de opção firmados a partir do ano de 2022**, houve uma alteração do cálculo do BE que implicou em redução do seu valor, por força da MP 1.119/2022, tanto no que tange à média quanto ao Tt.

De efeito, passou a corresponder à diferença entre a média aritmética simples das remunerações do servidor federal correspondentes a 100% de todo o período contributivo desde o início da contribuição e o limite máximo do teto do RGPS, multiplicada pelo fator de conversão.

Já o **Tt foi elevado para 520**, não havendo mais distinção entre homens e mulheres e professores do ensino básico:

Tt 520	Para todos os servidores e servidoras federais. (40 anos geram 520 contribuições, incluindo a gratificação de natal)

Felizmente esse ponto da MP 1119 foi alterado pelo Congresso Nacional na conversão para a Lei 14.463/2022, **conservando-se para a janela de migração encerrada em 30.11.2022 a mesma fórmula do benefício especial das janelas anteriores:**

> *"§ 2º O benefício especial terá como referência as remunerações anteriores à data de mudança do regime, utilizadas como base para as contribuições do servidor ao regime próprio de previdência da União, e, na hipótese de opção do servidor por averbação para fins de contagem recíproca, as contribuições decorrentes de regimes próprios de previdência dos Estados, do Distrito Federal e dos Municípios, atualizadas pelo Índice Nacional de Preços ao Consumidor Amplo (IPCA), divulgado pela Fundação Instituto Brasileiro de Geografia e Estatística (IBGE), ou pelo índice que vier a substituí-lo, e será equivalente a: (Redação dada pela Lei nº 14.463, de 2022)*

I - para os termos de opção firmados até 30 de novembro de 2022*, inclusive na vigência da Medida Provisória nº 1.119, de 25 de maio de 2022: a diferença entre a média aritmética simples das maiores remunerações referidas neste parágrafo correspondentes a 80% (oitenta por cento) de todo o período contributivo desde a competência de julho de 1994 ou desde a do início da contribuição, se posterior àquela competência, e o limite máximo a que se refere o* ***caput*** *deste artigo, multiplicada pelo fator de conversão; ou (Incluído pela Lei nº 14.463, de 2022)*

II - para os termos de opção firmados a partir de 1º de dezembro de 2022*, em novas aberturas de prazo de migração, se houver: a diferença entre a média aritmética simples das remunerações referidas neste parágrafo correspondentes a 100% (cem por cento) de todo o período contributivo desde a competência de julho de 1994 ou desde a do início da contribuição, se posterior àquela competência, e o limite máximo a que se refere o* ***caput****, multiplicada pelo fator de conversão. (Incluído pela Lei nº 14.463, de 2022)*

§ 3º O fator de conversão a que se refere o § 2º deste artigo, cujo resultado é limitado ao máximo de 1 (um), será calculado pela fórmula FC = Tc/Tt, na qual: (Redação dada pela Lei nº 14.463, de 2022)

I - FC: fator de conversão; (Incluído pela Lei nº 14.463, de 2022)

II - Tc: quantidade de contribuições mensais efetuadas para o regime próprio de previdência social da União, dos Estados, do Distrito Federal e dos Municípios de que trata o art. 40 da Constituição Federal, efetivamente pagas pelo servidor titular de cargo efetivo da União ou por membro do Poder Judiciário da União, do Tribunal de Contas da União, do Ministério Público da União ou da Defensoria Pública da União até a data da opção; e (Incluído pela Lei nº 14.463, de 2022)

III - Tt: (Incluído pela Lei nº 14.463, de 2022)

a) para os termos de opção firmados até 30 de novembro de 2022, inclusive na vigência da Medida Provisória nº 1.119, de 25 de maio de 2022: (Incluído pela Lei nº 14.463, de 2022)

1. igual a 455 (quatrocentos e cinquenta e cinco), quando se tratar de servidor titular de cargo efetivo da União ou membro do Poder Judiciário da União, do Tribunal de Contas da União, do Ministério Público da União ou da Defensoria Pública da União, se homem; (Incluído pela Lei nº 14.463, de 2022)

2. igual a 390 (trezentos e noventa), quando se tratar de servidor titular de cargo efetivo da União ou membro do Poder Judiciário

da União, do Tribunal de Contas da União, do Ministério Público da União ou da Defensoria Pública da União, se mulher, ou servidor da União titular de cargo efetivo de professor da educação infantil ou do ensino fundamental; ou (Incluído pela Lei nº 14.463, de 2022)

3. igual a 325 (trezentos e vinte e cinco), quando se tratar de servidor titular de cargo efetivo da União de professor da educação infantil ou do ensino fundamental, se mulher; e (Incluído pela Lei nº 14.463, de 2022)

b) para os termos de opção firmados a partir de 1º de dezembro de 2022, em novas aberturas de prazo de migração, se houver: igual a 520 (quinhentos e vinte). (Incluído pela Lei nº 14.463, de 2022)

§ 4º Para os termos de opção firmados até 30 de novembro de 2022, inclusive na vigência da Medida Provisória nº 1.119, de 25 de maio de 2022, o fator de conversão será ajustado pelo órgão competente para a concessão do benefício quando, na forma prevista nas respectivas leis complementares, o tempo de contribuição exigido para concessão da aposentadoria de servidor com deficiência, ou que exerça atividade de risco, ou cujas atividades sejam exercidas sob condições especiais que prejudiquem a saúde ou a integridade física, for inferior ao Tt de que trata a alínea "a" do inciso III do § 3º deste artigo. (Redação dada pela Lei nº 14.463, de 2022)".

Assim, somente se houver no futuro uma nova janela de migração, que dependerá de lei, para migrações a partir de dezembro de 2022 não haverá o descarte de 20% da média de remunerações e o TT será de 520 para todos os servidores federais, quer homens ou mulheres, quer professores e não professores.

Registre que para as migrações perpetradas até 30.11.2022, o TT precisará ser ajustado para servidores com deficiência, atividade de risco e tempo especial por agentes nocivos. Se, por exemplo, for uma aposentadoria de uma mulher com deficiência grave (20 anos de tempo de contribuição, na forma do artigo 22 da Emenda 103/2019 e LC 142/2013), o TT será inferior a 325, que equivale a uma mulher professora do ensino básico, devendo ser editado ato de regulamentação.

No entanto, **de modo manifestamente ilegal**, o artigo 3º, §4º, da **Instrução Normativa SRT/MGI Nº 2, 23 de JANEIRO de 2024,** que estabeleceu orientações, critérios e procedimentos gerais a serem observados pelos órgãos e entidades integrantes do Sistema de Pessoal Civil da Administração Federal - SIPEC, quanto ao cálculo e ao pagamento do Benefício Especial de que trata a Lei nº 12.618, de 30 de abril de 2012, contraria o texto da Lei 12.618/2012:

> ***§ 4º Não haverá ajuste do Tt por ocasião da concessão de aposentadorias amparadas pelos seguintes normativos:***
>
> *I - **Orientação Normativa SRH nº 16, de 23 de dezembro de 2013**: servidor em atividades sob condições especiais que prejudiquem a saúde ou a integridade física;*
>
> *II - **art. 69 da Portaria SGP/SEDGG/ME nº 10.360, de 06 de dezembro de 2022**: servidor em atividades com efetiva exposição a agentes químicos, físicos e biológicos prejudiciais à saúde, ou associação desses agentes, vedada a caracterização por categoria profissional ou ocupação; e*
>
> *III - servidor público com deficiência aposentado por idade, amparado por ordem concedida em Mandado de Injunção nos termos da **Instrução Normativa SPPS/MPS nº 2, de 13 de fevereiro de 2014, ou com base nos arts. 44 a 53 da Portaria SGP/SEDGG/ ME nº 10.360, de 6 de dezembro de 2022.***

De efeito, diante da amplitude do texto legal, na redação da Lei 14.463/2022, foi previsto que "**para os termos de opção firmados até 30 de novembro de 2022**, inclusive na vigência da Medida Provisória nº 1.119, de 25 de maio de 2022, o **fator de conversão será ajustado** pelo órgão competente para a concessão do benefício quando, na forma prevista nas respectivas leis complementares, o tempo de contribuição exigido para concessão da aposentadoria de **servidor com deficiência, ou que exerça atividade de risco, ou cujas atividades sejam exercidas sob condições especiais que prejudiquem a saúde ou a integridade física**, for inferior ao Tt de que trata a alínea "a" do inciso III do § 3º deste artigo", de modo que a Regulamentação possui uma ilegalidade chapada que salta aos olhos.

Note-se que na APOSENTADORIA POR IDADE da pessoa com deficiência concedida com base em mandado de injunção houve a indevida exclusão para ajuste do Tt, conquanto exija período contributivo mínimo de 15 anos.

Outrossim, nas aposentadorias especiais concedidas com base nos seguintes atos também houve indevida exclusão para ajuste do Tt:

A) ***Orientação Normativa SRH nº 16, de 23 de dezembro de 2013*** - Art.1º Ficam estabelecidas orientações aos órgãos e entidades integrantes do Sistema de Pessoal Civil da Administração Federal – SIPEC quanto aos procedimentos necessários à análise dos processos de aposentadoria especial com fundamento no art. 57 da Lei nº 8.213, de 24 de julho de 1991, dos servidores públicos federais amparados por decisão judicial em mandado de injunção julgado pelo Supremo Tribunal Federal;

B) ***Art. 69 da Portaria SGP/SEDGG/ME nº 10.360, de 06 de dezembro de 2022, que equivale ao artigo 21 da EC 103/2019*** - Art. 69. O servidor que tenha ingressado em cargo efetivo da Administração Pública Direta, autárquica e fundacional da União, Estados, Distrito Federal e Municípios até 13 de novembro de 2019, data de entrada em vigor da Emenda Constitucional nº 103, de 2019, cujas atividades tenham sido exercidas com a efetiva exposição a agentes químicos, físicos e biológicos prejudiciais à saúde, ou a associação desses agentes, vedada a caracterização por categoria profissional ou ocupação, serão aposentados desde que cumpram os seguintes requisitos: I - 20 (vinte) anos de efetivo exercício no serviço público; II - 5 (cinco) anos no cargo efetivo em que for concedida a aposentadoria; III - o total da soma resultante da sua idade e do tempo de contribuição for igual a 86 (oitenta e seis) pontos; e IV - 25 (vinte e cinco) anos de efetiva exposição".

Por outro lado, o Tt será ajustado para os servidores com deficiência que se aposentaram POR TEMPO DE CONTRIBUIÇÃO nas seguintes hipóteses:

I - servidor público com **deficiência** amparado por ordem concedida em Mandado de Injunção nos termos da **Instrução Normativa SPPS/MPS nº 2, de 13 de fevereiro de 2014**, ou com base nos **arts. 44 a 53 da Portaria SGP/SEDGG/ME nº 10.360, de 6 de dezembro de 2022**:

> a) Tt igual a 325 (trezentos e vinte e cinco), se homem, e 260 (duzentos e sessenta), se mulher, no caso de deficiência grave;
>
> b) Tt igual a 377 (trezentos e setenta e sete), se homem, e 312 (trezentos e doze), se mulher, no caso de deficiência moderada; ou
>
> c) Tt igual a 429 (quatrocentos e vinte e nove), se homem, e 364 (trezentos e sessenta e quatro), se mulher, no caso de deficiência leve.

No que tange aos policiais federais, agentes penitenciários e policiais da Câmara e Senado, o artigo 3º da Instrução Normativa SRT/MGI Nº 2, 23 de janeiro de 2024 promoveu os devidos ajustes do Tt:

II - servidor da Carreira de Policial Federal e da Carreira de Policial Rodoviário Federal aposentado com base na Lei Complementar nº 51, de 20 de dezembro de 1985: Tt igual a 390 (trezentos e noventa), se homem, e 325 (trezentos e vinte e cinco), se mulher; ou

III - servidor da Carreira de Policial Federal, da Carreira de Policial Rodoviário Federal e da Carreira de Agente Federal de Execução Penal aposentado com base nos arts. 62 e 63 da Portaria SGP/SEDGG/ME nº 10.360, de 6 de dezembro de 2022: Tt igual a 390 (trezentos e noventa), se homem, e 325 (trezentos e vinte e cinco), se mulher.

Eis as demais regras constantes do citado ato regulamentar:

A) O tempo de contribuição para RPPS será considerado, mesmo que haja quebra de continuidade entre os cargos públicos ou intercalação de vinculação a cargo ou emprego, público ou privado;

B) Para efeito de cálculo do Tc, será considerado todo o período contributivo para o RPPS da União, dos Estados, do Distrito Federal e dos Municípios, desde que tenha ocorrido efetiva contribuição do servidor a esses regimes;

C) É vedada, para fins de cálculo do Benefício Especial, a contagem de tempo de contribuição relativo a período vinculado ao RGPS, inclusive na condição de empregado público, cujo emprego foi transformado em cargo público, nos termos do art. 243 da Lei nº 8.112, de 1990, e ao Serviço de Proteção Social dos Militares;

D) Para o cômputo do tempo de contribuição a RPPS dos Estados, do Distrito Federal, dos Munícipios ou de órgãos que não integram o Sistema Integrado de Administração de Pessoal - SIAPE, de outros Poderes da União ou de órgãos federais constitucionalmente autônomos, será necessária a apresentação prévia de: I - Certidão de Tempo de Contribuição emitida pelo órgão gestor do respectivo RPPS; ou II - Declaração de Tempo de Contribuição emitida pelos órgãos federais de que trata o *caput*; e III - Declaração emitida pelo órgão gestor do respectivo RPPS ou pelo órgão federal ao qual o servidor esteve vinculado, declarando as competências que foram efetivamente realizadas pelo servidor e as respectivas bases de cálculo de contribuição, sendo estas em relação às competências a partir de julho de 1994.

Registre que o TCU chegou a entender que o **tempo militar** deveria ser considerado para fins de cálculo do benefício especial e do fator de conversão:

> **ACÓRDÃO Nº 965/2024 – TCU – Plenário** – *"9.2. responder ao consulente que* ***o tempo militar federal, estadual e distrital pode ser incluído nas remunerações de contribuição e/ou no fator de conversão do benefício especial previstos no art. 3º, §§ 1º e 3º, da Lei 12.618/2012****, conforme as disposições do art. 22 da mesma lei, c/c os arts. 201, § 9º-A, da Constituição Federal de 1988, 26, caput, da Emenda Constitucional 103/2019 e 100 da Lei 8.112/1990;"*

No entanto, a posição foi revista em sede de julgamento de embargos de declaração:

> Número do Acórdão
>
> **ACÓRDÃO 1930/2024 - PLENÁRIO DO TCU**
>
> Relator
>
> JORGE OLIVEIRA
>
> Processo
>
> 036.695/2019-0 launch
>
> Tipo de processo
>
> CONSULTA (CONS)
>
> Data da sessão
>
> **18/09/2024**
>
> Número da ata
>
> 38/2024 - Plenário
>
> Autor do voto vencedor
>
> BENJAMIN ZYMLER
>
> Interessado / Responsável / Recorrente
>
> 3. Interessados/Responsáveis/Recorrentes:
>
> 3.1. Recorrente: Advocacia-geral da União (26.994.558/0001-23).
>
> Entidade
>
> Tribunal Superior do Trabalho.

Representante do Ministério Público

Não atuou.

Unidade Técnica

Unidade de Auditoria Especializada em Recursos (AudRecursos); Unidade de Auditoria Especializada em Pessoal (AudPessoal).

Representante Legal

Adriana Ponte Lopes Siqueira (41476/OAB-DF) e Hugo Pedro Nunes Franco (62356/OAB-DF), representando Associação dos Juízes Federais do Brasil; Inocêncio Rodrigues Uchoa (03274/OAB-CE), Francisco Scipião da Costa (23945/OAB-CE) e outros, representando Sindicato dos Servidores da Sétima R da J do Trabalho; Marcelo Bayeh (270889/OAB-SP) e William Pires (447463/OAB-SP), representando Unafisco Nacional - Associação Nacional dos Auditores-fiscais da Receita Federal do Brasil; Irma Claudia do Nascimento Morais (48255/OAB-DF), representando Advocacia-geral da União; Fernando Pereira Abreu (24945/OAB-DF), Daniel Gonçalves de Oliveira (45617/OAB-GO), Juliana Fernandes Biagi (24974/OAB-DF) e outros, representando Sindifisco Nacional - Sind. Nac. dos Aud. Fiscais da Receita Federal do Brasil.

Assunto

Embargos de declaração em face de acórdão por meio do qual foi emitida resposta a consulta acerca da repercussão do tempo militar no cálculo do benefício especial a que se refere a Lei nº 12.618/2012, que institui o regime de previdência complementar para os servidores públicos federais titulares de cargo efetivo.

Sumário

EMBARGOS DE DECLARAÇÃO. CONSULTA. TRIBUNAL SUPERIOR DO TRABALHO. INDAGAÇÃO QUANTO À POSSIBILIDADE DE CÔMPUTO DE TEMPO DE CONTRIBUIÇÃO DE ATIVIDADE MILITAR FEDERAL, ESTADUAL OU DISTRITAL NA BASE DE CÁLCULO E NO FATOR DE CONVERSÃO DO BENEFÍCIO ESPECIAL A QUE SE REFERE A LEI 12.618/2012. EXISTÊNCIA DE OMISSÃO E CONTRADIÇÃO EM RELAÇÃO AOS ENTENDIMENTOS FIXADOS NO ACÓRDÃO 2.611/2022-PLENÁRIO. NECESSIDADE DE SE MANTER ÍNTEGRA, ESTÁVEL E COERENTE A JURISPRUDÊNCIA DO TRIBUNAL, TENDO EM VISTA O PRINCÍPIO DA SEGURANÇA JURÍDICA. CONHECIMENTO E ACOLHIMENTO DOS EMBARGOS DECLARATÓRIOS COM EXCEPCIONAIS EFEITOS INFRINGENTES.

> Acórdão
>
> VISTOS, relatados e discutidos estes autos em que se apreciam, nesta fase processual, embargos de declaração opostos pela União Federal ao Acórdão 965/2024-TCU-Plenário, que apreciou consulta formulada pelo Presidente do Tribunal Superior do Trabalho relativamente à utilização de tempo militar para fins de cálculo do benefício especial instituído pela Lei 12.618/2012,
>
> ACORDAM os Ministros do Tribunal de Contas da União, reunidos em sessão do Plenário, ante as razões expostas pelo Revisor e diante do voto de desempate proferido pelo Presidente do Tribunal, com fundamento no art. 34 da Lei 8.443/1992, c/c o art. 287 do RITCU, em conhecer dos embargos de declaração opostos e, no mérito, acolhê-los, atribuindo-lhes excepcionais efeitos infringentes, para conferir ao item 9.2 do acórdão embargado a seguinte redação: ***"9.2. responder ao consulente que não há amparo legal para o cômputo do tempo militar federal, estadual ou distrital nas remunerações de contribuição e/ou no fator de conversão do benefício especial previsto na Lei 12.618/2012;".***

A meu ver, como não há restrição normativa na Lei 12.618/2012 para que o período contributivo anterior ao Plano Real (Julho/1994) seja excluído do cálculo do TC. Nesse sentido, o artigo 2º da RESOLUÇÃO CONJUNTA STF/MPU 3, DE 20 DE JUNHO DE 2018, que se aplica ao Judiciário e MPU:

> *"§ 3º Para efeito de cálculo do Tc, será considerado todo o período contributivo para os regimes próprios de que trata o caput,* ***inclusive os períodos anteriores à competência julho de 1994".***

No entanto, a meu ver sem base legal, para o Executivo da União não era considerado no TC o período contributivo anterior à Julho/1994:

> Parecer n. 00601/2018/GCG/CGJOE/CONJUR-MP/CGU/AGU da Consultoria Geral da União e Despacho do Presidente da República:
>
> **"DIÁRIO OFICIAL DA UNIÃO**
>
> Publicado em: 27/05/2020 | Edição: 100 | Seção: 1 | Página: 118
>
> **Órgão: Presidência da República/Despachos do Presidente da República**
>
> **DESPACHO DO PRESIDENTE DA REPÚBLICA**
>
> ADVOCACIA-GERAL DA UNIÃO

Processo nº 03154.004642/2018-50. Parecer nº JL - 03, de 18 de maio de 2020, do Advogado-Geral da União, que adotou, nos termos estabelecidos no Despacho do Consultor-Geral da União nº 00043/2020/GAB/CGU/AGU, no Despacho nº 00036/2020/DECOR/CGU/AGU e no Despacho nº 815/2019/DECOR/CGU/AGU, o Parecer nº 00100/2019/DECOR/CGU/AGU da Consultoria-Geral da União. Aprovo. Publique-se para os fins do disposto no art. 40, § 1º, da Lei Complementar nº 73, de 10 de fevereiro de 1993. Em 26 de maio de 2020.

PROCESSO ADMINISTRATIVO Nº: 03154.0046 42/2018-50

INTERESSADOS: PROCURADORIA-GERAL DA FAZENDA NACIONAL

ASSUNTO: BENEFÍCIO ESPECIAL PREVISTO NA LEI Nº 12.618/2012.

PARECER Nº JL - 03

ADOTO, para os fins do art. 41 da Lei Complementar nº 73, de 10 de fevereiro de 1993, nos termos do Despacho do Consultor-Geral da União nº 00043/2020/GAB/CGU/AGU e do Despacho nº 00036/2020/DECOR/CGU/AGU, o anexo Parecer nº 00100/2019/DECOR/CGU/AGU, e submeto-o ao EXCELENTÍSSIMO SENHOR PRESIDENTE DA REPÚBLICA, para os efeitos do art. 40, § 1º, da referida Lei Complementar, tendo em vista a relevância da matéria versada.

Em 18 de maio de 2020.

JOSÉ LEVI MELLO DO AMARAL JÚNIOR

Advogado-Geral da União

"e) para fins de cálculo do Benefício Especial, devem ser consideradas as contribuições previdenciárias efetivamente pagas a partir de julho de 1994 (§ 2º do art. 3º da Lei nº 12.618, de 2012);"

No entanto, esse equivocado posicionamento felizmente foi corrigido com o advento da **Instrução Normativa SRT/MGI Nº 2, 23 de JANEIRO de 2024,** prevendo que "para efeito de cálculo do Tc, **será considerado todo o período contributivo** para o RPPS da União, dos Estados, do Distrito Federal e dos Municípios, **desde que tenha ocorrido efetiva contribuição do servidor a esses regimes".**

Foi prevista uma revisão administrativa a pedido, mas sem o pagamento de atrasados, o que não possui base legal:

"Art. 11. Após a concessão do Benefício Especial, o servidor ou o beneficiário de pensão poderá requerer a revisão do benefício ao órgão ou entidade que realiza a sua manutenção.

Parágrafo único. ***Em caso de deferimento do pedido de revisão, o Benefício Especial será recalculado e os efeitos financeiros passarão a viger a partir da data de requerimento".***

É vedada, todavia, a contagem de tempo em que não houve efetiva contribuição do servidor ao RPPS da União, mesmo que o período seja considerado como tempo contributivo para fins de aposentadoria.

Para certificar os períodos efetivamente contributivos vinculados ao RPPS da União, deverão ser observados os seguintes parâmetros:

> I - até 31 de dezembro de 1990, poderão ser consideradas as contribuições efetivamente realizadas pelo funcionário público, ocupante de cargo público regido pela Lei nº 1.711, de 28 de outubro de 1952, para o Plano de Assistência ao Funcionário e sua Família de que trata a Lei nº 3.373, de 12 de março de 1958; e
>
> II - a partir de 1º janeiro de 1991, será considerado todo período efetivamente contribuído para o RPPS da União.

Para a certificação do tempo contributivo no âmbito do RPPS da União, poderão ser utilizadas, entre outras, as informações:

> I - constantes dos Sistemas Estruturantes de Gestão de Pessoal da Administração Pública Federal;
>
> II - constantes do assentamento funcional do servidor;
>
> III - apresentadas pelo servidor; e
>
> IV - constantes do Cadastro Nacional de Informações Sociais - CNIS, exclusivamente para certificação dos tempos contributivos anteriores a julho de 1994.

O benefício especial será concedido por ocasião do deferimento da aposentadoria do servidor pelo RPPS, inclusive no caso de aposentação por invalidez, sendo também devido no caso de concessão de pensão por morte do servidor que o recebia ou que teria direito de recebê-lo, e terá a mesma duração da aposentadoria ou pensão paga pelo RPPS, gerando, inclusive, uma **gratificação natalina**.

Também terá direito ao benefício especial o servidor público titular de cargo efetivo da União, inclusive ao membro do Poder Judiciário, do Ministério Público e do Tribunal de Contas da União, **oriundo,**

sem quebra de continuidade, de cargo público estatutário de outro ente da federação que não tenha instituído o respectivo regime de previdência complementar e que ingresse em cargo público efetivo federal a partir da instituição do regime de previdência complementar dos servidores federais, considerando-se, para esse fim, o tempo de contribuição estadual, distrital ou municipal, assegurada a compensação financeira entre os Regimes Próprios.

É que esses servidores públicos federais oriundos de outros entes da federação em que também ocupavam cargos de provimento efetivo e que ainda não instituíram o seu regime de previdência complementar também fizeram o recolhimento das suas contribuições previdenciárias pelo valor total da sua remuneração, não tendo sido limitado ao teto do RGPS.

O benefício especial:

> I - é opção que importa ato jurídico perfeito;
>
> II - será calculado de acordo com as regras vigentes no momento do exercício da opção;
>
> III - será atualizado pelo mesmo índice aplicável ao benefício de aposentadoria ou pensão mantido pelo Regime Geral de Previdência Social;
>
> IV - não está sujeito à incidência de contribuição previdenciária; e
>
> V - está sujeito à incidência de imposto sobre a renda.

De acordo com o **Parecer n. 00601/2018/GCG/CGJOE/CONJUR-MP/CGU/AGU** da Consultoria Geral da União, que **não possuía homologação ministerial** (não tinha efeito vinculante na Administração Pública Federal), o benefício especial detém natureza compensatória e integra o patrimônio do participante, não podendo ser extinto para os participantes e assistidos que migraram para o regime de previdência complementar:

> **EMENTA:**
>
> I - Consulta sobre as normas que regulam a concessão e pagamento do Benefício Especial, de que trata o art. 3, §§ 1 a 8, da Lei 12.618/2012.
>
> II - Corroboração dos principais argumentos e conclusões contidos no Parecer Jurídico n. 30/2018/GEJUR/Funpresp-Exe, elaborado pela Gerência Jurídica da Funpresp-Exe e aprovado pela Diretoria Executiva da fundação.

III - **O Benefício Especial possui natureza jurídica compensatória**, e não constitui um benefício previdenciário em sentido estrito, tendo como função compensar os servidores públicos pelas contribuições vertidas ao RPPS sobre base de cálculo superior ao teto do RGPS, isto é, sobre base de cálculo superior à proteção que será disponibilizada pelo próprio RPPS aos servidores.

IV - A adesão ao novo regime previdenciário constitui um ato jurídico perfeito que gera um direito adquirido ao Benefício Especial, **direito esse que passa a integrar o patrimônio jurídico do servidor**, de modo que as regras e condições previstas para a concessão e pagamento do Benefício Especial não podem ser alteradas unilateralmente pela União, sequer por meio de emenda constitucional.

V - Em relação à **forma de cálculo do Benefício Especial**: (i) as contribuições incidentes sobre a gratificação natalina efetivamente pagas pelo servidor antes da adesão ao novo regime previdenciário devem ser incluídas no cálculo do Benefício Especial; (ii) as contribuições pagas por servidores públicos oriundos dos demais entes federativos aos respectivos regimes próprios de previdência social devem ser incluídas no cálculo do Benefício Especial; e (iii) as contribuições pagas por servidores públicos egressos de carreiras militares ao respectivo regime próprio de previdência dos militares não devem ser incluídas no cálculo do Benefício Especial.

VI - Encaminhamento do processo à Consultoria-Geral da União da Advocacia-Geral da União para a avaliação da necessidade de emissão de manifestação vinculante sobre a matéria, tendo em vista a abrangência e complexidade das questões tratadas neste Parecer.

Posteriormente, dando segurança jurídica aos servidores do Poder Executivo da União, restou publicado no DOU de 17/05/2020 o seguinte Despacho do Presidente da República dando os contornos jurídicos do benefício especial:

"DIÁRIO OFICIAL DA UNIÃO

Publicado em: 27/05/2020 | Edição: 100 | Seção: 1 | Página: 118

Órgão: Presidência da República/Despachos do Presidente da República

DESPACHO DO PRESIDENTE DA REPÚBLICA

ADVOCACIA-GERAL DA UNIÃO

Processo nº 03154.004642/2018-50. Parecer nº JL - 03, de 18 de maio de 2020, do Advogado-Geral da União, que adotou, nos termos estabelecidos no Despacho do Consultor-Geral da União nº 00043/2020/GAB/CGU/AGU, no Despacho nº 00036/2020/DECOR/CGU/AGU e no Despacho nº 815/2019/DECOR/CGU/AGU, o Parecer nº 00100/2019/DECOR/CGU/AGU da Consultoria-Geral da União. Aprovo. Publique-se para os fins do disposto no art. 40, § 1º, da Lei Complementar nº 73, de 10 de fevereiro de 1993. Em 26 de maio de 2020.

PROCESSO ADMINISTRATIVO Nº: 03154.0046 42/2018-50

INTERESSADOS: PROCURADORIA-GERAL DA FAZENDA NACIONAL

ASSUNTO: BENEFÍCIO ESPECIAL PREVISTO NA LEI Nº 12.618/2012.

PARECER Nº JL - 03

ADOTO, para os fins do art. 41 da Lei Complementar nº 73, de 10 de fevereiro de 1993, nos termos do Despacho do Consultor-Geral da União nº 00043/2020/GAB/CGU/AGU e do Despacho nº 00036/2020/DECOR/CGU/AGU, o anexo Parecer nº 00100/2019/DECOR/CGU/AGU, e submeto-o ao EXCELENTÍSSIMO SENHOR PRESIDENTE DA REPÚBLICA, para os efeitos do art. 40, § 1º, da referida Lei Complementar, tendo em vista a relevância da matéria versada.

Em 18 de maio de 2020.

JOSÉ LEVI MELLO DO AMARAL JÚNIOR

Advogado-Geral da União

ADVOCACIA-GERAL DA UNIÃO

CONSULTORIA-GERAL DA UNIÃO

GABINETE

SAS, QUADRA 03, LOTE 5/6, 12 ANDAR - AGU SEDE I FONE (61) 2026-8557 BRASÍLIA/DF 70.070-030

DESPACHO nº. 00043/2020/GAB/CGU/AGU

NUP: 03154.004642/2018-50

INTERESSADOS: FUNDAÇÃO DE PREVIDÊNCIA COMPLEMENTAR DO SERVIDOR PÚBLICO FEDERAL DO PODER EXECUTIVO /FUNPRESP

ASSUNTOS: SISTEMA REMUNERATÓRIO E BENEFÍCIOS - BENEFÍCIO ESPECIAL PREVISTO NALEI Nº 12.618, DE 2012

Exmo. Senhor Advogado-Geral da União,

1. Aprovo, nos termos do Despacho nº 36/2020/DECOR/CGU/AGU, o Parecer nº 100/2019/DECOR/CGU/AGU.

2. Consolide-se, por conseguinte, o entendimento no sentido de que o **Benefício Especial**, de que cuida o art. 3º da Lei nº 12.618, de 2012, possui **natureza estritamente compensatória**, voltando-se para reparar as contribuições previdenciárias realizadas para o Regime Próprio de Previdência Social/RPPS pelos servidores públicos que fizeram a opção de que trata o § 16 do art. 40 da Constituição Federal, uma vez que esta opção enseja a percepção de benefícios previdenciários pelo RPPS em valores necessariamente limitados ao teto dos benefícios pagos no âmbito do Regime Geral de Previdência Social/RGPS.

3. O caráter compensatório do Benefício Especial também se deduz da sua fórmula de cálculo, que se constitui, essencialmente, pela diferença entre as remunerações anteriores à mudança do regime previdenciário, que foram utilizadas como base de cálculo para as contribuições previdenciárias pagas pelo servidor público para o RPPS, e o teto dos valores dos benefícios pagos pelo RGPS, multiplicando-se pelo Fator de Conversão (FC), cujo valor é encontrado a partir da quantidade de contribuições mensais efetivamente recolhidas para o RPPS até a data da opção. A atenta apreciação dos critérios adotados para a metodologia de cálculo do Benefício Especial revela que o legislador buscou estabelecer equânime reparação em favor do servidor que ingressou no Regime de Previdência Complementar, considerando que, a partir da migração de regime, os benefícios previdenciários serão limitados ao teto do RGPS.

4. Fixada a natureza compensatória **(e não previdenciária)** do Benefício Especial de que cuida o art. 3º da Lei nº 12.618, de 2012, **resta inequívoco que a sua fórmula de cálculo é aquela vigente ao tempo da migração do RPPS para o Regime de Previdência Complementar** de que trata o § 16 do art. 40 da Constituição Federal, ou seja, a natureza compensatória do benefício especial enseja necessariamente a conclusão de que **não há respaldo jurídico para superveniente modificação das regras que delimitam seu valor, vigentes ao tempo da migração**.

5. A natureza sinalagmática da opção de que cuida o § 16 do art. 40 da Constituição Federal, associada aos preceitos da segurança jurídica, da proteção constitucional ao ato jurídico perfeito e ao brocardo jurídico do *tempus regit actum* determinam que a

fórmula de cálculo vigente ao tempo da opção (migração do regime previdenciário) deve ser preservada para fins de pagamento do Benefício Especial.

6. Por fim, quanto às demais questões relacionadas ao Benefício Especial, e na esteira das robustas razões jurídicas postas no Parecer ora acolhido, conclui-se que:

a) é devido o Benefício Especial para aqueles que tenham ingressado no serviço público até a data anterior ao início da vigência do regime de previdência complementar de que trata a Lei nº 12.618, de 2012 (3 de fevereiro de 2013), e, que nele permaneceram sem perda do vínculo efetivo e optaram pelo referido regime de previdência na forma do § 16 do art. 40 da Constituição Federal (inciso II do art. 3º da Lei nº 12.618, de 2012);

b) o valor do Benefício Especial será equivalente a diferença entre a média aritmética simples das maiores remunerações anteriores à data da mudança do regime, utilizadas como base para as contribuições efetuadas no âmbito do RPPS da União, dos Estados, do Distrito Federal ou dos Municípios, atualizadas pelo Índice Nacional de Preços ao Consumidor Amplo (IPCA), e o limite máximo estabelecido para os valores dos benefícios pagos no âmbito do RGPS, multiplicada pelo Fator de Conversão (§§ 2º e 3º do art. 3º da Lei nº 12.218, de 2012);

c) para fins de cálculo do Benefício Especial, o numerador da fração a que se refere a fórmula posta no § 3º do art. 3º da Lei nº 12.618, de 2010, correspondente ao "Tc", pode compreender as contribuições realizadas pelos regimes próprios dos demais entes subnacionais, considerando, precipuamente, que, ao conceder o benefício, **está a União autorizada a promover a compensação financeira entre os regimes próprios**, na forma do § 9º do art. 201 da Constituição Federal. Nestes termos, entendimento contrário ensejaria a possibilidade de enriquecimento sem causa por parte da União. Isto é, haverá locupletamento ilícito caso a União promova a compensação financeira entre os regimes próprios e concomitantemente desconsidere no cálculo do Benefício Especial as contribuições previdenciárias revertidas para os regimes próprios dos demais entes federados;

d) o valor do Benefício Especial será atualizado pelo **mesmo índice aplicável ao benefício de aposentadoria ou pensão mantido pelo RGPS** (§ 6º do art. 3º da Lei nº 12.618, de 2012);

e) para fins de cálculo do Benefício Especial, devem ser consideradas as contribuições previdenciárias efetivamente pagas a partir de **julho de 1994** (§ 2º do art. 3º da Lei nº 12.618, de 2012);

f) **o Benefício Especial é pago pela União, e não pelo Regime Próprio de Previdência dos servidores federais** (§ 5º do art. 3º da Lei nº 12.618, de 2012);

g) o Benefício Especial será pago por ocasião da concessão da aposentadoria, **inclusive por invalidez, ou pensão por morte** de que cuida o art. 40 da Constituição Federal, e será devido enquanto perdurar o pagamento dos mencionados benefícios (§ 5º do art. 3º da Lei nº 12.618, de 2012);

h) por não possuir natureza previdência, **não incide a contribuição** de que cuida o § 18 do art. 40 da Constituição Federal sobre o Benefício Especial previsto no § 3º do art. 3º da Lei nº 12.618, de 2012, uma vez que a exação referenciada se aplica sobre benefícios de ordem previdenciária, percebidos por aposentados e pensionistas do RPPS;

i) o Benefício Especial não se confunde com o direito acumulado de que cuida o art. 15 e 17 da Lei Complementar nº 109, de 2001;

j) **é devido o pagamento do Benefício Especial junto com o percebimento da gratificação natalina** das aposentadorias ou pensões, na esteira do que é explicitamente posto no § 5º do art. 3º da Lei nº 10.618, de 2012;

k) para fins de cálculo do Benefício Especial, a contribuição incidente sobre a remuneração percebida na ativa a título de gratificação natalina deve ser considerada como contribuição autônoma para fins de fixação do "Tc" a que se refere à sua fórmula de cálculo, de que cuida o § 3º do art. 3º da Lei nº 12.618, de 2012; e

l) o cálculo do Benefício Especial deve considerar as contribuições recolhidas para o Regime Próprio de Previdência da União, dos Estados, do Distrito Federal e dos Municípios, **não incluindo as contribuições destinadas ao regime de previdência dos militares**.

7. Caso acolhido, considerando a transversalidade e relevância da matéria, recomenda-se que seja avaliada a submissão do Parecer ora aprovado ao Excelentíssimo Senhor Presidente da República, e posterior publicação no Diário Oficial da União, de maneira que o entendimento adotado vincule toda a Administração Pública Federal, nos termos do art. 40, § 1º, e art. 41 da Lei Orgânica da Advocacia-Geral da União - Lei Complementar nº 73, de 10 de fevereiro de 1993.

Brasília, 20 de janeiro de 2020.

(assinado eletronicamente)

ARTHUR CERQUEIRA VALÉRIO

Advogado da União

Consultor-Geral da União

ADVOCACIA-GERAL DA UNIÃO

CONSULTORIA-GERAL DA UNIÃO

DEPARTAMENTO DE COORDENAÇÃO E ORIENTAÇÃO DE ÓRGÃOS JURÍDICOS".

Existe posicionamento da AGU, homologado pelo Presidente da República, aduzindo que a divisão do benefício especial entre dois ou mais dependentes deve ser repartida igualmente entre todos os beneficiários da pensão a ser paga em razão do falecimento do servidor em atividade ou do aposentado, assim como de que o valor do benefício especial, integralmente considerado, não sofre qualquer modificação em razão da perda superveniente da condição de dependente por algum dos seus beneficiários, devendo o montante (incólume) ser dividido igualmente entre os dependentes remanescentes, ou seja, a cota-parte do benefício especial que cabia ao dependente que vier a perder esta condição será revertida igualitariamente em favor dos demais beneficiários da pensão:

DIÁRIO OFICIAL DA UNIÃO

Publicado em: 31/05/2022 | Edição: 102 | Seção: 1 | Página: 6

Órgão: Presidência da República

DESPACHO DO PRESIDENTE DA REPÚBLICA

ADVOCACIA-GERAL DA UNIÃO

Processo nº 19975.121753/2019-87. Parecer nº BBL - 07, de 25 de maio de 2022, do Advogado-Geral da União, que adotou, nos termos estabelecidos no Despacho do Consultor-Geral da União nº 00160/2022/GAB/CGU/AGU, no Despacho nº 00133/2022/DECOR/CGU/AGU e no Despacho nº 00120/2022/DECOR/CGU/AGU, o Parecer nº 00016/2021/DECOR/CGU/AGU. Aprovo. Publique-se para os fins do disposto no art. 40, § 1º, da Lei Complementar nº 73, de 10 de fevereiro de 1993. Em 30 de maio de 2022.

ADVOCACIA-GERAL DA UNIÃO

PROCESSO ADMINISTRATIVO Nº:19975.121753/ 2019-87.

INTERESSADO: PROCURADORIA-GERAL DA FAZENDA NACIONAL.

ASSUNTO: BENEFÍCIO ESPECIAL PREVISTO NA LEI Nº 12.618, DE 2012.

PARECER Nº BBL - 07

ADOTO, para os fins do art. 41 da Lei Complementar nº 73, de 10 de fevereiro de 1993, nos termos do Despacho do Consultor-Geral da União nº 00160/2022/GAB/CGU/AGU, de 6 de abril de 2022, do Despacho nº 00133/2022/DECOR/CGU/AGU, de 5 de abril de 2022 e do Despacho nº 120/2022/DECOR/CGU/AGU, de 1º de abril de 2022, o Parecer nº 00016/2022/DECOR/CGU/AGU, de 1º de abril de 2022.

Assim, quanto à forma de divisão do benefício especial de que cuida o art. 3º da Lei nº 12.618, de 2012, entre dois ou mais dependentes, consolide-se o entendimento no sentido de que a importância devida deve ser repartida igualmente entre todos os beneficiários da pensão a ser paga em razão do falecimento do servidor em atividade ou do aposentado.

Consolide-se, ainda, a exegese no sentido de que o valor do benefício especial, integralmente considerado, não sofre qualquer modificação em razão da perda superveniente da condição de dependente por algum dos seus beneficiários, devendo o montante (incólume) ser dividido igualmente entre os dependentes remanescentes, ou seja, a cota-parte do benefício especial que cabia ao dependente que vier a perder esta condição será revertida igualitariamente em favor dos demais beneficiários da pensão.

Submeto ao EXCELENTÍSSIMO SENHOR PRESIDENTE DA REPÚBLICA, para os efeitos do art. 40, § 1º, da referida Lei Complementar, tendo em vista a relevância da matéria versada.

Em 25 de maio de 2022.

BRUNO BIANCO LEAL

Advogado-Geral da União

ADVOCACIA-GERAL DA UNIÃO

CONSULTORIA-GERAL DA UNIÃO

GABINETE

SAS, QUADRA 03, LOTE 5/6, 12 ANDAR - AGU SEDE IFONE (61) 2026-8557 BRASÍLIA/DF 70.070-030

DESPACHO n.00160/2022/GAB/CGU/AGU

NUP:19975.121753/2019-87

INTERESSADOS: Procuradoria-Geral da Fazenda Nacional

ASSUNTOS: Benefício especial de que cuida o art. 3º Lei n. 12.618, de 2012, e pensões

Exmo. Senhor Advogado-Geral da União,

1. Aprovo, nos termos do Despacho nº 133/2022/DECOR/CGU/AGU e do Despacho nº 120/2022/DECOR/CGU/AGU, o Parecer nº 16/2022/DECOR/CGU/AGU.

2. Quanto à forma de divisão do benefício especial de que cuida o art. 3º da Lei nº 12.618, de 2012, entre dois ou mais dependentes, consolide-se o entendimento no sentido de que a importância devida deve ser repartida igualmente entre todos os beneficiários da pensão a ser paga em razão do falecimento do servidor em atividade ou do aposentado.

3. Consolide-se, ainda, a exegese no sentido de que a valor do benefício especial, integralmente considerado, não sofre qualquer modificação em razão da perda superveniente da condição de dependente por algum dos seus beneficiários, devendo o montante (incólume) ser divido igualmente entre os dependentes remanescentes, ou seja, a cota-parte do benefício especial que cabia ao dependente que vier a perder esta condição será revertida igualitariamente em favor dos demais beneficiários da pensão.

4. Caso acolhido, recomenda-se a submissão do Parecer e subsequentes Despachos à elevada apreciação do Excelentíssimo Senhor Presidente da República, e posterior publicação no Diário Oficial da União, de maneira que o entendimento adotado vincule toda a Administração Pública Federal, nos termos do art. 40, § 1º, e art. 41 da Lei Orgânica da Advocacia-Geral da União - Lei Complementar nº 73, de 10 de fevereiro de 1993.

Brasília, 06 de abril de 2022.

(assinado eletronicamente)

ARTHUR CERQUEIRA VALÉRIO

Advogado da União

Consultor-Geral da União

ADVOCACIA-GERAL DA UNIÃO

CONSULTORIA-GERAL DA UNIÃO

DEPARTAMENTO DE COORDENAÇÃO E ORIENTAÇÃO DE ÓRGÃOS JURÍDICOS

DESPACHO n.00133/2022/DECOR/CGU/AGU

NUP:19975.121753/2019-87

INTERESSADOS: Procuradoria-Geral da Fazenda Nacional

ASSUNTOS: Benefício especial de que cuida o art. 3º Lei n. 12.618, de 2012, e pensões

Exmo. Senhor Consultor-Geral da União,

1. Aprovo, nos termos do Despacho n. 120/2022/DECOR/CGU/AGU, o Parecer n. 16/2022/DECOR/CGU/AGU.

2. Por ser fator determinante para o deslinde das questões jurídicas em apreciação, deve ser ratificado o entendimento da Advocacia-Geral da União a respeito da natureza do benefício especial de que cuida o art. 3º da Lei n. 12.618, de 2012, o qual possui caráter compensatório, e não previdenciário, bem como a impossibilidade jurídica de superveniente modificação da fórmula de cálculo do benefício especial vigente ao tempo da migração para o Regime de Previdência Complementar.

3. Nestes termos, reitere-se o Parecer JL-03 no sentido de que "*o Benefício Especial, de que cuida o art. 3º da Lei nº 12.618, de 2012, possui natureza estritamente compensatória, voltando-se para reparar as contribuições previdenciárias realizadas para o Regime Próprio de Previdência Social/RPPS pelos servidores públicos que fizeram a opção de que trata o § 16 do art. 40 da Constituição Federal, uma vez que esta opção enseja a percepção de benefícios previdenciários pelo RPPS em valores necessariamente limitados ao teto dos benefícios pagos no âmbito do Regime Geral de Previdência Social/RGPS*"(trecho do Despacho n. 43/2020/GAB/CGU/AGU, que integra o Parece JL-03).

4. Esta natureza compensatória, e não previdenciária, também se extrai da própria fórmula de cálculo do benefício especial "*que se constitui, essencialmente, pela diferença entre as remunerações anteriores à mudança do regime previdenciário, que foram utilizadas como base de cálculo para as contribuições previdenciárias pagas pelo servidor público para o RPPS, e o teto dos valores dos benefícios pagos pelo RGPS, multiplicando-se pelo Fator de Conversão (FC), cujo valor é encontrado a partir da quantidade de contribuições mensais efetivamente recolhidas para o RPPS até a data da*

opção. A atenta apreciação dos critérios adotados para a metodologia de cálculo do Benefício Especial revela que o legislador buscou estabelecer equânime reparação em favor do servidor que ingressou no Regime de Previdência Complementar, considerando que, a partir da migração de regime, os benefícios previdenciários serão limitados ao teto do RGPS"(trecho do Despacho n. 43/2020/GAB/CGU/AGU, que integra o Parece JL-03).

5. A natureza compensatória do benefício especial também pode ser deduzida a partir do que dispõe o § 8º do art. 3º da Lei n. 12.618, de 2012, segundo o qual o exercício da opção de que cuida o § 16 do art. 40 da Constituição *"é irrevogável e irretratável, não sendo devida pela União e suas autarquias e fundações públicas qualquer contrapartida referente ao valor dos descontos já efetuados sobre a base de contribuição acima do limite previsto no caput deste artigo"*(*vide* igualmente parágrafo único do art. 92 da Lei n. 13.328, de 2016), ou seja, nestes casos de ingresso no Regime de Previdência Complementar por servidores públicos que já tinham contribuído para o Regime Próprio de Previdência Social, a única reparação devida pela União será o pagamento do benefício especial, observada a fórmula de cálculo fixada em lei.

6. Da natureza compensatória (e não previdenciária) do benefício especial decorre, por corolário logicamente consequente, a impossibilidade jurídica de modificação do método de cálculo vigente ao tempo da migração, uma vez que a importância que será devida a título de reparação das contribuições previdenciárias efetuadas para o RPPS, nos estritos termos estipulados pela lei, foi determinante para realização da opção pelo servidor, ou seja, *"a natureza compensatória do benefício especial enseja necessariamente a conclusão de que não há respaldo jurídico para superveniente modificação das regras que delimitam seu valor, vigentes ao tempo da migração. A natureza sinalagmática da opção de que cuida o § 16 do art. 40 da Constituição Federal, associada aos preceitos da segurança jurídica, da proteção constitucional ao ato jurídico perfeito e ao brocardo jurídico do tempus regit actum determinam que a fórmula de cálculo vigente ao tempo da opção (migração do regime previdenciário) deve ser preservada para fins de pagamento do Benefício Especial".* (trecho do Despacho n. 43/2020/GAB/CGU/AGU, que integra o Parece JL-03)

7. Firme nestas premissas basilares, a colmatação da lacuna da Lei n. 12.618, de 2012, na forma proposta pelo Parecer n. 16/2022/DECOR/CGU/AGU, ora acolhido, parece escorreita, sistematicamente coerente e irreparável. A respeito da percepção do

benefício especial nas hipóteses de falecimento do servidor em atividade ou do aposentado, dispõe o § 5º do art. 3º da mencionada lei que "*O benefício especial será pago pelo órgão competente da União, por ocasião da concessão de aposentadoria, inclusive por invalidez, ou pensão por morte pelo regime próprio de previdência da União, de que trata o art. 40 da Constituição Federal, enquanto perdurar o benefício pago por esse regime, inclusive junto com a gratificação natalina*".

8. De fato, a legislação não trata explicitamente da forma de divisão do benefício especial nas hipóteses em que o instituidor da pensão tenha mais de um dependente, nem tampouco há expresso regramento legal a respeito do montante devido a título de benefício especial nas hipóteses em que há superveniente perda da condição de dependente por parte de algum dos beneficiários da pensão, o que enseja a aplicação da analogia e dos princípios gerais de direito para colmatação da lacuna, consoante preconiza o art. 4º da Lei de Introdução às normas do Direito Brasileiro (Decreto- Lei n. 4.657, de 1942).

9. Desta maneira, quanto à primeira questão jurídica, relacionada à forma de divisão do benefício especial, dispõe o art. 257 do Código Civil que "*Havendo mais de um devedor ou mais de um credor em obrigação divisível,* esta presume-se dividida em tantas obrigações, iguais e distintas, *quantos os credores ou devedores*", portanto, a importância devida a título de benefício especial deve ser repartida igualmente entre todos os beneficiários da pensão devida em razão do falecimento do servidor em atividade ou do aposentado, devendo ser pago o benefício especial enquanto perdurar o pagamento da pensão pelo RPPS, inclusive junto com a gratificação natalina.

10. Destaque-se, por pertinente, que esta forma de resolução da lacuna coincide com a divisão da pensão devida no âmbito do RPPS, uma vez que o art. 218 da Lei n. 8.112, de 1990, dispõe que "*Ocorrendo habilitação de vários titulares à pensão, o seu valor será distribuído em partes iguais entre os beneficiários habilitados*".

11. A respeito da segunda questão jurídica, que se relaciona à importância devida a título de benefício especial nas hipóteses em que há superveniente perda da condição de dependente por algum dos titulares da pensão,

observa-se que, no âmbito do Regime Próprio de Previdência Social, dispõe o art. 23, § 1º da Emenda Constitucional n. 103, de 2019, que as cotas por dependente em regra não serão reversíveis aos demais nestes casos, ressalvada a hipótese expressamente admitida na norma (nos casos em que o número de dependentes remanescente é igual ou superior a cinco).

12. Observa-se, não obstante, que a superveniente perda da condição de dependente não repercute na importância devida a título de benefício especial, essencialmente porque, consoante já consolidado no âmbito da Administração Pública, este benefício não possui caráter previdenciário, desta forma a pensão e o benefício especial regem-se por regimes jurídicos distintos e específicos e, portanto, o regramento posto no o art. 23, § 1º da Emenda Constitucional n. 103, de 2019, não se aplica ao benefício especial. Nestas hipóteses o valor integral do benefício deve permanecer inalterado e ser repartido igualmente entre os dependentes remanescentes por ausência de explícita previsão legal em sentido diverso, bem como em razão da impossibilidade jurídica de alteração da fórmula de cálculo dos valores devidos a título de benefício especial, o qual não sofre qualquer repercussão em razão do número de beneficiários.

13. Ou seja, ao contrário do que consta no art. 23, § 1º da Emenda Constitucional nº 103, de 2019, a quantidade de dependentes é absolutamente irrelevante para fins de cálculo do benefício especial, o que se deduz de atenta leitura do art. 3º e seus parágrafos da Lei n. 12.618, de 2012, desta maneira, verifica-se que a superveniente alteração do número de dependentes nada repercute na fórmula de cálculo do benefício especial.

14. Logo, considerando que, para fins de determinar a importância devida a título de pensão, há expressa previsão normativa que impõe a não reversão das cotas correspondentes em caso de perda superveniente da qualidade de dependente por parte de algum dos titulares do benefício previdenciário; considerando que a Lei n. 12.618, de 2012, é omissa a respeito do tema no que se refere ao pagamento do benefício especial; considerando que *"o benefício especial não possui natureza previdenciária, é benefício estatutário de natureza compensatória"*(Parecer JL-03); considerando que a quantidade de dependentes é fator absolutamente irrelevante para a fórmula de cálculo do benefício especial; e considerando que a fórmula de cálculo do benefício especial vigente ao tempo da migração não pode ser modificada; aplica-se na hipótese o art. 114 do Código Civil, segundo o qual *"Os negócios jurídicos benéficos e a renúncia interpretam-se estritamente"*, por conseguinte, o valor do benefício especial, integralmente considerado, não sofre qualquer modificação em razão da perda superveniente da

condição de dependente por algum dos seus beneficiários, devendo o montante (incólume) ser divido igualmente entre os dependentes remanescentes, ou seja a cota-parte do benefício especial que cabia ao dependente que vier a perder esta condição será revertida em favor dos demais beneficiários.

15. Caso acolhido, sugere-se que, diante da transversalidade e relevância da matéria, seja considerada a possibilidade de submissão do Parecer n. 16/2022/DECOR/CGU/AGU e Despachos subsequentes à elevada apreciação do Excelentíssimo Senhor Presidente da República para que o entendimento ora acolhido seja adotado de maneira vinculante e uniforme por toda a Administração Pública Federal, consoante preconiza o art. 40, § 1º, e art. 41 da Lei Orgânica da Advocacia-Geral da União (Lei Complementar nº 73, de 1993).

Brasília, 05 de abril de 2022.

VICTOR XIMENES NOGUEIRA

ADVOGADO DA UNIÃO

Existe uma omissão da Lei 12.618/2012 sobre o momento do cálculo do BE: se na data da migração ou na data da concessão da aposentadoria/pensão por morte. Prevaleceu a segunda posição para a AGU, em manifestação homologada pelo Exmo. Presidente da República:

DIÁRIO OFICIAL DA UNIÃO

Publicado em: 31/05/2022 | Edição: 102 | Seção: 1 | Página: 1

Órgão: Presidência da República

DESPACHO DO PRESIDENTE DA REPÚBLICA

ADVOCACIA-GERAL DA UNIÃO

Processo nº 03154.004642/2018-50. Parecer nº BBL - 06, de 25 de maio de 2022, do Advogado-Geral da União, que adotou, nos termos estabelecidos no Despacho do Consultor-Geral da União nº 00082/2022/GAB/CGU/AGU, no Despacho nº 47/2022/DECOR/CGU/AGU e no Despacho nº 26/2022/DECOR/CGU/AGU, o Parecer nº 31/2021/DECOR/CGU/AGU. Aprovo. Publique-se para os fins do disposto no art. 40, § 1º, da Lei Complementar nº 73, de 10 de fevereiro de 1993. Em 30 de maio de 2022.

PROCESSO ADMINISTRATIVO Nº: 03154.004642/ 2018-50.

INTERESSADO: PROCURADORIA-GERAL DA FAZENDA NACIONAL.

ASSUNTO: BENEFÍCIO ESPECIAL PREVISTO NA LEI Nº 12.618, DE 2012.

PARECER Nº BBL - 06

ADOTO, para os fins do art. 41 da Lei Complementar nº 73, de 10 de fevereiro de 1993, nos termos do Despacho do Consultor-Geral da União nº 00082/2022/GAB/CGU/AGU, de 24 de fevereiro de 2022, do Despacho nº 47/2022/DECOR/CGU/AGU, de 24 de fevereiro de 2022, e do Despacho nº 26/2022/DECOR/CGU/AGU, de 22 de fevereiro de 2022, o Parecer nº 31/2021/DECOR/CGU/AGU, de 21 de fevereiro de 2022, e submeto-o ao EXCELENTÍSSIMO SENHOR PRESIDENTE DA REPÚBLICA, para os efeitos do art. 40, § 1º, da referida Lei Complementar, tendo em vista a relevância da matéria versada.

Em 25 de maio de 2022.

BRUNO BIANCO LEAL

Advogado-Geral da União

ADVOCACIA-GERAL DA UNIÃO

CONSULTORIA-GERAL DA UNIÃO

GABINETE

SAS, QUADRA 03, LOTE 5/6, 12 ANDAR - AGU SEDE IFONE (61) 2026-8557 BRASÍLIA/DF 70.070-030

DESPACHO n. 00082/2022/GAB/CGU/AGU

NUP: 03154.004642/2018-50

INTERESSADOS: Procuradoria-Geral da Fazenda Nacional

ASSUNTOS: Benefício Especial previsto na Lei nº 12.618, de 2012

Exmo. Senhor Advogado-Geral da União,

1. Aprovo, nos termos do Despacho nº 47/2022/DECOR/CGU/AGU e do Despacho nº 26/2022/DECOR/CGU/AGU, o Parecer nº 31/2021/DECOR/CGU/AGU.

2. Nestes termos, submeto as manifestações desta Consultoria-Geral da União à consideração de Vossa Excelência para que, em sendo acolhidas, sejam encaminhadas à elevada apreciação do Excelentíssimo Senhor Presidente da República para os fins dos art.

40, § 1º, e art. 41 da Lei Complementar nº 73, de 10 de fevereiro de 1993.

Brasília, 24 de fevereiro de 2022.

(assinado eletronicamente)

ARTHUR CERQUEIRA VALÉRIO

Advogado da União

Consultor-Geral da União

ADVOCACIA-GERAL DA UNIÃO

CONSULTORIA-GERAL DA UNIÃO

DEPARTAMENTO DE COORDENAÇÃO E ORIENTAÇÃO DE ÓRGÃOS JURÍDICOS

DESPACHO n. 00047/2022/DECOR/CGU/AGU

NUP: 03154.004642/2018-50

INTERESSADOS: Procuradoria-Geral da Fazenda Nacional

ASSUNTOS: Benefício Especial previsto na Lei nº 12.618, de 2012

Exmo. Senhor Consultor-Geral da União,

1. Aprovo, nos termos do Despacho nº 26/2022/DECOR/CGU/AGU, o Parecer nº 31/2021/DECOR/CGU/AGU.

2. Cumpre destacar, por pertinente, que o objeto do Parecer JL-03 (DOU 27/05/2020) não compreendia especificamente a consolidação precisa do momento em que deve ser calculado o Benefício Especial de que cuida o art. 3º da Lei nº 12.618, de 2012, detendo-se referenciada manifestação a uniformizar algumas premissas basilares relacionadas à sua natureza e forma de apuração, tais como o caráter compensatório (e não previdenciário) do Benefício Especial e a impossibilidade jurídica de alteração da fórmula de cálculo do benefício que estava em vigor ao tempo da migração do regime previdenciário pelo servidor público.

3. Nos literais termos do Parecer nº 31/2021/DECOR/CGU/AGU, ora acolhido: "*30. O entendimento adotado no Parecer JL nº 03, de 2020, foi no sentido de considerar que tendo a lei silenciado quanto ao momento do cálculo do benefício especial, a sua realização por ocasião da opção ou da concessão da aposentadoria/pensão não pode alterar o regramento a ele aplicado, deve ser aquele vigente na data da opção feita pelo servidor na forma do § 16 do art. 40 da Constituição Federal*".

4. Reitere-se, pois, o Despacho nº 43/2020/GAB/CGU/AGU, que integra o Parecer JL-03, segundo o qual "*o Benefício Especial, de que cuida o art. 3º da Lei nº 12.618, de 2012, possui natureza estritamente compensatória, voltando-se para reparar as contribuições previdenciárias realizadas para o Regime Próprio de Previdência Social/RPPS pelos servidores públicos que fizeram a opção de que trata o § 16 do art. 40 da Constituição Federal, uma vez que esta opção enseja a percepção de benefícios previdenciários pelo RPPS em valores necessariamente limitados ao teto dos benefícios pagos no âmbito do Regime Geral de Previdência Social/RGPS*", do que decorre o entendimento no sentido de que a forma de cálculo do benefício é "*aquela vigente ao tempo da migração do RPPS para o Regime de Previdência Complementar de que trata o § 16 do art. 40 da Constituição Federal, ou seja, a natureza compensatória do benefício especial enseja necessariamente a conclusão de que não há respaldo jurídico para superveniente modificação das regras que delimitam seu valor, vigentes ao tempo da migração*", uma vez que a "*natureza sinalagmática da opção de que cuida o § 16 do art. 40 da Constituição Federal, associada aos preceitos da segurança jurídica, da proteção constitucional ao ato jurídico perfeito e ao brocardo jurídico do tempus regit actum determinam que a fórmula de cálculo vigente ao tempo da opção (migração do regime previdenciário) deve ser preservada para fins de pagamento do Benefício Especial*".

5. Sobre a aplicação dos índices de atualização, conclui-se que o Índice Nacional de Preços ao Consumidor Amplo (IPCA) incide especificamente para a atualização de uma das variáveis da fórmula de cálculo do Benefício Especial, recaindo sobre as remunerações auferidas pelo servidor antes da migração do regime previdenciário (§ 2º do art. 3º da Lei n 12.618, de 2012), não havendo respaldo legal para que seja adotado referenciado índice para a correção do Benefício Especial, ou seja, as remunerações do servidor público percebidas antes da migração do regime previdenciário devem ser atualizadas até a concessão da aposentadoria ou pensão pelo IPCA para fins de cálculo da importância que lhe será devida a título de Benefício Especial, consoante § 2º do art. 3º da Lei nº 12.618, de 2012.

6. O IPCA aplica-se, portanto, e tão somente sobre as remunerações do servidor que serão utilizadas na fórmula de cálculo do Benefício Especial, e não sobre as contribuições previdenciárias correspondentes, nem tampouco sobre a importância calculada ou concedida a título de Benefício Especial, tudo em atenção à literalidade do que dispõe o § 2º do art. 3º da Lei nº 12.618, de 2012,

aos termos e conclusões do Parecer JL-03 (Despacho nº 43/2020/GAB/CGU/AGU e Parecer nº 100/2019/DECOR/CGU/AGU), bem como em estrita consonância com a*mens legislatoris*, devidamente exposta e demonstrada no Parecer nº 31/2021/DECOR/CGU/AGU, ora aprovado em sua integralidade.

7. Apenas após devidamente calculado e concedido, ou seja, apenas após a concessão da aposentadoria ou pensão, o valor efetivamente pago a título de Benefício Especial será atualizado pelo mesmo índice que corrige os benefícios do Regime Geral de Previdência Social, conforme preconiza o § 6º do art. 3º da Lei nº 12.618, de 2012, atualmente aplicando-se o Índice Nacional de Preços ao Consumidor - INPC, apurado pela Fundação Instituto Brasileiro de Geografia e Estatística - IBGE (art. 41-A da Lei nº 8.213, de 1991).

8. Desta forma, e nos literais termos do Parecer nº 31/2021/DECOR/CGU/AGU (parágrafo 50), conclui-se que "*sendo o momento da concessão da aposentadoria/pensão aquele em que o cálculo do benefício especial se perfaz, torna-se calculado, é de se concluir que até este momento (concessão da aposentadoria/pensão) as remunerações que serão consideradas no seu cálculo serão atualizadas pelo Índice Nacional de Preços ao Consumidor Amplo (IPCA) ou outro índice que venha a substituí-lo, por determinação do § 2º do art. 3º da Lei nº 12.618, de 2012. Calculado e concedido o benefício especial, este, então, passa a ser atualizado pelo mesmo índice aplicável ao benefício de aposentadoria ou pensão mantido pelo regime geral de previdência social (atualmente, o INPC), conforme estabelece o § 6º do art. 3º da Lei nº 12.618, de 2012*".

9. Isto posto, este Departamento de Coordenação e Orientação de Órgãos Jurídicos da Consultoria-Geral da União, no regular exercício da competência de uniformização da jurisprudência administrativa de que cuida o art. 14 do Anexo I do Decreto nº 10.608, de 2021, eleva à consideração superior a consolidação dos seguintes entendimentos:

a) "*o valor do Benefício Especial será equivalente a diferença entre a média aritmética simples das maiores remunerações anteriores à data da mudança do regime, utilizadas como base para as contribuições efetuadas no âmbito do RPPS da União, dos Estados, do Distrito Federal ou dos Municípios, atualizadas pelo Índice Nacional de Preços ao Consumidor Amplo (IPCA), e o limite máximo estabelecido para os valores dos benefícios pagos no âmbito do RGPS, multiplicada pelo Fator de Conversão (§§ 2º e 3º do art. 3º da Lei nº 12.618, de 2012)*"

- trecho conclusivo do Parecer JL-03 (Despacho nº 43/2020/GAB/CGU/AGU);

b) sem prejuízo da possibilidade jurídica de desenvolvimento de programas que estimem, a título de mera simulação, o valor aproximado do Benefício Especial a ser pago com respaldo no § 1º do art. 3º da Lei nº 12.618, de 2012, e no § 16 do art. 40 da Constituição Federal, o cálculo definitivo do benefício dar-se-á ao tempo da concessão da aposentaria ou pensão;

c) até a concessão da aposentadoria ou pensão, o Índice Nacional de Preços ao Consumidor Amplo (IPCA), divulgado pela Fundação Instituto Brasileiro de Geografia e Estatística (IBGE), ou outro índice que venha a substituí-lo, será utilizado para atualização das remunerações (anteriores à migração do regime previdenciário) que compõem a fórmula de cálculo do Benefício Especial, consoante § 2º do art. 3º da Lei nº 12.618, de 2012, e entendimentos fixados no Parecer JL-03; e

d) após calculado e efetivamente concedido ao aposentado ou pensionista, o Benefício Especial será atualizado pelo mesmo índice aplicável às aposentadorias ou pensões mantidas pelo Regime Geral de Previdência Social, conforme preconiza o § 6º do art. 3º da Lei nº 12.618, de 2012, que atualmente é o Índice Nacional de Preços ao Consumidor - INPC, apurado pela Fundação Instituto Brasileiro de Geografia e Estatística - IBGE, conforme dispõe o art. 41-A da Lei nº 8.213, de 1991.

10. Caso acolhido, diante da relevância e transversalidade da matéria, sugere-se que seja considerada a possibilidade de submissão das manifestações ao Excelentíssimo Senhor Presidente da República para fins de vinculação da Administração, nos termos do art. 40, § 1º, e art. 41 da Lei Complementar nº 73, de 1993.

Brasília, 24 de fevereiro de 2022.

VICTOR XIMENES NOGUEIRA

Esse posicionamento foi preservado no âmbito da **Instrução Normativa SRT/MGI Nº 2, 23 de JANEIRO de 2024:**

"Art. 7º O Benefício Especial será calculado e pago pelo órgão ou entidade a que o servidor estiver vinculado por ocasião da concessão de aposentadoria ou de pensão por morte e perdurará enquanto o benefício previdenciário for pago.

§ 1º O Benefício Especial será pago de ofício pelo órgão ou entidade, sem a necessidade de requerimento do servidor ou do beneficiário de pensão.

§ 2º O valor do Benefício Especial integrará a gratificação natalina.

Art. 8º O valor do Benefício Especial será distribuído em partes iguais entre os beneficiários de pensão habilitados.

Parágrafo único. A cota-parte do Benefício Especial que cabia ao dependente que vier a perder esta condição será revertida igualitariamente em favor dos beneficiários remanescentes.

...

Art. 12. O Benefício Especial:

I - é opção que importa ato jurídico perfeito;

II - tem natureza jurídica compensatória;

III - não está sujeito à incidência de contribuição previdenciária;

IV - está sujeito à incidência de imposto sobre a renda;

V - será calculado no momento da aposentadoria ou pensão, em caso de servidor falecido em atividade;

VI - será atualizado na mesma data e índice em que se der o reajuste dos benefícios do RGPS;

VII - a soma do benefício previdenciário e do Benefício Especial submete-se ao Teto Constitucional; e

VIII - não está submetido:

a) à limitação de que trata o § 2º do art. 40 da Constituição Federal, com redação dada pela Emenda Constitucional nº 20, de 1998, para os benefícios de aposentadoria adquiridos até a entrada em vigor da Emenda Constitucional nº 103, de 12 de novembro de 2019;

b) à limitação de que trata o § 2º do art. 24 da Emenda Constitucional nº 103, de 2019; e

c) às proporcionalidades previstas na aposentadoria".

Já na FUNPRESP/JUD o cálculo oficial já é feito logo após a migração, nos termos da **RESOLUÇÃO CONJUNTA STF/MPU 3, DE 20 DE JUNHO DE 2018:**

"Art. 3º Apurado o valor do benefício especial, o processo respectivo será submetido à autoridade competente, conforme dispuser regulamentação interna de cada órgão do PJU, do MPU e do CNMP, **para emissão da declaração contendo o valor do benefício no momento da opção.**

> § 1º Emitida a declaração, o interessado será cientificado da decisão e o ato será publicado, conforme dispuser o normativo interno de cada órgão do PJU, do MPU e do CNMP, com o respectivo registro em seus assentamentos funcionais.
>
> § 2º O valor apurado do benefício especial será atualizado pelo mesmo índice aplicável ao benefício de aposentadoria ou pensão mantido pelo regime geral de previdência social".

Conforme o **Acórdão 2.611/2022**, da lavra do **Plenário do TCU**, na visão deste órgão de controle externo da União, com o objetivo de uniformizar divergências de entendimento quanto ao regime jurídico do pagamento dos proventos de aposentadoria ou de pensão instituídos por servidores deste Tribunal que realizaram a opção prevista no § 16 do art. 40 da CF/1988, assim como do benefício especial instituído pela Lei 12.618/2012, alterada pela Lei 14.463/2022, foram fixadas as seguintes premissas:

> **a)** o servidor que optou pela limitação do benefício previdenciário do RPPS no valor equivalente ao teto do RGPS, nos termos do § 16 do art. 40 da CF/1988, **não deve sofrer a tributação da contribuição social sobre o pagamento do benefício especial** instituído por meio da Lei 12.618/2012;
>
> **b)** o servidor que optou pela limitação do benefício previdenciário do RPPS no valor equivalente ao teto do RGPS, nos termos do § 16 do art. 40 da CF/1988, e que possui direito ao benefício especial, vindo a falecer em atividade, terá como base de cálculo da pensão civil a mesma base de cálculo prevista constitucionalmente para todos os servidores vinculados ao RPPS, sendo limitada, para fins de pagamento, no valor máximo dos benefícios do Regime Geral de Previdência Social, **devendo, ainda, perceber o benefício especial instituído por meio da Lei 12.618/2012 em sua integralidade**;
>
> **c)** o servidor que optou pela limitação do benefício previdenciário do RPPS no valor equivalente ao teto do RGPS, nos termos do § 16 do art. 40 da CF/1988, terá direito ao pagamento cumulativo dos proventos de aposentadoria ou pensão do RPPS limitado ao teto do RGPS, bem como ao benefício especial previsto na Lei 12.618/2012, **cuja soma deverá será limitada pelo teto constitucional previsto no art. 37, XI, da CF/1988**;
>
> **d)** o servidor que optou pela limitação do benefício previdenciário do RPPS no valor equivalente ao teto do RGPS, nos termos do § 16 do art. 40 da CF/1988, terá direito ao pagamento cumulativo dos proventos

de aposentadoria ou pensão do RPPS limitado ao teto do RGPS, bem como ao benefício especial previsto na Lei 12.618/2012, **cuja soma não será limitada pela última remuneração do servidor no cargo efetivo em que se der a aposentadoria**;

e) o servidor que optou pela limitação do benefício previdenciário do RPPS no valor equivalente ao teto do RGPS, nos termos do § 16 do art. 40 da CF/1988, terá direito ao percebimento da **aposentadoria ou pensão do RPPS calculada na forma do art. 26, §1º, da EC 103/2019**, que limita a média aritmética das remunerações históricas ao teto vigente para o RGPS **e sobre a qual incidirá a proporcionalidade prevista para o referido benefício**; o benefício especial, por sua vez, deverá ser calculado na estrita forma prevista na Lei 12.618/2012, admitindo-se a incidência apenas e exclusivamente da proporcionalidade prevista em seu art. 3º, § 3º, ou seja, do fator de conversão, não incidindo sobre o benefício especial qualquer outra proporcionalidade não prevista em lei ou prevista para o benefício de aposentadoria ou pensão do RPPS limitado no teto do RGPS, com o qual ele não se confunde;

f) o servidor que optou pela limitação do benefício previdenciário do RPPS no valor equivalente ao teto do RGPS, nos termos do § 16 do art. 40 da CF/1988, **terá direito a utilizar todos os fundamentos de aposentadoria previstos nas regras de transição da EC 103/2019**, assim como as regras constitucionais referentes às aposentadorias especiais;

g) o servidor que optou pela limitação do benefício previdenciário do RPPS no valor equivalente ao teto do RGPS, nos termos do § 16 do art. 40 da CF/1988, **não terá direito a utilizar tempo de contribuição referente à sua vida militar para fins de percepção do benefício especial instituído por meio da Lei 12.618/2012**, por ausência de previsão legal;

h) o servidor que optou pela limitação do benefício previdenciário do RPPS no valor equivalente ao teto do RGPS, nos termos do § 16 do art. 40 da CF/1988, **terá direito a utilizar tempo de contribuição de outros entes dos regimes próprios dos Estados, do Distrito Federal ou dos Municípios de que trata o art. 40 da CF/1988 para fins de percepção do benefício especial instituído por meio da Lei 12.618/2012**, tendo em vista a existência de expressa autorização legal nesse sentido, após a edição da Lei 14.463/2022; e

i) o servidor que optou pela limitação do benefício previdenciário do RPPS no valor equivalente ao teto do RGPS, nos termos do § 16 do art. 40 da CF/1988, terá direito ao **abono de permanência** calculado nos termos do art. 40, § 19, da CF/1988, ou seja, no valor equivalente ao de sua contribuição previdenciária para o regime próprio.

Considerando que as remunerações são atualizadas pelo IPCA e o valor do benefício especial pelo INPC, os dois caminhos citados chegarão em valores diferentes do benefício especial. O ideal é que o tema seja normatizado.

É possível obter a **simulação do valor do benefício especial** no site da Funpresp Exe (https://www.funpresp.com.br/migracao-do-rpps-para-o-rpc/simulador-de-beneficio-especial) ou diretamente no SIGEPE (https://servidor.sigepe.planejamento.gov.br/SIGEPE-Portal-Servidor/private/rpc/simularBeneficio.jsf).

O autor da obra é Procurador Federal desde 6 de maio de 2003. Considerando apenas as contribuições para o RPPS federal, em 9 de janeiro de 2019 fez uma simulação do seu benefício especial estimado no sítio do SIGEPE:

Resultado da Simulação

Benefício Especial do RPC

TC203

TT455

FC0.446153847

Média R$ 26192.78

RGPS R$ 5645.80

Diferença R$ 20546.98

Valor estimado do benefício especial - R$ 9.167,10

Por fim, o benefício especial será reajustado anualmente pelo mesmo índice de reajuste dos benefícios do RGPS, que é o INPC, a teor do artigo 41-A[18], da Lei 8.213/91.

18. Art. 41-A. O valor dos benefícios em manutenção será reajustado, anualmente, na mesma data do reajuste do salário mínimo, pro rata, de acordo com suas respectivas datas de início ou do último reajustamento, com base no Índice Nacional de Preços ao Consumidor – INPC, apurado pela Fundação Instituto Brasileiro de Geografia e Estatística – IBGE.

A migração possui vantagens e desvantagens, que variam de acordo com a situação de cada servidor federal e que dependem de eventos futuros e incertos, vez que a legislação pode ser modificada e o plano de custeio/benefícios da previdência complementar também.

Podemos enumerar as **principais vantagens da migração previdenciária:**

- Reduzir o valor mensal pago de contribuição previdenciária, aumentando o líquido mensal;
- Atenuar a aplicação do redutor previsto pelo artigo 24 da EC 103/2019 (não se aplica ao BE e ao RPC);
- Transferência do BE para o pensionista e cabimento na aposentadoria por invalidez sem redução;
- Atenuar o impacto da potencial criação da contribuição extraordinária no RPPS;
- Atenuar o impacto da potencial redução da imunidade do §18 do artigo 40 da CF;
- Dividir as fontes de renda: RPPS, BE e Previdência Complementar (esta, se contratar);
- BE não incide contribuição previdenciária e há direito adquirido de acordo com o valor fixado na data da migração, atenuando o impacto de reformas previdenciárias futuras;
- Possibilidade até de receber acima da remuneração do cargo somadas todas as rendas (APOSENTADORIA RPPS, BE E APOSENTADORIA RPC).

Agora vamos enumerar as **desvantagens**:

- Limitação de aposentadoria e pensão ao teto do RGPS no âmbito do RPPS;
- Valor incerto da aposentadoria da previdência complementar (contribuição definida), em havendo contratação, sujeito ao mercado de investimentos;
- Extinção da aposentadoria complementar, invalidez ou pensão por morte pela FUNPRESP se viver além da expectativa de

sobrevida, com concessão de uma renda de sobrevivência em valor inferior;

- Alteração das regras de previdenciárias do Regulamento apenas com o aval da PREVIC após proposta da FUNPRESP;
- Desconto de contribuição previdenciária sobre o benefício pago pela FUNPRESP;
- Possibilidade de criação de contribuição extraordinária para a cobertura de *déficit*;
- Possibilidade de redução de renda de benefícios a conceder;
- Possibilidade, por alteração legal, da extinção do patrocínio da União;
- Possibilidade, em teoria, da intervenção e liquidação extrajudicial da FUNPRESP na situação de desequilíbrio não recuperável.

3.2.5. Plano de custeio e contribuições previdenciárias

O regime de previdência complementar dos servidores públicos federais será mantido pelas contribuições do **patrocinador** (União, autarquias ou fundações públicas federais), dos **participantes** (servidores federais ocupantes de cargo efetivo) e dos **assistidos** (participante ou seu beneficiário em gozo de benefício).

Ademais, os resultados financeiros de suas aplicações e de doações e legados de qualquer natureza também são receitas do regime complementar, lembrando que **a transferência de recursos do Poder Público para a entidade fechada somente poderá se dar na condição de patrocinador, situação na qual, em hipótese alguma, sua contribuição normal poderá exceder a do segurado**, nos termos do artigo 202, §3º, da Constituição Federal, dispositivo aplicável ao regime de previdência complementar dos servidores públicos federais.

> **A contribuição do patrocinador e do participante incidirá sobre a parcela da remuneração do servidor que exceder ao teto do salário de contribuição do Regime Geral de Previdência Social,** observado o teto do funcionalismo público federal, que é o subsídio dos Ministros do STF.

Entende-se como base de contribuição **(salário de participação)** o vencimento do cargo efetivo, acrescido das vantagens pecuniárias permanentes estabelecidas em lei, os adicionais de caráter individual ou quaisquer outras vantagens, excluídas as parcelas contidas no artigo 4º, §1º, da Lei 10.887/2004[19].

Contudo, se quiser, o participante poderá optar pela inclusão de parcelas remuneratórias percebidas em decorrência do local de trabalho e do exercício de cargo em comissão ou função de confiança.

A Lei 12.618/2012 possibilitou ao participante escolher anualmente a alíquota da sua contribuição, observados os parâmetros previstos no regulamento.

- **Atenção!**

No Plano de benefícios da FUNPRESP-JUD, que abarca os servidores efetivos do Judiciário e Ministério Público da União, o servidor poderá escolher as seguintes alíquotas para a contribuição normal: 6,5%, 7,0%, 7,5%, 8,0% ou 8,5%.

Já nos Planos da FUNPRESP-EXE e LEG os servidores efetivos do Poder Executivo e Legislativo da União poderão escolher apenas três alíquotas: 7,5%, 8,0% ou 8,5%.

No caso do patrocinador, a sua alíquota será a mesma do participante, mas não excederá a 8,5%[17].

Destarte, recomenda-se que os participantes optem, ao menos, pela alíquota de 8,5%, pois haverá a contrapartida integral do patrocinador. Suponha-se que um participante opte pela alíquota de 10% na sua

19. I – as diárias para viagens; II – a ajuda de custo em razão de mudança de sede; III – a indenização de transporte; IV – o salário-família; V – o auxílio-alimentação; VI – o auxílio-creche; VII – as parcelas remuneratórias pagas em decorrência de local de trabalho; VIII – a parcela percebida em decorrência do exercício de cargo em comissão ou de função comissionada ou gratificada; IX – o abono de permanência de que tratam o § 19 do art. 40 da Constituição Federal, o § 5º do art. 2º e o § 1º do art. 3º da Emenda Constitucional nº 41, de 19 de dezembro de 2003; X – o adicional de férias; XI – o adicional noturno; XII – o adicional por serviço extraordinário; XIII – a parcela paga a título de assistência à saúde suplementar; XIV – a parcela paga a título de assistência pré-escolar; XV – a parcela paga a servidor público indicado para integrar conselho ou órgão deliberativo, na condição de representante do governo, de órgão ou de entidade da administração pública do qual é servidor; XVI – o auxílio-moradia; XVII – a Gratificação por Encargo de Curso ou Concurso, de que trata o art. 76-A da Lei no 8.112, de 11 de dezembro de 1990; XVIII – a Gratificação Temporária das Unidades dos Sistemas Estruturadores da Administração Pública Federal (GSISTE), instituída pela Lei no 11.356, de 19 de outubro de 2006; XIX – a Gratificação de Raio X.

contribuição. Neste caso, a contribuição da União, autarquia ou fundação pública federal será de apenas 8,5%, que é a alíquota máxima.[20]

Para facilitar a compreensão, vamos simular um caso concreto tomando como parâmetro o ano de 2012 em que o teto do RGPS é de R$ 3.916,20. Suponha-se que um servidor federal que aderiu ao regime complementar tenha uma remuneração de R$ 10.000,00.

Neste caso, a base de cálculo das contribuições do participante e do patrocinador será de R$ 6.083,80, valor equivalente à diferença entre a remuneração do servidor e o teto do RGPS simulado para o ano de 2012.

Ainda existe previsão legal para que o participante, além da contribuição normal, possa **contribuir facultativamente, sem contrapartida do patrocinador**, na forma do regulamento do plano, certamente através de aportes esporádicos para aumentar a renda do benefício a conceder.

De acordo com o TCU[21], é ilegal a destinação de recursos públicos a entidades fechadas de previdência privada a título de patrocínio de previdência complementar de servidores submetidos ao Regime Jurídico Único (Lei 8.112/1990), salvo nas hipóteses previstas na Lei 12.618/2012, devendo os recursos irregularmente vertidos à patrocinada ser devolvidos aos cofres da patrocinadora, porquanto não perderam a natureza de recurso público, desde que a devolução não acarrete desequilíbrio no plano de previdência complementar, com prejuízo aos participantes.

Vale registrar que a remuneração do servidor, quando devida durante afastamentos considerados por lei como de efetivo exercício, será integralmente coberta pelo ente público, continuando a incidir a contribuição para o regime complementar.

Mesmo aqueles servidores que recebem remuneração abaixo do teto do salário de contribuição do RGPS poderão participar do regime complementar dos servidores federais. Mas, neste caso, inexistirá contrapartida do patrocinador, se assemelhando neste ponto ao regime privado aberto.

20. No regime de previdência complementar dos servidores do Estado de São Paulo, a contribuição do patrocinador será de até 7,5%. No Estado do Rio de Janeiro será de até 8,5%.
21. Acórdão 1488/2017 Plenário (Monitoramento, Relator Ministro Vital do Rêgo).

A responsabilidade pelo repasse das contribuições às FUNPRESPs será da União, autarquias e fundações públicas federais, inclusive no que concerne às contribuições dos participantes que serão descontadas das suas remunerações e repassadas **até dia 10 do mês seguinte ao da competência**, sob pena de incidência dos acréscimos de mora para tributos federais e responsabilização penal e administrativa da autoridade competente.

No caso da FUNPRESP-EXE, a transferência das contribuições será de responsabilidade atualmente do Ministério da Economia, na forma do artigo 4º, inciso III, do Decreto 7.808/2012.

Com o objetivo de manter ou restabelecer o equilíbrio financeiro permanente, a distribuição das contribuições nos planos de benefícios e nos planos de custeio será revista sempre que necessário.

Demais disso, as entidades de previdência deverão manter controle das reservas constituídas em nome do participante, registrando contabilmente as contribuições deste e as dos patrocinadores.

Caberá ao plano de custeio[22] discriminar o percentual da contribuição do participante e do patrocinador, conforme o caso, para cada um dos benefícios previstos no plano de benefícios, sendo vedado ao patrocinador assumir encargos adicionais para o financiamento dos planos de benefícios, além daqueles previstos nos respectivos planos de custeio.[23]

Existirá um **Fundo de Cobertura de Benefícios Extraordinários** formado por uma parcela da contribuição do patrocinador e do participante, bem como de contribuições extraordinárias que serão vertidas na conta do participante na hipótese de sua morte, invalidez, aposentadoria com critérios especiais[20], aposentadoria voluntária proporcional das mulheres aos 60 anos de idade e sobrevivência do assistido.

No caso das contribuições extraordinárias para a hipótese de concessão de aposentadoria com critérios especiais e de aposentadoria

22. O plano de custeio, com periodicidade mínima anual, estabelecerá o nível de contribuição necessário à constituição das reservas garantidoras de benefícios, fundos, provisões e à cobertura das demais despesas, em conformidade com os critérios fixados pelo órgão regulador e fiscalizador, sendo o regime financeiro de capitalização obrigatório para os benefícios de pagamento em prestações que sejam programadas e continuadas.

23. Servidores que exercem atividades de risco, com deficiência e que trabalham expostos a agentes nocivos à saúde.

voluntária proporcional das mulheres aos 60 anos de idade, o montante do aporte extraordinário será equivalente à diferença entre a reserva acumulada pelo participante e o produto desta mesma reserva multiplicado pela razão entre 35 e o número de anos de contribuição exigido para a concessão do benefício pelo Regime Próprio de Previdência Social.

No caso dos servidores do Poder Executivo da União, conforme informações no site oficial[24], caso o novo servidor federal opte pela alíquota de 8,5%, terá um patrocínio de 8,5%, totalizando 17% de contribuição previdenciária incidente sobre o salário de participação, que serão distribuídos da seguinte forma:

- ExecPrev

Plano de Custeio do Plano Executivo Federal (ExecPrev) aprovado pelo Conselho Deliberativo da Funpresp-Exe.

ExecPrev – PLANO DE CUSTEIO

(taxas totais de custeio do plano sobre o Salário de Participação do Participante Ativo Normal (participante + patrocinador)

Total	**17,00%**	**100,00%**
Fundo de Cobertura de Benefícios Extraordinários (FCBE)	**3,66%**	**21,53%**
Aporte Extraordinário de Aposentadoria Normal (AEAN)	**1,26%**	**7,41%**
Aporte Extraordinário de Aposentadoria por Invalidez (AEAI)	0,20%	1,18%
Aporte Extraordinário por Morte do Participante Ativo (AEMAt)	0,17%	1,00%
Aporte Extraordinário por Morte do Participante Assistido (AEMAss)	0,04%	0,23%
Benefício por Sobrevivência do Assistido (BSA)	1,62%	9,53%
Oscilação de Risco (1)	0,37%	2,18%
Taxa de Carregamento (administração)	1,19%	7,00%

24. http://www.funpresp.com.br/portal/?page_id=482.

Total	**17,00%**	**100,00%**
Reserva Acumulada pelo Participante (RAP) - 8,5%	**12,15%**	**71,47%**

Nota: (1) 10% sobre o custo do AEAN, BSA e AEMAss e 20% para AEAI e AEMAt.

Fonte: DA, 07jan2013 - MIBA nº 2285.

Logo, dos 17% de contribuição total (participante + patrocinador), somente 12,15% serão destinados para a Reserva Acumulada do Participante, sendo 4,85% destinados para outros fins, conforme especificado na tabela colacionada.

De seu turno, para os servidores do Poder Legislativo da União, considerando o mesmo caso hipotético, apenas 11,78% serão destinados para a Reserva Acumulada do Participante, sendo 5,22% destinados para outros fins:

- LegisPrev

Plano de Custeio do Plano de Benefícios LegisPrev aprovado pelo Conselho Deliberativo da Funpresp-Exe.

LegisPrev - PLANO DE CUSTEIO

(taxas totais de custeio do plano sobre o Salário de Participação do Participante Ativo Normal (participante + patrocinador)

Total	**17,00%**	**100,00%**
Fundo de Cobertura de Benefícios Extraordinários (FCBE)	**4,03%**	**23,71%**
Aporte Extraordinário de Aposentadoria Normal (AEAN)	1,03%	6,06%
Aporte Extraordinário de Aposentadoria por Invalidez (AEAI)	0,14%	0,82%
Aporte Extraordinário por Morte do Participante Ativo (AEMAt)	0,12%	0,71%
Aporte Extraordinário por Morte do Participante Assistido (AEMAss)	0,03%	0,18%
Benefício por Sobrevivência do Assistido (BSA)	1,63%	9,59%
Oscilação de Risco (1)	1,08%	6,35%
Taxa de Carregamento (administração)	**1,19%**	**7,00%**
Reserva Acumulada pelo Participante (RAP) - 8,5%	**11,78%**	**69,29%**

Nota: (1) 10% sobre o custo do AEAN, BSA e AEMAss e 311,70% para AEAI e AEMAt.
Fonte: DA, 05abr2013 - MIBA nº 2285.

3.2.6. Recursos garantidores

A Lei 12.618/2012 foi muito cautelosa na administração e aplicação dos recursos garantidores do regime de previdência complementar dos servidores públicos federais, que deve seguir a regulamentação do Conselho Monetário Nacional, podendo se dar por intermédio de **carteira própria, carteira administrada ou fundos de investimento**.

As FUNPRESPs (Executivo, Legislativo e Judiciário) irão realizar **procedimento licitatório** para contratar por **até 05 anos** apenas instituições, administradores de carteiras ou fundos de investimento que estejam autorizados e registrados na Comissão de Valores Mobiliários[25].

Nessa licitação existirão regras especiais que obrigatoriamente deverão estar previstas no edital. É que serão estabelecidos os valores máximos que as fundações de previdência irão pagar de taxa de administração e de outros custos a serem imputados.

Ademais, será condição de habilitação a ser prevista no edital a solidez, o porte e a experiência em gestão de recursos da instituição contratada, não podendo a empresa participante de a licitação ter qualquer ligação societária com outra instituição que esteja concorrendo na mesma licitação ou que já administre reservas, provisões e fundos da mesma entidade fechada de previdência complementar.

Com o objetivo de socializar os riscos, cada instituição contratada poderá administrar, no máximo, 20% dos recursos garantidores correspondentes às reservas técnicas[26], aos fundos e às provisões.

---

25. Art. 28. Até que seja promovida a contratação na forma prevista no § 3º do art. 15 desta Lei, a totalidade dos recursos garantidores correspondentes às reservas técnicas, aos fundos e às provisões dos planos de benefícios da Funpresp-Exe, da Funpresp-Leg e da Funpresp-Jud será administrada por instituição financeira federal, mediante taxa de administração praticada a preço de mercado, vedada a cobrança de taxas de performance.

26. São as reservas obrigatoriamente constituídas pela entidade de previdência complementar, em função dos benefícios contratados e como parte integrante e indispensável do mecanismo da entidade, para garantia de suas operações.

3.2.7. Controle e fiscalização

A supervisão e a fiscalização das Fundações de Previdência Complementar do Servidor Público Federal dos Poderes da União serão exercidas pela **PREVIC – Superintendência Nacional de Previdência Complementar**[27], autarquia federal vinculada ao Ministério da Previdência Social, criada pela Lei 12.154/2009.

No entanto, o poder de fiscalização e controle da PREVIC não exime os patrocinadores da responsabilidade pela supervisão e fiscalização sistemática das atividades das entidades fechadas de previdência complementar, que deverão encaminhar os resultados à referida autarquia federal.

No caso da FUNPRESP-EXE, caberá ao Ministério da Economia (atualmente o MGI – Ministério da Gestão) a supervisão e fiscalização sistemática das atividades da referida Fundação, na forma do artigo 4º, inciso III, do Decreto 7.808/2012.

É da competência da PREVIC autorizar a constituição, o funcionamento, os estatutos, os planos de benefícios, os convênios de adesão e as retiradas de patrocínio nas FUNPRESPs.

No caso da aprovação da proposta do estatuto, da adesão de novos patrocinadores e da instituição de planos ainda será necessária a manifestação favorável do Ministério da Gestão (FUNPRESP-EXE); das Mesas Diretoras da Câmara dos Deputados e do Senado Federal (FUNPRESP-LEG) e do Supremo Tribunal Federal[28] (FUNPRESP-JUD).

Os administradores de entidade, os procuradores com poderes de gestão, os membros de conselhos estatutários, o interventor e o liquidante responderão civilmente pelos danos ou prejuízos que causarem, por ação ou omissão, às entidades de previdência complementar, assim como os administradores dos patrocinadores ou instituidores, os atuários, os auditores independentes, os avaliadores de gestão e

27. A PREVIC atuará como entidade de fiscalização e de supervisão das atividades das entidades fechadas de previdência complementar e de execução das políticas para o regime de previdência complementar operado pelas entidades fechadas de previdência complementar, observadas as disposições constitucionais e legais aplicáveis.

28. Existia no projeto aprovado pelo Congresso Nacional a necessidade de manifestação favorável do Conselho Nacional de Justiça ao lado do STF, mas esta exigência foi vetada sob o argumento de que, na forma como redigida, a proposta causaria assimetria em relação à forma de gestão dos Fundos dos demais Poderes.

outros profissionais que prestem serviços técnicos à entidade, diretamente ou por intermédio de pessoa jurídica contratada.

Caso haja a infração das disposições da Lei 12.618/2012, a PREVIC poderá aplicar às seguintes penalidades administrativas, nos termos do artigo 65 da LC 109/2001:

> I – advertência;
>
> II – suspensão do exercício de atividades em entidades de previdência complementar pelo prazo de até cento e oitenta dias;
>
> III – inabilitação, pelo prazo de dois a dez anos, para o exercício de cargo ou função em entidades de previdência complementar, sociedades seguradoras, instituições financeiras e no serviço público; e
>
> IV – multa de dois mil reais a um milhão de reais, devendo esses valores, a partir da publicação da Lei Complementar 109/2011, ser reajustados de forma a preservar, em caráter permanente, seus valores reais.

Ademais, o TCU tem competência para fiscalizar os recursos que integram as contas individuais dos participantes das entidades fechadas de previdência complementar patrocinadas por órgãos ou entidades públicas, uma vez que esses valores, enquanto administrados pelas EFPC, são considerados de natureza pública[29].

3.2.8. Vigência do regime previdenciário

A Lei 12.618/2012 foi publicada no dia 02 de maio de 2012. Contudo, por força do seu artigo 33, o Capítulo I (Do Regime de Previdência Complementar) não entrou em vigor na data da sua publicação, ao contrário dos demais Capítulos.

É que foi previsto o prazo de **180 dias**, a contar da sua publicação, para a Funpresp-Exe, a Funpresp-Leg e a Funpresp-Jud serem criadas pela União, só entrando em vigor o Capítulo I na data em que forem criadas quaisquer das entidades de previdência[30].

---

29. Acórdão 2072/2015 Plenário (Solicitação do Congresso Nacional, Relator Ministro Vital do Rêgo).

30. Art. 33. Esta Lei entra em vigor:

    I – quanto ao disposto no Capítulo I, na data em que forem criadas quaisquer das entidades de que trata o art. 4º, observado o disposto no art. 31.

Após a sua instituição, as fundações deverão entrar em funcionamento em até **240 dias** após a publicação da autorização de funcionamento concedida pela PREVIC.

Contudo, a norma não é clara a respeito. É que é possível interpretar conjuntamente os artigos 26, 31 e 33 e concluir que apenas quando transcorridos os prazos de 180 dias para a instituição das FUNPRESPs e de 240 dias para o seu efetivo funcionamento é que o novo regime entrará em vigor, mesmo que as Fundações ainda não estejam em atividade.

Inclusive, de acordo com previsão expressa da Lei 12.618/2012, constitui ato de improbidade administrativa o descumprimento injustificado do referido prazo de 180 dias.

O regime de previdência complementar para os servidores do **Poder Executivo** da União teve como marco inaugural o dia **04 de fevereiro de 2013**, estando os novos servidores empossados a partir desta data sujeitos ao novel regime previdenciário, nos termos da Orientação Normativa 12[31], de 23 de setembro de 2013, da lavra da Secretaria de Gestão Pública do extinto Ministério do Planejamento. O plano de benefícios dos servidores do Executivo federal se chama ExecPrev.

Logo, foi adotado como marco inaugural da FUNPRESP EXE o dia da publicação da Portaria da PREVIC que aprovou o Regulamento do Plano Executivo Federal, quando, pelo texto da Lei 12.618/2012, deveria ser o funcionamento da Fundação.

Por outro lado, o **Poder Legislativo** optou por não ter uma fundação própria delegando à Funpresp-Exe a administração do plano de previdência para os servidores da Câmara dos Deputados, do Senado Federal e do Tribunal de Contas da União. O plano de benefícios se chama LegisPrev, tendo sido aprovado pela Portaria PREVIC 239, publicada em **07 de maio de 2013**.

Já o regime complementar dos servidores do **Poder Judiciário** se encontra em processo final de regulamentação, sendo a gestão feita pela Funpresp-Jud, cujo plano de benefícios foi aprovado pela Portaria PREVIC 559/2013, publicada em **14 de outubro de 2013**, com prazo

---

31. Art. 2º O regime de previdência complementar de que trata a Lei nº 12.618, de 2012, entrou em vigor para os servidores públicos federais do Poder Executivo, suas autarquias e fundações públicas, no dia 4 de fevereiro de 2013, data da publicação da Portaria nº 44, de 31 de janeiro de 2013, do Diretor de Análise Técnica da Superintendência Nacional de Previdência Complementar (Previc), que aprovou o Regulamento do Plano Executivo Federal.

de 180 dias para início do funcionamento, tendo os servidores do Ministério Público da União aderido ao plano dos servidores do Judiciário.

Este tema é obscuro, dado o tratamento legal não detalhado na Lei 12.18/2012, sendo de extrema importância, pois os servidores federais efetivos empossados após o funcionamento do novo regime adentrarão nele, que certamente lhes será desfavorável, pois as aposentadorias e pensões serão limitadas ao teto do RGPS.

Não nos parece isonômico adotar datas diversas entre servidores federais. Tome como exemplo dois servidores federais efetivos, um do Poder Executivo e o outro do Poder Judiciário. Ambos tomaram posse no dia 1º de março de 2013.

Nesta situação hipotética, o servidor do Executivo estaria inserido no novo regime, ao passo que o do Judiciário entraria ainda no regime previdenciário anterior, pois nesta data ainda não funcionava o plano de benefícios ofertado pela FUNPRESP JUD.

EDITORA JusPODIVM
www.editorajuspodivm.com.br

Impresso por:
Docuprint
CNPJ 01.036.332/0001-99

JUS4398